Dicionário de Jesus e dos Evangelhos

César Vidal Manzanares

Dicionário de Jesus e dos Evangelhos

EDITORA SANTUÁRIO
Aparecida-SP

Dados Internacionais de Catalogação na Publicação (CIP)
(Câmara Brasileira do Livro, SP, Brasil)

Manzanares, César Vidal, 1958-
 Dicionário de Jesus e dos evangelhos / César Vidal Manzanares; I tradução de Fátima Barbosa de Mello Simon I. — Aparecida, SP: Editora Santuário, 1997.

 Título original: Diccionario de Jesús y los evangelios.
 Bibliografia.
 ISBN 85-7200-479-3

 1. Bíblia - Dicionários 2. Jesus Cristo I. Título.

97-2199   CDD-220.3

Índices para catálogo sistemático:
1. Bíblia: Dicionários 220.3

Título original: *Diccionario de Jesús y los Evangelios*
© Editorial Verbo Divino, 1995
ISBN: 84-8169-037-6

Tradução de Fátima Barbosa de Mello Simon

 Ilustração da Capa: Pinxit G. A. Lomuscio
 Foto: Giorgio Vasari

Todos os direitos em língua portuguesa
reservados à **EDITORA SANTUÁRIO** - 1997

 Composição, impressão e acabamento:
EDITORA SANTUÁRIO - Rua Padre Claro Monteiro, 342
Fone: (12) 3104-2000 — 12570-000 — Aparecida-SP.

Ano: 2008 2007 2006 2005 2004
Edição: 9   8   7   6   5   4   3

Apresentação

Talvez seja lugar-comum dizer que poucas obras, no decorrer da história da humanidade, têm desfrutado de uma influência tão ampla como os Evangelhos. Talvez, mas não por isso a afirmação é menos correta. Mesmo que se abstraia seu conteúdo espiritual — questão que raia ao impossível — pouco se duvida que os Evangelhos e seu protagonista indiscutível, Jesus de Nazaré, continuam sendo, há praticamente dois mil anos, um poderosíssimo referente social, artístico e ético. Boa prova disso é que até mesmo aqueles que se definem como supostamente não afetados pelo fenômeno espiritual continuam, de maneira explícita, envolvidos em uma dialética de negação ou confrontação direta com a pregação evangélica, atitude sem paralelos em relação a outras mensagens de conteúdo espiritual. Essa característica, incontestável ponto de referência, tem dificultado — sejamos sinceros em reconhecê-lo — a aproximação das diversas disciplinas aos Evangelhos no decorrer dos séculos.

No corpo da presente obra, faz-se referência concreta a aspectos como a exegese, as datas de redação ou o conteúdo de cada Evangelho, e seria inútil reiterar aqui os pontos de vista expostos em diferentes vozes. Nas linhas seguintes, portanto, faremos referência a questões não tratadas de maneira específica, mas que são de especial importância para abordar o estudo dos Evangelhos e a leitura das páginas que seguem. Refiro-me aos Evangelhos, considerando-os como gênero, como história e, "last but not least", como Boa Nova.

Os Evangelhos como gênero literário

A problemática relacionada com o gênero literário a que pertencem os Evangelhos constitui, na realidade, um debate contemporâneo ligado à moderna investigação sobre o Novo Testamento. Em 1915, C. W. Votaw destacava que os Evangelhos podiam ser enquadrados na literatura biográfica greco-romana, o que não iniciaria, mas impulsionaria, de maneira decisiva, a discussão sobre esse tema[1]. Em 1923, a posição de Votaw seria questionada radicalmente por K. L. Schmidt[2]. Este autor sustentava que os Evangelhos eram um tipo específico de literatura cristã primitiva não relacionado com outros gêneros da Antigüidade. As teses de Schmidt repercutiram e, de fato, converteram-se em uma espécie de dogma durante as décadas posteriores, para o que colaborou a forma com que aquelas eram tributárias das contribuições do novecentista F. Overbeck[3] e da crítica das formas.

Praticamente, até a década de setenta, no presente século, existia um consenso quase generalizado que os Evangelhos constituíam um gênero literário "per se", no âmbito do mundo greco-romano, e que careciam de semelhança com outras obras do contexto cultural, a não ser que nos referíssemos a relatos do tipo fabuloso e irreal. Essa postura começou a ser questionada há mais de duas décadas e atualmente está superada. O novo enfoque partia, na realidade, de uma nova aproximação aos Evangelhos (iniciada nos anos 50) que questionava a crítica das formas e a crítica da redação como teorias válidas para explicarem a origem dos mesmos e analisarem seu conteúdo.

---

[1] C. W. Votaw, *"The Gospels and Contemporary Biographies in the Greco-Roman World"*, em *AJT*, 19, 1915, pp. 45-73 e 217-249.
[2] K. L. Schmidt, *"Die Stellung der Evangelien in der allgemeinen Literaturgeschichte"*, em H. Schmidt (ed), *Eucharisteion*, Gotinga 1923, pp. 50-134.
[3] F. Overbeck, *"Über die Aufänge der pratistichen Literatur"*, em *HZ*, 12, 1882, pp. 417-472.

Apresentação / 7

As alternativas propostas deixaram, não obstante, de resultar sempre acertadas. Pretendeu-se mesmo identificar os Evangelhos com o gênero da "aretologia", um suposto gênero para narrar a vida dos homens divinos da Antigüidade. Mesmo que algum autor ainda sustente esse ponto de vista, hoje em dia o mesmo é majoritariamente refutado pelos especialistas[4] porque, na realidade, não dispomos de base sólida para crer que o mencionado gênero existiria como tal nesse período histórico. Em termos gerais, os autores que ainda consideram que os Evangelhos podem ser enquadrados nos gêneros greco-romanos fazem-no no âmbito da biografia, da história ou da novela. O certo, entretanto, é que a questão está muito longe de ser facilmente resolvida. Vejamos o porquê.

Em primeiro lugar, deve-se assinalar que os Evangelhos — e nisso não se diferenciam, como veremos mais adiante, de outras fontes históricas da Antigüidade — não são escritos imparciais, mesmo que não caiam nos excessos lendários dos Evangelhos apócrifos. Além disso, como muito acertadamente D. E. Aune[5] salientou, recordam consideravelmente o gênero de biografias populares típico da literatura greco-romana, seguindo inclusive convenções literárias como a que encontramos em Lc 1,1-4. Contudo, os Evangelhos guardam distâncias do mundo greco-romano em alguns aspectos de não pouca importância. Assim, por exemplo, têm uma especial predileção pelas referências ao Antigo Testamento e, evidentemente, pelas crenças cristãs primitivas a respeito de Jesus. Em outras palavras, os evangelistas seguiram alguns procedimentos literários greco-romanos, porém não foram servis em relação a eles, podendo-se perceber também uma transcendental influência judia facilmente explicável. Sem dú-

---

[4] Ver a respeito: H. C. Kee, *"Aretalogies, Hellenistic Lives and the Sources of Mark"*, em *Colloquy* 12, Berkeley 1975.
[5] D. E. Aune, *The New Testament in Its Literary Environment*, Filadélfia 1987, pp. 17-76.

8 / Apresentação

vida, neles deverá influir a popularidade que então o gênero biográfico tinha no mundo greco-romano, como também o desejo de colocar em forma escrita os relatos orais e coleções previamente relacionadas à vida, ensinamento, morte e ressurreição de Jesus, a quem as comunidades cristãs viam como Senhor e Messias[6]. Os mesmos evangelistas não se viam, portanto, como autores de uma obra literária, mas como transmissores de um testemunho de conseqüências transcendentais para todo ser humano. O trabalho deles não era de criação, mas de "servos (hyperetai) da Palavra" (Lc 1,2). Por isso, diferentemente dos relatos hagiográficos da época, não buscaram retratar as qualidades de Jesus ou contar seus louvores de caráter moral. Na realidade, os textos caracterizam-se por uma espantosa escassez de detalhes sobre Jesus como indivíduo. O que interessava nele é que era o cumprimento das profecias messiânicas confiadas a Israel durante séculos; que sua morte expiatória oferecia o caminho de salvação para a humanidade e que seu chamado universal dirigia-se não só para assegurar a felicidade, mas também, e de maneira irrefutável, para permitir que Deus operasse uma mudança radical da pessoa aqui e agora, para que esta se convertesse verdadeiramente a seu Rei.

Esses aspectos são ainda mais óbvios quando descemos ao terreno concreto de cada um dos Evangelhos. Marcos parece mostrar a influência do gênero biográfico[7] (também se destaca seu paralelismo com outros[8]) seja este consciente ou

---

[6] Nesse mesmo sentido, ver G. N. Stanton, *Jesus of Nazareth in New Testament Preaching*, Cambridge 1974.

[7] Nesse mesmo sentido, ver P. Cox, *Biography in Late Antiquity*, Berkeley 1983, e A. Momigliano, *The Development of Greek Biography*, Cambridge 1971.

[8] G. G. Bilezikian, *The Liberated Gospel of Mark and Greek Tragedy*, Grand Rapids 1977, e B. Standaert, *L'Evangile selon Marc: Composition et genre litteraire*, Brujas 1978, compararam a estrutura de Marcos com a tragédia grega. Como acertadamente destacou D. E. Aune, o. c., pp. 48-49, as semelhanças mais parecem mera coincidência.

não. Mateus também permite traçar paralelismos com biografias antigas, porém — por sua vez e de forma predominante — é evidente nele o emprego preponderante de elementos procedentes do judaísmo e do cristianismo primitivo. A isso se deve acrescentar que os destinatários de sua obra eram não somente as pessoas de fora como as de dentro; não somente os não-convertidos como os discípulos. Lucas, sem dúvida, é o que apresenta maior paralelismo com os gêneros literários greco-romanos, e assim tem sido tratado pelos especialistas. Para Aune, por exemplo, Lucas e Atos são um claro exemplo de historiografia greco-romana[9]; e, para Talbert, tratar-se-ia antes de uma biografia[10]. São inegáveis, contudo, os elementos judeus que participaram de maneira decisiva da obra de Lucas. Finalmente, João — levando em conta as suas diferenças com os outros Evangelhos — assemelha-se mais a isso do que a qualquer outra obra, e assim tem sido revelado por diversos estudiosos que o consideram uma fonte histórica (Talbert, J. A. T. Robinson). Concebidos os quatro, em grande parte, para o uso interno (Mateus, Marcos), resulta também óbvia sua finalidade externa (Lc 1,1-4; Jo 21,30-31).

Em termos gerais, portanto, podemos afirmar que os Evangelhos canônicos encaixam-se no gênero biográfico-histórico existente na literatura greco-romana, gênero, por outro lado, muito diferente da novela, da hagiografia, da biografia lendária ou do relato mitológico. No entanto, em relação aos Evangelhos, nesse gênero se produzem encadeamentos de elementos bem distanciados culturalmente do contexto do judaísmo e do cristianismo primitivo. Em outras palavras, por razão das contribuições externas ao mundo greco-romano, os Evangelhos canônicos seriam biografias clássicas "sui generis" ou, se preferir, um subgênero dentro do referido gênero literário.

---

[9] D. E. Aune, *Greco Roman Literature on the New Testament*, Atlanta 1988.
[10] C. H. Talbert, *What is a Gospel*, Filadélfia 1977.

Uma vez chegados a esse ponto, a questão que logicamente se estabelece é a do grau de confiabilidade histórica que podemos atribuir a eles.

Os Evangelhos como fontes históricas

Em termos simplesmente textuais, os Evangelhos oferecem, a partir de uma perspectiva histórica, um panorama incomparável. Atualmente contamos com 2.328 manuscritos e fragmentos de manuscritos que abrangem a totalidade dos Evangelhos e que pertencem cronologicamente aos primeiros séculos de nossa era[11]. Noventa e sete a noventa e nove por cento do texto foi recuperado com absoluta certeza. Mais de cinqüenta e quatro por cento dos versículos dos Evangelhos estão livres de variantes textuais e, em sua grande maioria, não apresentam problemas de historicidade. De fato, e evitando o tom apologético, pode-se afirmar que nenhuma obra da Antigüidade conta com um número sequer aproximado de textos, nem um grau similar de conservação. Como ressaltou, no momento oportuno, o falecido catedrático da Universidade de Manchester, F. F. Bruce: "Para a *Guerra das Gálias* de César (composta entre 58 e 50 a.C.) há vários manuscritos, mas só nove ou dez estão bons, e o mais antigo data de 900 anos mais tarde do que a época de César. Dos 142 livros da *História Romana* de Lívio somente nos chegaram 35; destes nos são conhecidos não mais do que 20 manuscritos de pouco valor, dos quais um somente, e contendo fragmentos dos Livros III-VI, é do século IV. Dos 14 livros das *Histórias* de Tácito apenas sobreviveram quatro e meio; dos 16 livros de seus Anais, 10 sobreviveram completos e dois em parte. O texto das partes restantes de suas

---

[11] O mais antigo é o manuscrito John Rylands (p. 32), que contém Jo 18,31-33.37-38, datado entre 90 e 110 d.C. O papiro O'Callagham não pode ser considerado como restante dos Evangelhos.

grandes obras históricas depende totalmente de dois manuscritos: um do século IX e outro do século XI"[12].

O tipo de material histórico contido nos Evangelhos é de difícil negação — ou afirmação — partindo de fontes arqueológicas. Sem dúvida, e por regra geral, as descobertas realizadas nesse campo vêm confirmar os dados evangélicos, por exemplo: a existência da piscina de Betesda de Jo 5,2; a importância de Pilatos como prefeito da Judéia, segundo uma inscrição da Cesaréia marítima, descoberta em 1961 etc. Algo semelhante podemos dizer das fontes externas (Ver *Jesus nas fontes não-cristãs)*. O testemunho sobre Jesus é muito escasso e pequeno, mas não contradiz os dados evangélicos e até mesmo os confirma.

Por outro lado, os materiais de que se nutriram os redatores dos Evangelhos — que concluíram sua obra durante o século I e, muito possivelmente, antes do ano 70 d.C. — parecem ter sido abundantes e cuidadosamente conservados e transmitidos. O mesmo anonimato de seus autores (o que em si não confirma nem nega os testemunhos da tradição a respeito) vem creditar a tese, como já afirmamos, de que eles não se reconheciam como criadores, mas como transmissores fiéis de testemunhos anteriores já escritos, como Q (c. 40-50 d.C.)[13], ou orais. O mesmo ensinamento oral — conforme oportunamente manifestaram Gerhardson e Riesenfeld — não somente não desvirtuou o conteúdo original como também foi transmitido fidedigna e escrupulosamente. Recentemente, C. L. Blomberg indicou alguns dos fatores que contribuíram decisivamente para isso: 1. Jesus era visto como a Palavra de Deus e, portanto, seu ensinamento devia ser cuidadosamente transmitido; 2. Mais de noventa por

---

[12] F. F. Bruce, *The New Testament Documents,* Downers Groves 1964, pp. 179 -180.
[13] A respeito de Q, ver C. Vidal Manzanares, *El Primer Evangelio: el documento Q*, Barcelona 1993.

cento de seu ensinamento tem estrutura poética, o que facilita sua memorização; 3. A memorização era parte integrante dos sistemas de educação e aprendizagem na Antigüidade; 4. A história oral permitia certa margem de liberdade em relação à apresentação, mas não quanto à substância do relato; 5. Era habitual anotar-se o ensinamento dos rabinos; 6. As escassas referências a Jesus, em disputas eclesiais posteriores, obrigam a pensar que os primeiros discípulos não inventaram ensinamentos que depois colocaram nos lábios de Jesus para defender os próprios pontos de vistas; 7. Tem-se enfatizado excessivamente que a crença em um breve regresso de Jesus presumidamente levou os primeiros cristãos a não registrarem por escrito os ensinamentos de seu Messias até a segunda geração.

Somente partindo da compreensão desses fatos, podemos explicar historicamente o grau de concordância existente entre os evangelistas. Noventa e um por cento (601 versículos de 661) de Marcos aparecem em Mateus ou Lucas e, geralmente, nos dois. Outros 235 versículos aparecem em Mateus e Lucas, embora não em Marcos. Sessenta e oito por cento do material narrativo comum a Marcos e Lucas ou Mateus encontram-se também na mesma ordem, coincidência extraordinária que faz pensar na existência de um padrão para contar a vida de Jesus, subjacente nas três obras.

As discrepâncias entre os Evangelhos, por sua vez, são tão "pequenas que parecem desonestidade referir-se a elas como contradições" (C. L. Blomberg)[14]. De fato, em lugar de contradições, o que encontramos são relatos mais breves de um mesmo acontecimento (Mc 5,21-43 e Mt 9,18-26; Mc 11,12-14.20-21 e Mt 21,18-22 etc.); situação distinta no relato como conseqüência de uma estrutura narrativa diferente (Lc 4,16-30;

---

[14] C. L. Blomberg, *The Historical Reliability of the Gospels*, Downers Grove 1987; S. C. Goetz — C. L. Blomberg, *"The Burden of the Proof"*, em *JSNT*, 11, 1981, pp. 39-63.

Mc 6,1-6); intenções de esclarecimento da fonte em relação aos destinatários do Evangelho (Mc 10,18 e Mt 19,17; Lc 14,26 e Mt 10,37); ensinamentos de Jesus situados em diversos contextos (algo compreensível, se levamos em conta que seus ensinamentos seriam repetidos em ocasiões distintas) (Mt 5-7 e Mt 24-25); diferenças de matiz na tradução de uma fonte semítica prévia etc.

Cavalo de batalha desde Strauss e Reimarus em relação à confiabilidade histórica dos Evangelhos tem sido o tema dos milagres neles relatados. Sem dúvida, trata-se de uma questão com conotações meta-históricas; mas, sem entrar na mesma e já passada a época de um cientificismo reducionista, nascido em grande parte do Iluminismo, podemos afirmar hoje, com certeza, três coisas. Primeiro: as referências a acontecimentos inexplicados ou sobrenaturais também são abundantes em autores clássicos cujo caráter como fonte histórica é indiscutível (Tácito, Suetônio, Tito Lívio, Flávio Josefo etc.). Segundo: o método científico não conta com instrumentos válidos para conhecer além daquilo que é objeto de seu estudo e, portanto, mal pode pronunciar-se sobre fatos indiscutíveis não sujeitos à observação direta. Terceiro: o historiador não pode a priori negar os relatos relacionados a milagres, ainda mais tendo em vista o impacto histórico que tiveram esses acontecimentos (a ressurreição, por exemplo), embora não possa julgar, evidentemente, a natureza dos fatos sucedidos. Um autor pouco suspeito de "ortodoxia" como M. Smith[15] afirmou que não se pode negar que Jesus realizou curas; e um estudioso da Antigüidade clássica, catedrático da Universidade de Yale, Ramsay McMullen, assinalou que os mencionados relatos de milagres não apenas não podem ser negados irrefletidamente como fraude, mas também

---

[15] M. Smith, *Jesus the Magician*, São Francisco 1978. (Existe edição castelhana em Martínez Roca, Barcelona 1988, com o título de *Jesús, el mago*).

são indispensáveis para se entender a expansão do cristianismo e a compreensão do paganismo no Império Romano[16]. Certamente, sem a crença na ressurreição, é inexplicável a expansão do cristianismo após a morte de Jesus e, por sua vez, é evidente que não foi a fé que produziu a crença na ressurreição, mas foi a convicção nessa crença que dissipou a incredulidade e o desânimo dos discípulos e gerou a fé (F. F. Bruce, C. Vidal Manzanares etc.)[17].

Certamente muitas das informações contidas nos Evangelhos não podem ser confirmadas por testemunhos externos (algo comum em fontes históricas da Antigüidade), mas tampouco são desmentidas nem temos razões para duvidar delas. De fato, tanto a evidência externa como a interna apontam para o fato que os Evangelhos constituem fatores históricos confiáveis que nos permitem conhecer, em grande parte, a vida e o ensinamento de Jesus[18]. Em sentido semelhante manifestou-se o professor David Flusser, da Universidade Hebraica de Jerusalém, com uma série de afirmações bastante interessantes, se considerarmos que elas não provêm de um cristão, mas de um estudioso judeu especializado no período do Segundo Templo: "Os discípulos de Jesus que relataram as palavras e as ações do mestre... não podiam deixar de aspirar à máxima veracidade e exatidão, já que para eles tratava-se da fidelidade a um imperativo religioso e não lhes era lícito afastarem-se do que realmente aconteceu; deveriam transmitir, com a maior exatidão, as palavras do mestre... pois se não se ativessem fielmente aos fatos teriam colocado em perigo sua salvação eterna. Não lhes era lícito mentir"[19].

---

[16] R. MacMullen. *Christianizing the Roman Empire*, Yale 1984, e idem, *Paganism in the Roman Empire*, Yale 1981.
[17] Uma análise em profundidade do tema com bibliografia em C. Vidal Manzanares, *El Judeo-cristianismo palestino en el s. I: de Pentecostés a Jamnia*, Madri 1995.
[18] A respeito, ver o apêndice I de C. Vidal Manzanares, *El Primer Evangelio: el Documento Q*, Barcelona 1993.
[19] D. Flusser, *Jesús*, Madri 1975, p. 148.

Longe de cair no relativismo de Bultmann ou de seus epígonos, o historiador acostumado a trabalhar com as fontes da Antigüidade não considera que cada parte dos Evangelhos é suspeita "per se", exceto prova em contrário. De fato, essa postura implicaria inverter o método histórico normal e aplicar um critério muito mais rigoroso às fontes bíblicas do que o utilizado habitualmente com outros escritos antigos. Ele realiza uma análise, valendo-se dos princípios normais de trabalho e, nos casos em que não é possível afirmar ou negar a partir de evidência externa, concede ao menos o benefício da dúvida, tendo em conta a exatidão habitual das fontes e o rigor com que se transmitiu e se fixou por escrito o material. É precisamente esse ponto metodológico de partida que permite ler os Evangelhos como são — fontes históricas — sem que essa visão seja nublada por pressupostos prévios não de caráter científico, mas filosófico. A isso também se atribui o fato de, em regra geral, os historiadores e os arqueólogos terem uma opinião muito mais positiva do Novo Testamento como fonte histórica do que a sustentada pelos teólogos, pelos filósofos ou pelos filólogos[20].

Sem dúvida, nenhuma análise — por mais científica que se pretenda — pode subestimar outro fato de considerável importância: a circunstância de que os Evangelhos foram escritos não somente com o desejo de preservar a história de Jesus — e fazê-lo com as maiores garantias de fidelidade — como também, conforme seu próprio nome indica, com o de apresentar uma Boa Notícia.

Os Evangelhos como Boa Nova

Nas páginas anteriores tivemos oportunidade de ver como os Evangelhos se enquadram no

---

[20] Ver a respeito meu apêndice dedicado ao estudo histórico do Livro dos Atos em C. Vidal Manzanares, *El judeo-cristianismo palestino en el s. I d.C.: de Pentecostés a Jamnia,* Madri 1995.

gênero histórico-biográfico do mundo greco-romano, com transcendentais e importantíssimas contribuições judaicas. Vimos também que, como fontes, apresentam importantes garantias de fidedignidade e, textualmente, carecem de paralelos na história da Antigüidade, exceto no que se refere a outros textos do Novo Testamento. Sem dúvida, inclusive em termos históricos, os Evangelhos vão além do mero relato. Sua finalidade é levar o leitor — ou ouvinte — a examinar a evidência fidedigna apresentada por testemunhas confiáveis (Lc 1,1-4), a fim de que, ao fazê-lo, cada pessoa conclua que Jesus é o Messias e o Filho de Deus e que a vida eterna é dada aos que nele crêem (Jo 20,30-31).

Expressas de diversas maneiras, em forma poética ou direta, em parábolas ou diatribes, as linhas mestras dos Evangelhos são facilmente identificáveis. Em primeiro lugar, os quatro partem do princípio que o ser humano, a causa do pecado, encontra-se em um estado de perdição. Essa realidade universal, Jesus simbolizou-a com as imagens da ovelha desgarrada, da moeda perdida, do filho pródigo (Lc 15), do doente que necessita de médico (Mc 2,17). Contudo, diante dessa triste e dolorosa realidade do ser humano, eleva-se o amor de Deus, um amor tão extremado que enviou seu Filho Jesus, o Messias, para que todo aquele que nele crer passe da morte para a vida (Jo 5,24), não pereça, mas tenha a vida eterna (Jo 3,16) e se converta em filho de Deus (Jo 1,12).

O preço do resgate, da redenção é a morte desse mesmo Jesus como o Servo Sofredor profetizado no capítulo 53 do Livro de Isaías (Mc 10,45 e par.), é o derramamento de seu sangue sobre o qual se fundamenta o estabelecimento de uma Nova Aliança entre Deus e a humanidade (Mt 26,28 e par.). Por isso, sua morte não foi fruto de um erro judicial ou de um plano erroneamente executado e fracassado. Constituía parte essencial da missão de Jesus e da qual ele estava consciente (Jo 10,15.17-18). Por isso também, a cruz não foi o final. Jesus levantou-se dentre os mortos e apareceu a numerosas testemunhas, convencendo até mesmo os incrédulos (Jo 20,27ss.) e os confusos (Lc 24,13ss. Comparar com 1Cor 15,1ss.). Por isso, a leitura dos Evangelhos fala diretamente ao coração do homem e da mulher de todos os tempos. Ainda mais: com decisiva insistência. As afirmações a respeito não deixam lugar a dúvidas. Ninguém pode encontrar o caminho, a verdade e a vida sem se agarrar a Jesus (Jo 14,6). Ninguém pode alcançar a liberdade a não ser que a receba de Jesus (Jo 8,31-32). Ninguém pode renegar o "Deus Conosco" (Mt 1), que chama a todos os que estão fatigados e sobrecarregados nesta vida para proporcionar-lhes descanso e alívio (Mt 11,28-30). Ninguém jamais compreenderá plenamente o ser humano nem a história em que este se desenvolve sem referência a Jesus e, por isso, quem não recolhe com ele finalmente só dispersa (Lc 11,23 e par.).

Para aqueles que ouvem o chamado à conversão, aqui e agora, inicia-se uma vida nova desenvolvida sob o impulso do Espírito Santo, de profunda confiança no Pai (Mt 6,25-32) e num amor que transcende as barreiras humanas (Mt 5,38-48). Trata-se de uma vida em busca, primeiramente, do reino de Deus e sua justiça (Mt 6,33); de uma vida fundamentada na rocha, que é Jesus (Mt 6,24-27); de uma vida que aguarda prazerosamente seu regresso para julgar os vivos e os mortos, mas — sobretudo — para conduzir seus discípulos até a casa do Pai (Jo 14,1ss.). Em todos esses sentidos — e não apenas em alguns — o Evangelho tem pretensões de vigência e permanência milenares (Mc 13,31 e par.), pretensões abraçadas e testemunhadas, não poucas vezes, com sangue, pela vivência de milhares de pessoas ao largo de praticamente vinte séculos.

A Presente Obra

A partir desses três eixos — os Evangelhos como obras literárias, como fontes históricas e como Boa Nova — deve-se ler o presente livro. Sua finalidade é proporcionar um instrumento de trabalho, de consulta e de estudo a todos — crentes e não-crentes — que desejam conhecer mais Jesus e os Evangelhos. Daí o grande número de opiniões, de bibliografias que o acompanha; daí a lista de títulos, muitos deles de surgimento bem recente e que se encontram no final da obra. Trata-se, enfim, de um livro que deve ser lido com os Evangelhos à mão porque, como um livro de botânica que não deve afastar-nos do aroma da rosa, deve levar-nos a apreciá-los ainda mais. Este livro não pretende substituir a obra, mas contribuir, embora modestamente, para apreciar e degustar melhor os ensinamentos e a vida de Jesus. Se o conseguir pelo menos uma só vez terá atingido sua finalidade.

Miami - Saragoça - Madri - Saragoça
Primavera de 1994

"Eis que estou à porta e bato. Se alguém ouvir minha voz e abrir a porta, entrarei em sua casa e cearemos juntos" (Ap 3,20).

Abba

Palavra aramaica que significa "pai", ou melhor dizendo, "papaizinho". É o termo habitual com que Jesus se dirigia a Deus, o que demonstra sua autoconsciência de filiação divina (Mc 14,36). Atualmente, é indiscutível que nenhum dos judeus contemporâneos de Jesus ousara aplicar semelhante tratamento a Deus e que os empregos posteriores da palavra não tinham a profundidade da adotada por Jesus.

D. Flusser, *Jesús,* Madri 1975; J. Jeremias, *"Abba"*, Salamanca 1983; idem, *Teología del N.T.,* Salamanca 1980; G. Vermes, *Jesús el judío*, Barcelona 1977; César Vidal Manzanares, *El Primer Evangelio: el Documento Q*, Barcelona 1993; idem, *El judeo-cristianismo palestino en el s. I: de Pentecostés a Jamnia*, Madri 1995.

Abel

Em hebraico Hebel, sopro. Conforme alguns, o nome estaria relacionado à efemeridade de sua existência. Para outros, derivaria do acádio "ablu", filho. Era filho de Adão e Eva (Gn 4,2). Pastor e tendo melhor relação com o Criador, sofria a inveja de seu irmão Caim, que era agricultor. A inveja de Caim o levaria, finalmente, a assassinar seu irmão Abel (Gn 4). Para Jesus, é um dos modelos do justo assassinado por um ímpio e, nesse sentido, sua própria prefiguração (Mt 23,35).

Nahum M. Sarna, *Understanding Genesis*, Nova York 1970; G. von Rad, *El libro del Génesis,* Salamanca 1982; P. Bonnard, *o. c.*

Abiatar

Sacerdote partidário de Davi (1Sm 22,20-23). Jesus menciona-o como fundamento para submeter o cumprimento da lei do *sábado* a outros fins mais importantes (Mc 2,26). Supostamente, esse personagem ajudou Davi em um dia de sábado.

Abismo

Do grego "abyssos", profundidade sem fundo nem limites. Na tradução do Antigo Testamento para o grego, conhecida como Septuaginta ou Bíblia dos LXX, o termo é utilizado com referência ao caos anterior à obra criadora de Deus (Gn 1,2) e também em relação ao sheol ou Hades (Jó 41,24 LXX). No Livro de Henoc, o abismo é claramente indicado como o lugar de castigo consciente dos *demônios* ou anjos decaídos. Jesus identificou-o com a morada dos demônios (Lc 8,31) e o Hades com o lugar dos mortos conscientes (Lc 16,26ss.) (comp. Mt 25,41.46).

J. Grau, *Escatología*, Barcelona 1977; J. Guillén Torralba, *Luces y sombras del más allá*, Madri 1964; A. Edesrsheim, *The Life and Times of Jesus the Messiah*, Grand Rapids 1976; César Vidal Manzanares, *Diccionario de las tres religiones monoteístas: judaísmo, cristianismo e islam*, Madri 1993; idem, *El judeo-cristianismo palestino en el s. I: de Pentecostés a Jamnia,* Madri 1994; M. Gourgues, *El más allá en el Nuevo Testamento,* Estella [4]1993.

Ablução

No Antigo Testamento, as abluções eram limitadas a situações bem explícitas de contato com a divindade ou à classe sacerdotal em relação às suas funções (Êx 30,17-21). Jesus repudiou claramente as abluções típicas das escolas farisaicas de sua época (Mc 7,1ss. e par.).

Abominação da desolação

Expressão utilizada em Dn 11,31 que se refere à profanação do Templo de Jerusalém por mãos do monarca helenista Antíoco Epífanes, no ano 168 a.C. Jesus empregou essa expressão ao profetizar a destruição de *Jerusalém e do *Tem-

plo (Mc 13,14 e Mt 24,15), possivelmente por causa do caráter também pagão das tropas romanas.

F. F. Bruce, *Israel y las naciones*, Madri 1979; idem, *New Testament History*, Nova York 1980; P. D. Hanson, *Old Testament Apocalyptic*, Nashville 1987; idem, *The dawn of Apocalyptic*, Filadélfia 1989; F. J. Murphy, *The Religious World of Jesus*, Nashville 1991; C. Rowland, *The Open Heaven*, Londres 1985; César Vidal Manzanares, *El judeo-cristianismo...*; idem, *Diccionario de las tres...*; V. Taylor, *Evangelio según san Marcos*, Madri 1979; P. Bonnard, *Evangelio según san Mateo*, Madri 1978.

Abraão

1. *Patriarca*. Filho de Taré ou Tera, pai dos hebreus, pai dos que crêem e amigo de Deus (Gn 15,1-18; 16,1-11; 18,1-19.28; 20,1-17; 22,1-14; 24). Segundo Jesus, no final dos tempos e junto ao patriarca, desfrutarão do banquete do *Reino de Deus não somente os israelitas como também os *gentios que creram no Cristo. 2. *Seio de*. Na literatura judaica, como por exemplo: *Discurso a los griegos acerca del Hades,* de Flávio Josefo, o lugar do sheol ou *hades, donde os justos esperavam conscientemente a descida do *Messias, que os arrebataria ao *céu. Esse é o sentido que os *Evangelhos expressam, como o relato do homem *rico e *Lázaro de Lc 16,19-31.

Abutre

Grego: Aetos. No Novo Testamento, é difícil saber se o termo refere-se à águia ou ao abutre, e, neste segundo caso, a qual espécie se refere ("quebra-ossos", "cinzento" e "abanto"). A referência em Mt 24,28 e Lc 17,37 é de difícil interpretação. Enquanto para alguns autores se trataria de uma menção às águias das insígnias romanas, para outros seria um provérbio equivalente ao nosso "Onde há fumaça, há fogo". Neste último caso, Jesus estaria afirmando que o conjunto de sinais indicados por ele bastaria para saber que falava sobre o cumprimento da profecia.

Acéldama

Ver *Hacéldama.

Adoração

Do latim "adoratio", palavra derivada de "ad oro" (oro ou rogo-te). Define o culto reservado única e exclusivamente a *Deus. No grego utilizavam-se os termos "latreia", "proskynesis" e "dulía" para expressar essa atitude. O judaísmo reservava-a, de maneira indiscutivelmente exclusiva, a Deus, sem admitir o culto a nenhum outro ser nem tampouco a nenhuma imagem, mesmo que essa tendesse a representar a divindade (Êx 20,4ss.; Dt 5,1ss.; Is 44,9-20; Dn 5,23; 2Rs 23,4ss.). Também Jesus manteve esse ponto de vista (Mt 4,10; Lc 4,8); os evangelhos indicam que, após sua *ressurreição, Jesus foi adorado por seus discípulos (Mt 28,17; Lc 24,52) que o proclamaram *Senhor e Deus (Jo 20,28); alguns textos parecem indicar uma consciência incipiente dessa realidade antes mesmo da morte de Jesus (Mc 4,39-41; Lc 5,8-10).

O. Cullmann, *Christology of the New Testament*, Londres 1975; M. Hengel, *El Hijo de Dios*, Salamanca 1978; E. Schweizer - A. Díez Macho, *La iglesia primitiva: medio ambiente, organización y culto*, Madri 1974; César Vidal Manzanares, *El judeo-cristianismo...*

Aduana

Local de arrecadação de impostos na entrada ou saída de um país. *Cafarnaum era lugar de aduana entre a *Galiléia e *Traconítide (Mt 9,9; Mc 2,14; Lc 5,27).

Adultério

O Antigo Testamento continha proibições categóricas em relação ao adultério (Êx 20,14; Lv 18,20; Dt 22,22-29), que era castigado com o *apedrejamento. Embora o judaísmo rabínico tenha suprimido progressivamente a pena de morte como castigo do adultério, limitando a sanção ao repúdio à esposa, o apedrejamento não era incomum nos tempos de Jesus (Jo 8,1ss.). A visão veterotestamentária do adultério é aprofundada por Jesus — que o considerou um grave pecado (Mt 15,19; Mc 7,22) — em três aspectos concretos. Em primeiro lugar, opõe-se à execução da adúltera (Jo 8,1ss.), no que coincide, pelo menos em parte, com algumas das escolas rabínicas de sua época. Em segundo lugar, interpreta como adultério qualquer atividade — inclusive mental — em que a pessoa é vista apenas como objeto de satisfação da lascívia (Mt 5,27ss.), não limitando o termo apenas às mulheres (Mt 5,28), mas incluindo também os homens. Finalmente, se Mateus 5,31-32 e 19,9 refere-se ao adultério, este seria considerado por Jesus como a única razão permitida para o divórcio, seguindo assim a linha da escola farisaica de Shamai.

J. Driver, *o. c.*; P. Bonnard, *o. c.*; L. Poittevin - E. Charpentier, *El Evangelio según san Mateo*, Estella [12]1993; J. Delorme, *El Evangelio según san Marcos*, Estella [13]1995; J. Zumstein, *Mateo el teólogo*, Estella [3]1993.

Ágape

Um dos quatro termos gregos — os outros são philía, eros e storgué — que podem ser traduzidos para o português como "amor". Não é um termo clássico, embora sua forma verbal apareça ocasionalmente em Plutarco e em Xenofonte. Na Septuaginta, é usado catorze vezes em relação ao amor sexual (Jr 2,2 etc.) e duas como contraposição a ódio (Ecl 9,1). No Livro da Sabedoria, é utilizado para descrever o amor de Deus (3,9) e o amor à sabedoria (6,18). A carta de Aristéias (229) considera-o alicerce de força da piedade. Nos evangelhos, é o termo mais importante para expressar o amor. Esse amor é a base da relação entre o Pai e o Filho dentro da *Trindade* (Jo 17,26) e também constitui a atitude fundamental de Deus para com os homens, manifestada de maneira primordial no fato de o Filho encarnar-se para morrer na cruz e assim expiar os pecados do gênero humano (Jo 3,16). Como sinal de gratidão, o dever do ser humano é manifestar esse amor-ágape a Deus (Mt 22,37) e a seu *próximo*, incluindo os *inimigos*. Esse amor — novo *mandamento* deixado por Jesus — constitui o maior distintivo da conduta cristã (Jo 13,34; 15,12) e deve ser semelhante ao amor de Deus (Mt 5,43-48).

W. Barclay, *Palabras...*; D. Flusser, *o. c.*; J. Klausner, *Jesús de Nazareth*, Buenos Aires 1971; E. Schweizer - A. Díaz Macho, *o. c.*

Ágrafa

Frases de Jesus não reunidas nos quatro *evangelhos* canônicos (Mateus, Marcos, Lucas e João). O Novo Testamento contém uma pelo menos em Atos 20,35ss. (1Ts 4,15ss. é mais discutível). Outras aparecem em textos cristãos primitivos e até mesmo no Talmude, embora o caráter herético de algumas obras que as reúnem torne difícil estabelecer sua autenticidade, como por exemplo o evangelho de São Tomé. Em termos gerais, não acrescentam nada de substancial ao nosso conhecimento do Jesus histórico.

J. Jeremías, *Palabras desconocidas de Jesús*, Salamanca 1984; César Vidal Manzanares, *Los Evangelios gnósticos*, Barcelona 1991; idem, *El Primer Evangelio...*; R. Dunkerley, *Beyond the Gospels*, Londres 1957.

Agripa

Ver *Herodes Agripa*.

Água

Ver *Ablução, *Batismo, *Novo nascimento*.

Águia

Ave de rapina mencionada em Mt 24,28 e Lc 17,37. Possivelmente identifica-se mais com o abutre do que com a águia propriamente dita. A sentença junto às referências de Mateus e Lucas equivale ao provérbio português: "Onde há fumaça, há fogo".

Ais

Manifestação de dor ante uma desgraça presente (Mt 11,21; 23,13-29; Lc 6,24-26) ou futura (Mt 18,7; 24,19; 26,24). Não deve ser confundida com *maldição.

Álcool

O Antigo Testamento não proíbe seu consumo e até mesmo tem palavras de elogios para ele (Salmo 104,15; Pr 31,6). No entanto, é muito rigoroso na condenação à embriaguez, ainda que involuntária (Pr 20,1; 21,17; 23,30ss. etc.), e ao hábito de beber (Is 5,11ss.; 28,7). O Antigo Testamento proíbe o vinho aos *sacerdotes enquanto desempenham suas funções (Lv 10,9) e ao *nazireu durante seu voto (Nm 6,3).

Jesus transformou a água em vinho (Jo 2,1ss.), não teve problema em consumi-lo — foi inclusive acusado de beberrão (Mt 11,19) —, conhecia seu uso medicinal (Lc 10,34) e o utilizou na Última *Ceia (Mt 26,26ss.; Mc 14,23-25; Lc 22,20ss.).

Alfeu

1. Pai de *Levi (Mc 2,14). 2. Pai de *Tiago, um dos *apóstolos (Mt 10,3; Mc 3,18; Lc 6,15).

Aliança, Nova

Ver *Pacto, Novo.

Alimentos

Em relação aos alimentos, o judaísmo aplica as normas denominadas de "cashrut", cuja origem fundamental é veterotestamentária, implicando uma clara separação entre alimentos puros e impuros. Em alguns grupos, como o dos *fariseus, o conjunto de proibições se ampliou e inclusive exigiu a adoção de uma série de medidas concretas relacionadas ao acréscimo da própria comida. Jesus se opôs claramente a essas normas, principalmente quando eram acentuados apenas os aspectos externamente rituais da *Lei e não o essencial dela (Mt 15,1-20). E acabou por declarar "puros todos os alimentos" (Mc 7,18-19).

H. H. Donin, *o. c.;* Y. Newman, *o. c.;* D. Stern, *Messianic Jewish manifesto*, Jerusalém 1991; César Vidal Manzanares, *Diccionario de las tres...*; Idem, *El judeo-cristianismo...*

Alma

Parte espiritual do homem, distinta de seu corpo. Embora o conceito bíblico esteja longe da rígida dicotomia entre corpo e alma que caracteriza, por exemplo, o hinduísmo ou o platonismo, o certo é que também existia a crença de uma categoria distinta do corpo que se identificava com o mais íntimo do ser. Assim aparece no Antigo Testamento como um "eu" espiritual que sobrevive consciente depois da *morte (Is 14,9ss.; Ez 32,21ss.). Ainda que se insista que o *pecado causa a morte da alma (Ez 18,4), isso não implica, em caso algum, a inconsciência ou aniquilação do sujeito. A morte física elimina seu corpo e destrói os planos que fizera (Sl 146,4), porém seu *espírito volta-se para Deus (Ecl 12,7), persistindo. A idéia da imortalidade da alma ainda era evidente durante o período intertestamentário e refletida, entre outros, pelo historiador judeu Flávio Josefo em seu *"Discurso aos gregos acerca do Hades"*.

Os rabinos contemporâneos de Jesus — assim como o Talmude judeu posterior — insistiram também no conceito da imortalidade da alma e da sua sobrevivência consciente (para ser atormentada conscientemente na *geena ou feliz no seio de *Abraão) após a morte física. Em nossos dias, considera-se que a crença na imortalidade da alma é uma das doutrinas básicas do judaísmo, especialmente no seu setor reformado.

Em um de seus ensinamentos mais conhecidos (Lc 16,19ss.), Jesus ressaltou que, no momento da morte, a alma da pessoa recebe um castigo ou uma recompensa consciente, e descreveu o primeiro em termos sensíveis como o fogo (Mc 9,47-48; Lc 16,21b-24), choro e ranger de dentes (Mt 8,12; 13,42; 24,51 etc.) etc. Apesar de tudo, no ensinamento de Jesus não se considera a consumação escatológica concluída na *resssurreição (Jo 5,28-29; Mt 25,46). Ao recusar a idéia do sono inconsciente das almas, da mortalidade da alma e da aniquilação, ao mesmo tempo que ressaltava a esperança da ressurreição, Jesus conservava a visão já manifestada no Antigo Testamento e, muito especialmente, no judaísmo do Segundo Templo, com exceções como a dos *saduceus.

A. Cohen, *o. c.*; J. Grau, *Escatología...*; J. L. Ruiz de la Peña, *La otra dimensión*, Santander 1986; C. Vidal Manzanares, *El judeo-cristianismo...*; Idem, *Diccionario de las tres..*; M. Gourges, *El más allá en el Nuevo Testamento*, Estella [4]1993.

Aloés

Perfume extraído de uma madeira preciosa do Oriente. Costumava-se misturá-lo a outros, como a *mirra (Jo 19,39).

Alqueire

Também: modius. Medida romana de capacidade de uns 8,75 litros. Em determinadas ocasiões, era utilizada por gente humilde como prato ou tigela para comer (Mt 5,15; Mc 4,21; Lc 11,33).

Altar

O lugar diante do qual se apresentavam as *oferendas a Deus. Jesus considerava-o digno de respeito (Mt 5,23ss.; 23,18-20) e exigia, por isso, a prévia reconciliação daqueles que se acercavam dele.

Altar de pontas de antigos santuários israelitas (Am 3,14; Sl 118,27)

Am Ha-Arets

Literalmente, a gente da terra. Grupo que incluía, conforme o critério dos *fariseus, a maioria do povo de *Israel, pouco inclinado a guardar as normas da *Torá, de acordo com a sua interpretação. Sob esse ponto de vista, considerava-se ritualmente bastante contaminada para poder comparecer limpa diante de Deus. O fato de Jesus considerar questões como as relacionadas ao *sábado ou aos *alimentos com maior flexibilidade, sua fama de fazedor de *milagres e o fato de ver os homens como pecadores necessitados da ajuda divina (Mc 2,16-17) de quem teria de sair à procura (Lc 15,1ss.) são algumas das causas que explicam a atração que exerceu sobre muitos dos am ha-arets. Sem dúvida, essas realidades não deveriam fazer-nos esquecer, em uma romântica idealização, que também boa parte das pessoas pertencentes a essa classe social sentiu-se desiludida com as ações de Jesus. A radicalidade de seu ensinamento e especialmente seu conceito não-político do *messias provocaram a desilusão em muitos que acabaram por abandoná-lo (Jo 6,15-60ss.).

E. Schürer, *o. c.*; *Encyclopaedia of Religion and Ethics*, 13 vols., 1908-1926 (doravante ERE), I, pp. 385ss.; E. P. Sanders, *Judaism...*; C. Vidal Manzanares, *El Primer Evangelio...*; C. Saulnier e B. Rolland, *Palestina en tiempos de Jesús*, Estella [10]1994.

Amém

Palavra hebraica que significa "em verdade" e que também pode ser traduzida por "assim seja" ou "assim é". No caso de Jesus, ocasionalmente, pode anteceder declarações que realcem seu caráter de *profeta*.

Amor

Ver *Ágape, *Sexo.

Ana

Nome de uma viúva profetisa, que reconheceu em Jesus menino o *messias (Lc 2,36).

Anás

Sumo *sacerdote a partir de 6 d.C. (Lc 3,2), sogro de *Caifás e, muito possivelmente, chefe do grupo dos *saduceus. Embora deposto por Valério Grato em 15 d.C., continuou mantendo um poder à sombra, como demonstra o fato de Jesus ter sido conduzido diante dele no transcurso de seu processo (Jo 18,13-24).

Anciãos

No Antigo Testamento, recebia esse nome aquele que sucedia ao pai — geralmente em virtude do direito de primogenitura — no governo da casa, clã ou tribo (1Rs 8,1-3; Jz 8,14-16). Desfrutavam de autoridade sobre o povo (Dt 27,1; Esd 10,8) e eram também representantes da nação em atos políticos (Jz 11,5-11; 1Sm 8,4; 2Sm 5,3) e religiosos (Lv 4,13-15; Js 7,6). Numa prática generalizada, os povoados contavam com uma administração civil e religiosa desempenhada por anciãos (Dt 19,12; 21,2; Rt 4,2-11; 1Sm 11,3; Esd 10,14). Essa instituição vigorou até o tempo de *Jesus (Mt 15,2; 21,23; 26,3-47).

R. de Vaus, *Instituciones del Antiguo Testamento*, Barcelona, 1985; C. Vidal Manzanares, *Diccionario de las tres...*; Idem, *El judeo-cristianismo...*

André

Um dos *doze *apóstolos de *Jesus (Jo 1,35-42; Mt 4,18-20; Mc 13,3ss.). Seguramente, nada sabemos a respeito dele além do que o Novo Testamento apresenta. Segundo uma tradição tardia, foi martirizado em Patras na Acaia, por volta do ano 60. A tradição de ter morrido em uma *cruz em forma de aspa com certeza carece de base histórica e não surgiu antes do séc. XIV.

Anjo

Palavra derivada do grego "ággelos" (mensageiro), que na Septuaginta traduz o hebreu "malaj". Com essa missão de mensageiros divinos é que aparecem principalmente nos evangelhos (Mt 11,10; Mc 1,2; Lc 7,24-27; 9,52). Somente em situações excepcionais são mencionados por um nome (Lc 1,19.26).

Estão relacionados à missão de Jesus (Mt 4,11; Mc 1,13; Lc 22,43; Jo 1,51) e à sua *parusia (Mt 13,39.41.49; 16,27; 24,31; 25,31). Presentes na corte celestial (Lc 12,8ss.; 16,22), alegram-se com a *conversão dos *pecadores (Lc 15,10) e cuidam das crianças (Mt 18,10). Seu estado de vida permite compreender qual será a condição futura dos que se salvam (Mt 22,30; Mc 12,25; Lc 20,36). Os evangelhos indicam também a existência do Diabo, um anjo decaído ao qual seguiram outros anjos, como um ser pessoal e real que governa os reinos deste mundo (Lc 4,5-7) e o mundo em geral. Jesus deu a seus *discípulos a autoridade para derrotá-lo (Lc 10,19-20) e, no fim dos tempos, tanto ele como seus sequazes serão vencidos (Mt 25,41) e confinados no fogo eterno.

A. Cohen, *o. c.*; F. J. Murphy, *The Religious...;* ERE IV, pp. 578, 584, 594-601; C. Vidal Manzanares, *Diccionario de las tres...;* Idem, *El judeo-cristianismo...*

Ano

Sua duração dependia de seu caráter solar ou lunar. Dividia-se em *inverno (de 15 de outubro a 15 de maio) e *verão (de 15 de maio a 15 de outubro). Nos cálculos de duração, uma fração de ano equivalia a um ano inteiro.

Contavam-se os anos de um imperador a partir de sua ascensão ao trono. Assim, o ano quinze de *Tibério (Lc 3,1) iria de 19 de agosto de 28 a 19 de agosto de 29, mas *Lucas utilizou o cômputo sírio — que iniciava o ano em 1º de outubro — e, nesse caso, o ano quinze teria iniciado em 1º de outubro de 27.

Anti-semitismo

Atitude de hostilidade, que pode concretizar-se em agressões específicas aos judeus. Nem todo ataque ou crítica a eles deve ser visto como demonstração de anti-semitismo. De fato, o Antigo Testamento contém fortes ataques contra o povo de Israel (Êx 32,9; 33,3; Dt 31,27; Jr 2,27 etc.) que não podem ser entendidos em termos raciais, mas espirituais: acusa-se o povo como o grupo que desobedece à voz de Deus e à dos profetas. Nesse mesmo sentido devem ser interpretadas as referências negativas dos evangelhos relacionadas a Israel. Jesus lamentou a incredulidade de alguns judeus (Mc 6,1-5), assim como a dureza da conduta de alguns dos dirigentes religiosos (Mt 23). Sem dúvida, salientou taxativamente que a salvação vinha dos judeus (Jo 4,22), manifestou sua compaixão pelo povo necessitado (Mt 10,6; 15,24; Mc 6,34) e expressou seu desejo de restaurá-lo (Lc 13,34). Longe de se evidenciar no ensinamento de Jesus o menor vislumbre de anti-semitismo, percebe-se nele um profundo amor a Israel, de cujo povo fazia parte espiritual e racialmente.

L. Poliakov, *Historia del antisemitismo*, v. I, Buenos Aires 1968; H. Ben-Sasson, *A History of the Jewish People*, Harvard 1976 (Há uma edição espanhola da Aliança Editorial, com o título de *Historia del pueblo judío,* 3 tomos, Madri 1988); C. Vidal Manzanares, *El primer Evangelio...*; Idem, *El judeo-cristianismo...*; E. Mary, *La aportación de un judío a la Iglesia,* Barcelona 1986.

Antigo Testamento

1. Primeira parte da Bíblia cristã, que contém os livros revelados ao povo de Israel no passado. Existem dois *cânones mais extensos, aos quais se devem acrescentar outros específicos de algumas Igrejas orientais. O primeiro, estabelecido pelos judeus no Concílio de Jâmnia (90-100 d.C.), contém as seguintes divisões e livros: a Torá ou Lei (Gênesis, Êxodo, Levítico, Números e Deuteronômio), os Neviim ou Profetas (Josué, Juízes, 1 e 2 Samuel, 1 e 2 Reis, Isaías, Jeremias, Ezequiel e os Doze profetas menores (Oséias, Joel, Amós, Abdias, Jonas, Miquéias, Naum, Habacuc, Sofonias, Ageu, Zacarias e Malaquias) e os Ketubim ou Escritos (Salmos, Provérbios, Jó, Cântico dos Cânticos, Rute, Lamentações, Eclesiastes, Ester, Daniel, Esdras, Neemias, 1 e 2 Crônicas). Esse cânon é o adotado atualmente pelos judeus e também pelas Igrejas protestantes, embora para estes a ordem dos livros seja outra. A Igreja Católica incluiu no cânon judaico do Antigo Testamento os seguintes livros que, por essa razão, são chamados deuterocanônicos (pertencentes a um segundo grau de canonicidade) e aos quais os adeptos do primeiro cânon denominaram apócrifos (excluídos do cânon): Judite, Tobit ou Tobias, 1 e 2 Macabeus, Eclesiástico, Sabedoria, Baruc, trechos adicionais a Ester e Daniel. Esse cânon mais amplo é mais tardio.

F. F. Bruce, *The Canon of Scripture*, Downers Grove 1988; R. K. Harrison, *o. c.;* C. Vidal Manzanares, *Diccionario de las tres...*; A. Paul, *La inspiración y el canon de las Es-*

crituras, Estella [4]1993; R. Beckwith, *The Old Testament Canon of the New Testament Church*, Grand Rapids 1986.

Antipas

Ver *Herodes Antipas.

Anunciação

Visita do anjo a Maria para "anunciar-lhe" que dela nascerá virginalmente o Messias (Lc 1,26-38), o qual é descrito com características humanas (Lc 1,32) e divinas (Lc 1,34ss.).

R. E. Brown, *El nacimiento del Mesías*, Madri 1982; J. Zumstein, *Mateo, el teólogo*, Estella [3]1993. J. P. Michaud, *María de los Evangelios*, Estella [2]1993; L. Poittevin e E. Charpentier, *El Evangelio*...; A. George, *El Evangelio según san Lucas*, Estella [13]1994; C. Perrot, *Los relatos de la infancia de Jesús*, Estella [7]1993.

Apedrejamento

Conforme a *Lei de Moisés, morte prescrita para alguns delitos mais graves como o *adultério ou a *blasfêmia (Lv 24,14). Essa pena ainda era vigente na época de Jesus e era costume que as testemunhas do delito lançassem a primeira pedra (Jo 8,7). É evidente que Jesus opôs-se ao cumprimento literal desse preceito mosaico (Jo 8,1ss.), assim como à aplicação da lei de *talião em qualquer de suas formas.

Em muitos casos, a execução por esse meio convertia-se quase num linchamento legalizado, procedente da cólera popular (Lc 20,6; Jo 8,58-59; 10,31-33; 11,8). Essa foi a experiência de Jesus, que acusou *Jerusalém de apedrejar os profetas a ela enviados (Mt 23,37; Lc 13,34).

Apocalíptico

Denominação aplicada a um gênero literário que descreve acontecimentos relativos ao final dos tempos e, mais concretamente, à crise final anterior à chegada do *Reino messiânico. Embora se costume comparar o apocaliticismo a atitudes escapistas, essa interpretação geralmente não corresponde às fontes escritas de que dispomos. O gênero apocalíptico manifesta uma perspectiva evidentemente espiritual, mas não especulativa e, habitualmente, dotada de uma visão prática da existência. Temos exemplos desse gênero na segunda parte do Livro de *Daniel (é discutível que a totalidade do livro possa ser qualificada como apocalíptica), numa segunda parte de *Zacarias e no denominado Apocalipse de *Isaías (Is 24-27). No período intertestamentário, o *judaísmo produziu obras apocalípticas — em alguns casos, posteriormente interpoladas por autores cristãos — como o Livro de Henoc, o quarto livro de Esdras, a Assunção de Moisés, o Livro dos Jubileus e o Testamento dos Doze Patriarcas.

No Novo Testamento, somente o último livro — Apocalipse — pertence a esse gênero. Sem dúvida, existem características apocalípticas no discurso de Jesus no *Monte das Oliveiras (Mt 24 e 25; Mc 13; Lc 21), no qual se mesclam as predições sobre a futura destruição de *Jerusalém com referência à *parusia.

P. D. Hanson, *The Dawn...*; Idem, *Old Testament apocalyptic...*; F. J. Murphy, *o. c*.; C. Rowland, *The Open Heaven*, Londres 1985; D. S. Russell, *The Method and Message of Jewish Apocalyptic*, Filadélfia 1964; C. Vidal Manzanares, *El judeo-cristianismo...*; Idem, *Diccionario de las tres...*; Equipo "Cahiers Evangile", *El Apocalipsis*, Estella [10]1994; M. Delcor, *Mito y tradición en la literatura apocalíptica*, Madri 1977.

Apóstolos

São os discípulos mais próximos de Jesus, escolhidos para expulsar *demônios,* curar enfermidades, anunciar o evangelho (Mt 10,2-4; Mc 3,16-9; Lc 6,14-16; At 1,13) e julgar as doze tribos de *Israel (Mt 19,28). Conhecemos seus nomes através das listas que aparecem nos Sinóticos e nos Atos (Mt 10,2-4; Mc 3,16-19; Lc 6,14-16; At 1,13), omitindo-se, nesse último caso, o nome de *Judas Iscariotes. João não apresenta nenhu-

*Os apóstolos Pedro e Paulo
(Epitáfio de Ansellus)(DACL)*

ma lista, porém menciona os "Doze" como grupo (Jo 6,67; 20,24) e no mesmo sentido escreve *Paulo (1Cor 15,5). A lista costuma ser dividida, de maneira convencional, em três grupos de quatro. No primeiro, o apóstolo mencionado em primeiro lugar é sempre Simão, cujo nome foi substituído pelo cognome *Pedro ("Petrós" [pedra], seguramente uma tradução do aramaico "Kefas"). Sempre associado a Pedro, vem seu irmão *André (Jo 1,40-41; Mc 1,16) e, logo em seguida, são mencionados Tiago e João, que eram, como os dois irmãos citados anteriormente, pescadores na Galiléia (Mc 1,19). Se sua mãe (Mt 27,56) era *Salomé, irmã de *Maria, a Mãe de Jesus (Mc 15,40; Jo 19,25), seriam então primos deste. Entretanto, a hipótese não é de todo segura. No segundo grupo de quatro, encontram-se *Filipe de *Betsaida (Jo 1,44; 6,5-8; 12,22), *Bartolomeu, geralmente identificado com *Natanael (Jo 1,45-46; 21,2), *Tomé, chamado "Dídimo" (o gêmeo) (Jo 11,16; 20.24), e *Mateus, que deve ser identificado com o Levi de outras listas. Finalmente, no terceiro grupo de quatro estão Judas Iscariotes (supostamente morto logo após a execução de Jesus), *Simão, o Zelote, *Tiago, filho de *Alfeu e — situado em décimo lugar em Mateus e Marcos e em décimo primeiro em Lucas e Atos — *Lebeu, *Tadeu e *Judas. Essa última discrepância tem sido explicada por diversas maneiras. Alguns apontam a falta de escritos sobre esse personagem (R. E. Brown, "The Twelve and the Apostolate" em NJBC, Englewood Cliffs 1990, p. 1.379); outros identificam Tadeu com *Judas*, o irmão de *Tiago*, considerando Lebeu apenas uma variante textual (A.T. Robertson, "*Una armonía de los cuatro Evangelios*, El Paso 1975, pp. 224-226. No mesmo sentido, M. J. Wilkins, "Disciples" em DJG, p. 181, alegando, principalmente, a existência de uma coincidência total no restante dos nomes), uma tese conciliadora que, possivelmente, corresponda à realidade histórica.

F. Schleiermacher e F. C. Baur negaram que o grupo dos Doze foi estabelecido por Jesus. De início, é impossível negar que ele era bem primitivo, já que Paulo o menciona em 1Cor 15,5. Além disso, em vista da análise das fontes, o mais adequado é fixar seu estabelecimento durante a vida de Jesus (E. P. Sanders, M. Hengel, F. F. Bruce, C. Vidal Manzanares etc.). Isso explicaria também circunstâncias como a premência em completar seu número após a morte de Judas (At 1, 15-26).

Tem-se discutido bastante desde os finais do século passado o significado exato do apostolado. O ponto inicial dessa análise foi, sem dúvida, a obra de Lightfoot sobre a Epístola aos Gálatas (J. B. Lightfoot, *Saint Paul's Epistle to the Galatians*, Londres 1865). É evidente que o termo deriva do infinitivo grego "apostellein" (enviar), cujo uso não era muito comum nessa língua. Na Septuaginta, só aparece uma vez (1Rs 14,6) como tradução do particípio passado "shaluaj" de "shlj" (enviar). Tomando como ponto de partida essa circunstância, H. Vogelstein e K. Rengstorf relacionaram a instituição dos apóstolos aos "sheluhim" ou comissões rabínicas enviadas pelas autoridades palestinas para representá-las com plenos poderes. Os "sheluhim" recebiam um mandato simbolizado pela imposição das mãos, e seus deveres — que, muitas vezes, eram simplesmente civis — incluíam ocasionalmente a autoridade religiosa e a proclamação de verdades religiosas. Por não possuirmos referências aos "sheluhim" cronologicamente paralelas aos primeiros tempos do cristianismo, a interpretação citada já recebeu fortes ataques a partir da metade deste século. Atualmente, existe uma tendência de relacionar novamente a figura do apóstolo com a raiz verbal "shlj", que foi traduzida na Septuaginta umas setecentas vezes por "apostollein" ou "exapostollein". O termo era bastante amplo — como já destacou Lightfoot — indo, posteriormente, além do grupo dos Doze. São consideradas importantes as contribuições de H. Riesenfeld (*The Gospel Traditions and Its Beginnings*, Londres 1957) e de B. Gerhardsson (*Memory and Manuscript: Oral Tradition and Written Transmission in the Rabbinic Judaism* and *Early Christianity,* Uppsala 1961), que estudavam a possibilidade de os Doze serem o receptáculo de um ensinamento de Jesus, conforme uma metodologia de ensinamento semelhante ao rabínico e que, a partir deles, foi-se formando um depósito de tradições relacionadas com a pregação de Jesus. Essa tese, embora não seja indiscutível, possui certo grau de probabilidade.

C. K. Barrett, *The Signs of an Apostle*, Filadélfia 1972; F. Hahn, "Der Apostolat in Urchristentum" em *KD*, 20, 1974, pp. 56-77; R. D. Culver, "Apostles and Apostolate in the New Testament" em *BSac*, 134, 1977, pp. 131-143; R. W. Herron, "The Origin of the New Testament Apostolate" em *WJT*, 45, 1983, pp. 101-131; K. Giles, "Apostles before and after Paul" em *Churchman,* 99, 1985, pp. 241-256; F. H. Agnew, "On the origin of the term Apostolos" em *CBQ*, 38,

1976, pp. 49-53; Idem, "The origin of the NT Apostle-Concept" em *JBL,* 105, 1986, pp. 75-96; B. Villegas, "Peter Philip and James of Alphaeus" em *NTS,* 33, 1987, pp. 294; César Vidal Manzanares, *Diccionario de las Tres Religiones,* Madri 1993; Idem, *El judeo-cristianismo...*

Aramaico

Idioma semítico que já nos finais do período veterotestamentário sobrepusera-se à população judia, de tal maneira que necessitava de interpretação aramaica para entender as Escrituras em hebraico (Ne 8,1ss.). Jesus se expressou em aramaico, ainda que certamente conhecesse o hebraico (Lc 4,16ss.) e também o grego, já que era galileu.

M. Black, *An Aramaic Approach to the Gospels and Acts,* Oxford 1967; G. Lamsa, *Holy Bible from the Ancient Eastern Text (Peshitta),* Nova York 1989.

Arimatéia

Cidade a noroeste de Jerusalém, possivelmente a Ramataim do Antigo Testamento (1Sm 1,1). Dela procedia o *José* que sepultou Jesus (Mt 27,57; Mc 15,43; Lc 23,51; Jo 19,38).

Aroma

Substância aromática de origem vegetal utilizada para a fabricação de *perfumes* (Mc 16,1; Lc 23,56; 24,1; Jo 10,40).

Arquelau

Filho de *Herodes, o Grande,* e de Maltace (23 a.C. — 15 d.C.), irmão de *Herodes Antipas,* *etnarca* da *Judéia,* *Samaria* e Iduméia em 4 a.C. Acusado de tirania, viu-se obrigado a exilar-se em Viena, na Gália, em 6 d.C., transformando-se seu território em província romana. O medo de suas ações levou *José,* o pai legal de Jesus, a fixar sua residência na *Galiléia* (Mt 2,22).

Arqueologia

Ver *Cafarnaum, *Jerusalém, *Nazaré, *Qumrán.

Arrependimento

Em hebraico, o termo utilizado é "teshuváh", que procede de uma raiz verbal que significa voltar ou retornar. No Antigo Testamento, é um chamado constante dos profetas para afastar-se do mau caminho e viver de acordo com a Aliança. Em nenhum caso, indica a obtenção do perdão mediante o esforço humano, mas receber o perdão misericordioso de Deus para seguir uma vida nova de obediência a seus mandamentos.

Nos evangelhos, o conceito de arrependimento ("metanoia" ou mudança de mentalidade) é um conceito essencial, equivalente à *conversão,* que se liga ao profetismo do Antigo Testamento, mostrando-se distanciado do desenvolvimento do judaísmo posterior. Jesus insiste na necessidade de arrepender-se porque chegou o *Reino* de Deus (Mc 1,14-15) e afirma que se perecerá se não houver arrependimento (Lc 13,1-5). O arrependimento jamais é uma obra meritória, mas uma resposta ao chamado amoroso e imerecido de Deus (Lc 15,1-32). O arrependimento é, portanto, voltar-se à graça de Deus, recebê-la humilde e agradecidamente e, então, levar uma vida conforme os princípios do Reino. E até mesmo àquele que se arrepende e já não tem possibilidade de mudar de vida, porque está prestes a morrer, Deus mostra seu amor, acolhendo-o no *paraíso* (Lc 23,39-43).

Árvore

Símbolo do ser humano, que deve dar bons frutos — a *conversão* — para não ser lançado ao fogo (Mt 3,10; 7,17ss.; 12,33; Lc 3,9; 6,43ss.).

Ascensão

Episódio relatado por Lucas (Lc 24,51) e possivelmente por Mc 16,19. Também está implícito no final de Mateus (28,16ss.) e numa passagem de João (7,39). Nessas passagens se expressa a separação visível de Jesus e seus discípulos (Lc 24,51; At 1,9) — como deve acontecer na *parusia ou segunda vinda de Cristo (At 1,10-11) — e a ascensão daquele à direita do Pai, segundo os textos messiânicos do Salmo 2 e 110. Além disso, esse fato constitui o passo prévio para o envio do *Espírito Santo (Jo 7,39; At 1,6-8). Por não estar ligada à descrição conscienciosa sobre a vida eterna ou sobre o final dos tempos, torna os relatos sobre ela substancialmente distintos dos do apocalipse judaico já mencionado.

Assassinato

No Antigo Testamento é o ato intencional de matar alguém (Êx 20,13). Nesse caso, a pena imposta pela *Torá era a morte (Êx 21,12ss.). Se o homicídio fosse acidental, existiam medidas de proteção em favor do causador (Nm 35,14-34). Para Jesus, a ira ou o insulto são equivalentes ao assassinato (Mt 5,21ss.) e não é lícita nenhuma forma de violência (Mt 5,38ss.) nem mesmo para castigar o causador do mal. A nova ética do *Reino implica uma atitude da parte de seus seguidores rigorosamente distinta da dos *gentios (Mt 5,46-47) e até mesmo a apresentada pela *Torá (Mt 5,21ss.; 5,27ss.; 5,38ss.).

J. Driver, *Militantes para un mundo nuevo*, Barcelona 1977; J. J. Petuchowski, *La voz del Sinaí*, Bilbao 1989; C. Vidal Manzanares, *El Primer Evangelio*...; Idem, *El judeocristianismo*...

Asse

Moeda romana de bronze. Dezesseis asses era o salário habitual por um dia de trabalho (Mt 10,29; Lc 12,6).

Atar e desatar

No contexto da *sinagoga*, decisões relacionadas com a sua disciplina interna e com aspectos jurídicos. Em passagens onde aparecem expressões desse tipo, os evangelhos parecem referir-se a questões disciplinares (Mt 18,18) e, principalmente (Mt 16,9; Jo 20,23), à capacidade de decidir o destino final dos homens como conseqüência da mensagem anunciada pelos *apóstolos*. Aceitá-lo ou rejeitá-lo implicará, finalmente, a *salvação* ou condenação da pessoa (Mc 16,14-16). Nesse sentido, a autoridade dos discípulos difere da autoridade rabínica, já que é inseparável da mensagem anunciada. Em harmonia com isso, mais tarde na Igreja a autoridade apostólica aparece relacionada especificamente com o ensinamento (At 2,42; 2Tm 2,24-26).

Augusto

Título imperial conferido, em 16 de janeiro de 27 a.C., a Caio Júlio César Otaviano (63 a.C. - 14 d.C.), sobrinho-neto de Júlio César (Lc 2,1).

O imperador Augusto

Autoridade

Poder assentado sobre a legitimidade (Mt 12,2.10; 22,17). A que Jesus possui permite-lhe fazer *milagres de cura, expulsar *demônios e reinterpretar a *Lei de Deus (Mt 7,29; 9,6; 9,8; Mc 1,27); purificar o *Templo (Mt 21,23-27 e par.); julgar os seres humanos (Jo 5,27); entregar sua vida e ressuscitar (Jo 10,18. Comp. Jo 2,19-22) e dar a vida eterna (Jo 17,2). Jesus possuía essa autoridade onipotente (Mt 28,19-20) antes mesmo de nascer (Jo 17,1ss.) e a delega agora a seus *discípulos (Mt 10,1ss.), que devem exercê-la da mesma forma que ele o fez como *Servo de Javé (Mt 20,25-28; Mc 10,42-45; Lc 22,24-27). Ao lado dessa autoridade única, legítima, encontram-se outras constituídas, cuja origem não é humana, mesmo que tenha essa aparência (Jo 19,10-11). Assim a possui o *Diabo sobre os reinos deste mundo (Lc 4,6).

Azeite

Alimento obtido da azeitona prensada. Além de alimento, na época de Jesus era utilizado para a iluminação (Mt 25,3ss.), como remédio (Lc 10,34; Mc 6,13) e como cosmético (Mt 6,17; Lc 7,46). O azeite da *parábola das virgens (Mt 25,3ss.) simboliza a fidelidade espiritual dos *discípulos que devem, nessa atitude, esperar a *parusia.

Ázimo

Pão sem levedura que se consumia durante a *festa da *Páscoa.

Banquete

Ver *Mesa*.

Relevo romano do século I, representando um banquete de doze comensais em torno de uma mesa redonda de três pés (Pizzoli)

Baraquias

O pai de Zacarias (Mt 23,35).

Barjonas

Literalmente, filho de Jonas ou de João. Cognome de *Pedro (Jo 21,17).

Barrabás

Literalmente, filho de Abbas ou filho do pai. Delinqüente judeu cuja liberdade alguns do seu povo preferiram à de Jesus (Mt 26,16; Mc 15,6ss; Lc 23,18ss.; Jo 18,40; At 3,14). A circunstância da libertação de um preso pela *Páscoa tem base histórica e aparece comentada no *Talmude. Bem difícil de sustentar é a interpretação moderna que vê em Barrabás um revolucionário nacionalista em vez de um delinqüente comum. Tampouco existe a possibilidade de ter sido um *zelote, porque esse grupo não existia na época de Jesus.

H. Guevara, *Ambiente político del pueblo judío en tiempos de Jesús*, Madri 1985: E. Schürer, *o. c.*; J. Blinzler, *o. c.*; D. R. Catchpole, *The Trial of Jesus*, Leiden 1971; C. Vidal Manzanares, *El Primer Evangelio*...

Bartimeu

Literalmente, filho de Timeu. Nome pelo qual ficou conhecido um mendigo cego curado por Jesus nas proximidades de Jericó e durante sua viagem até *Jerusalém (Mc 10,46-52; Mt 20,29-34).

Bartolomeu

Literalmente, filho de Tolmay. Patronímico de um dos *Doze (Mt 10,3). Geralmente é identificado como Natanael, procedente de Caná da Galiléia, como se encontra em Jo 1,45ss.; 21,2.

C. Vidal Manzanares, *El judeo-cristianismo*...

Bat

Medida judia de capacidade similar à metreta grega e equivalente a 36,44 litros (Lc 16,6).

Batismo

Rito de imersão em água, que simbolizava a consagração espiritual. Essa prática, igual à da ablução que às vezes é definida com esse mesmo termo, era comum entre os judeus (Êx 29,4; 30,20; 40,12; Lv 16,26.28; 17,15; 22,4.6). No tempo de Jesus, batizava-se em água corrente o prosélito procedente do paganismo, significando sua purificação da impureza idolátrica. Da mesma forma, os sectários do *Mar Morto* praticavam ritos relacionados com a imersão, ligados também a um simbolismo de purificação. Como no caso dos prosélitos, os *essênios* de Qumrán consideravam que a pessoa abandonava uma situação de perdição para entrar numa de salvação, embora a pertença a uma ou outra não estivesse definida em termos raciais ou nacionais, mas exclusivamente espirituais. Algo semelhante encontramos em *João Batista*. Este pregou um batismo como sinal de arrependimento para perdão dos pecados (Mc 1,4), isto é, o batismo não perdoava os pecados, todavia era sinal de que se realizara a *conversão* que precedia o perdão. Nesse sentido, João opôs-se aos que, sem a conversão anterior necessária, pretendiam receber o batismo (Mt 3,7ss.). Uma vez mais, a condição para a salvação não era pertencer a um grupo — os "filhos de Abraão" — mas a mudança no relacionamento com Deus.

Jesus recebeu o batismo de João, passando no curso do mesmo por uma experiência do Espírito Santo, que reafirmou sua autoconsciência de filiação divina e de sua messianidade (Mc 1,10 e par.). Conforme o quarto evangelho, esse episódio foi compartilhado com o próprio Batista (Jo 1,29-34). Quanto a Jesus assumir o batismo de João, parece haver uma identificação simbólica do *messias* sofredor com os pecadores chamados à conversão.

Parece que os discípulos de João que começaram a seguir Jesus também batizaram (Jo 4,1-2), embora Jesus não o tivesse praticado. Os relatos sobre a ressurreição de Jesus mostram-no ordenando a seus discípulos a pregação do evangelho, cuja aceitação deve simbolizar-se mediante o batismo administrado com uma fórmula trinitária, que atribui um só nome comum ao *Pai*, ao *Filho* e ao *Espírito Santo* (Mt 28,19), posterior à pregação do evangelho de salvação (Mc 16,15-16). É, portanto, indiscutível que as primeiras *Igrejas* cristãs recorreram ao batismo como rito de entrada nelas, que simbolizava a conversão e a adesão a Jesus como messias e *Senhor (At 2,38; 8,12.38; 9,18; 10,48; 10,48; 1Cor 1,14.16 etc.).

G. Barth, *El bautismo en el tiempo del cristianismo primitivo*, Salamanca 1986; L. F. Badia, *The Qumran Baptism and John the Baptist's Baptism*, Lanham 1980; G. R. Beasley-Murray, *Baptism in the New Testament*, Grand Rapids 1962; J. W. Dale, *Baptizo,* Bauconda 1991; J. Jeremias, *Infant Baptism in the First Four Centuries,* Filadélfia 1962; C. Vidal Manzanares, *El judeo-cristianismo...; Diccionario de las tres religiones monoteístas...*

Beijo

Sinal de afeição (Lc 15,20; Mc 9,36; 10,16) e de respeito (Mt 26,48ss.; Lc 7,38.45).

Belém

Literalmente, casa do pão. Segundo alguns autores, significaria "casa da deusa Lahama". A Bíblia refere-se a duas cidades com esse nome: uma, situada a uns 15 km a oeste de Nazaré, a que se costuma denominar Belém de Zabulon (Js 19,15); a outra, a mais conhecida, situada em Judá. Esta se encontra a uns 7 km ao sul de Jerusalém e recebe também o nome de Éfrata. Era o povoado onde nasceu o rei Davi (1Sm 16-17,12) e se esperava que dela nasceria o *messias (Mq 5,11ss.). Os evangelhos situam o nascimento de *Jesus nessa cidade, relacionando tal circunstância com sua messianidade (Mt 2,1; Lc 2,4). Desde o século XIX, tem-se questionado a veracidade dessa notícia histórica; o certo é que não existem motivos de peso para negá-la e tampouco existem dados nas fontes de que dispomos que defendam, de maneira segura, um outro local para o nascimento de Jesus.

F. Díez, *Guía de Tierra Santa*, Estella [2]1993; E. Hoade, *Guide to the Holy Land*, Jerusalém 1984.

Belzebu

Termo que deriva de Baal-Zebub, o deus filisteu de Acaron (2Rs 1,2ss.). Os judeus deformaram-lhe o nome, convertendo-o em Belzebu (lit. senhor das moscas, embora os textos rabínicos o interpretassem como senhor do esterco). No período do segundo *Templo*, já era identificado com o príncipe dos *demônios* e assim aparece no Novo Testamento (Mt 10,25; 12,24; Mc 3,22; Lc 11,15ss.).

ERE II; C. Vidal Manzanares, *El judeo-cristianismo...*

Bem-aventuranças

Palavras de Jesus com as quais inicia o sermão da montanha (Mt 5,3-12) e o sermão da planície (Lc 6,20-23). Mateus reúne 7 (ou 8, conforme a maneira de contá-las), enquanto Lucas somente indica 4, unidas a quatro maldições.

J. Driver, *o. c.;* P. Bonnard, *o. c.;* C. Vidal Manzanares, *El Primer Evangelio...;* Idem, *Diccionario de las tres religiones...;* L. Poittevin e E. Charpentier, *o. c.;* A. George, *o. c.;* J. Dupont, *El mensaje de las Bienaventuranzas,* Estella, 1992; P. Beauchamp e D. Vasse, *La violencia en la Biblia,* Estella [8]1993.

Bênção

Na Bíblia, são os favores desejados pelo homem e concedidos por Deus, tanto espirituais como materiais, como saúde, riqueza etc. (Gn 39,5; Dt 28,8; Pr 10,22 etc.). O termo é também empregado para referir-se às fórmulas com que se suplicam essas benevolências e, posteriormente, às súplicas que se recitam em determinadas ocasiões. O ideal rabínico chegou a ser o de pronunciar centenas de vezes diariamente (Men 43b). A *Eucaristia* cristã deriva tanto etimológica como ideologicamente do conceito judaico de bênção.

Y. Newman, *o. c.*; W. O. E. Oesterley, *o. c.;* L. Deiss, *La Cena del Señor,* Bilbao 1989; C. Vidal Manzanares, *El judeo-cristianismo...;* Idem, *Diccionario de las tres religiones...*

Benedictus

Literalmente, bendito. Designação do cântico de Zacarias em Lc 1,68-79, a partir da sua primeira palavra na Vulgata.

Betânia

Literalmente, casa dos pobres. 1. Aldeia situada a pouco mais de 2,5 km de *Jerusalém, a leste do Monte das *Oliveiras. Segundo Jo 11,1-11, nela habitava *Lázaro com suas irmãs *Marta e *Maria. 2. Lugar não-identificado à margem leste do *Jordão, onde *João Batista batizava (Jo 1,28; 10,40).

E. Hoade, *o. c.*; F. Díez, *o. c.*

Betesda

Do aramaico Belseza. Literalmente, campo das oliveiras. Denominação do bairro norte de Jerusalém onde se situava a piscina ou tanque de Betesda (literalmente, casa da misericórdia) a cujas águas se atribuíam propriedades milagrosas. As escavações realizadas nas proximidades da atual igreja de Santana descobriram um tanque escavado na pedra, de uns 90 m de comprimento por 60 m de largura e uma profundidade de 7 a 8 m. O evangelho de João (5,2ss.) relaciona a esse cenário uma das *curas realizadas por Jesus na pessoa de um paralítico.

E. Hoade, *o. c.*; F. Díez, *o. c.*

Betfagé

Literalmente, casa dos figos. Local a leste de Jerusalém, situado à margem da estrada que conduzia a *Jericó. Os evangelhos o mencionam em relação com a entrada de Jesus na Cidade Santa (Mc 11,1; Mt 21,1; Lc 19,29-37; ver também Zc 9,9). Existe a possibilidade de que se encontrava próximo à atual Kefr-et-Tur, no lado sudeste do Monte das Oliveiras.

E. Hoade, *o. c.*; F. Díez, *o. c.*

Betsaida

Literalmente, casa dos pescadores. Local nas imediações do lago de Tiberíades, possivelmente a leste da foz do *Jordão,* e de onde eram naturais *Pedro*, *André* e *Filipe*.

E. Hoade, *o. c.;* F. Díez, *o. c.*

Betzatá

Ver *Betesda.*

Bíblia

Ver *Escritura.*

Blasfêmia

Derivado das palavras gregas "blabe" (defeito) e "femi" (falar). Violação do terceiro mandamento que Deus entregou a Moisés no Sinai. Segundo o judaísmo, a blasfêmia ou *jilul Hashem* inclui o insulto, o emprego em vão e a profanação do nome de Deus. No Antigo Testamento, era castigada com a morte (Lv 24,10-16).

Nos evangelhos, considera-se que classificar de demoníacos os *milagres* de Jesus equivale a blasfemar contra o *Espírito Santo* — uma afirmação indireta da divindade do Espírito Santo — e implica numa situação de afastamento espiritual que impede a salvação da pessoa (Mt 12,22-32; Mc 3,22-30). O fato de Jesus arrogar-se poderes que cabem somente a Deus, como perdoar pecados, era considerado blasfêmia por seus contemporâneos (Mt 9,3; 26,64-66); igualmente quando "afirmava que Deus era seu Pai, fazendo-se assim igual a Deus" (Jo 5,18). A acusação de blasfêmia teve, sem dúvida, uma importância determinante na investigação do *Sinédrio,* que culminou com a entrega de Jesus a *Pilatos* e sua crucifixão (Mt 26,57-75; Mc 14,53-72; Lc 22,54-71).

Boanerges

Literalmente, filhos do trovão. Cognome dado a *Tiago* e *João,* os filhos de Zebedeu (Mc 3,17), por seu temperamento.

Bodas

Nos evangelhos — e, em geral, no Novo Testamento — símbolo do banquete de Deus com os homens. Todos são convidados para elas (Mt 22,9), o que exige uma *conversão* prévia, simbolizada pela veste própria para bodas (Mt 22,11ss.). Jesus participou da celebração de bodas, como a de *Caná* (Jo 2,1-3).

Bolsa

Os evangelhos mencionam vários tipos de bolsa, como a destinada às provisões (Mt 10,10; Mc 6,8; Lc 9,3) e ao dinheiro (Lc 10,4; 12,3; 22,35ss.). O termo também se refere ao cinto que servia de bolsa (Mt 10,9) e a uma caixa portátil *(glossokomon)* (Jo 12,6; 13,29), semelhante a um cofre.

Bom Pastor

No Antigo Testamento, é um dos títulos aplicados a Deus (Sl 23; Ez 34,11ss.). No Novo, o título aplica-se a *Jesus* (Jo 10,14ss.). Deste se afirma que se compadecia de uma multidão que caminhava como ovelhas sem pastor (Mc 6,34) e que viu seu ministério em termos de pastor-messiânico (Jo 10), cujas ovelhas se dispersariam ao ser morto o pastor (Zc 11,4ss.; 13,7-9), para reunirem-se após sua ressurreição (Mc 14,27). A imagem do messias-pastor está ligada também à referência de Jesus sobre o juízo final — quando as ovelhas serão separadas dos cabritos — encontrada em Mt 25,32ss.

P. Bonnard, *o. c.;* J. Zumstein, *o. c.;* C. Vidal Manzanares, *El Judeo-cristianismo...*

Bom Samaritano

Parábola encontrada em Lc 10,29ss., na qual Jesus — em discrepância com o judaísmo de sua época — estendeu o sentido de próximo a todas as pessoas e não apenas às que pertenciam à mesma fé. Historicamente, alguns Padres da Igreja (como Agostinho de Hipona) interpretaram a narração em termos simbólicos (o ferido é o ser humano, o samaritano é Cristo, a hospedaria é a Igreja, as moedas, os sacramentos do Batismo e da Eucaristia etc.); contudo, é inadmissível essa exegese.

D. Marguerat, *Parábola*, Estella ²1994; J. Jeremias, *Las parábolas de Jesús*, Estella ¹²1992; Idem, *Interpretación de las parábolas*, Estella ⁵1994; A. George, *o. c.*

Braço do Senhor

Imagem de origem veterotestamentária (Dt 4,34; Is 52,10; 53,1), que se refere à intervenção salvífica de Deus na história humana (Lc 1,52; Jo 12,38).

Branco

Cor da luz (Mt 17,2), ligada às festas. O branco também está relacionado com seres gloriosos e angélicos (Mt 28,3; Mc 16,5; Jo 20,12; Mt 17,2; Jo 4,35).

Cabrito

Grego: Erifos. Na época de Jesus, era costume que nos pastos estivessem juntos as cabras ou cabritos negros e as ovelhas brancas. Quando recolhidos no estábulo, eram então separados. Desse costume da vida diária vem o exemplo sobre o juízo final encontrado em Mt 25,33ss.

A carne desse animal era reservada para os dias de festa (Lc 15,29).

Cafarnaum

Literalmente, povo de Nahum. Cidade galiléia situada à margem oeste do lago de *Tiberíades*, próximo à desembocadura do *Jordão*. Por sua situação de fronteira, contava com aduana (Mt 9,9) e com um destacamento de soldados romanos (Mt 8,5-13), embora não pareça tratar-se de um local helenizado. Durante certo tempo foi local de residência de Jesus (Mt 4,13; 9,1), que a amaldiçoou por sua incredulidade (Mt 11,23). Escavações realizadas neste século apresentaram os restos do que pode ter sido a casa de Pedro — segundo outros autores, a do próprio Jesus — e os restos de uma sinagoga construída sobre as bases da que este conheceu.

E. Hoade, *o. c.;* F. Díez, *o. c.*

Caifás

Nome pelo qual o Sumo Sacerdote judeu José, que desempenhou suas funções de 18 a 36 d.C., era conhecido. Genro de Anás, deveu a este não só a designação como a inspiração com que dirigiu seu cargo. Membro do grupo dos *saduceus*, presidiu o *Sinédrio* que decidiu entregar Jesus às autoridades romanas para sua execução (Jo 18,33ss.). Também perseguiu os seguidores de Jesus (At 4,6).

C. Vidal Manzanares, *El Primer Evangelio...*; C. Saulnier e B. Rolland, *Palestina en tiempos de Jesús,* Estella [10]1994; J. Comby e J. P. Lémonon, *Roma frente a Jerusalén*, Estella 1983; H. Cousin, *Los textos evangélicos de la Pasión*, Estella [2]1987.

Calçado

Embora as pessoas abastadas tivessem calçado fechado (Lc 15,22), o comum fora de casa era usar sandálias, que consistiam em uma sola amarrada com correias (Mt 3,11; Mc 1,7). As características desse tipo de calçado explicam por que a lavagem dos pés fosse uma demonstração habitual de cortesia para os hóspedes (Lc 7,38.44). Era normal levar um par a mais quando se viajava (Mt 10,10; Lc 22,35).

Calendário

No tempo de Jesus, o calendário era semi-solar e, para se completarem trezentos e sessenta e quatro dias, a cada três anos acrescentava-se um mês adicional aos doze meses lunares. De acordo com o calendário solar, as festas caíam sempre no mesmo dia da semana como, por exemplo, Pentecostes no domingo. O ano civil iniciava-se no primeiro mês da primavera (nisã), embora, inicialmente, fosse no outono.

Cálice

Copo de barro ou metal, de forma côncava e de pouca profundidade (Mt 23,25ss.; Mc 7,4). Nos evangelhos, simboliza o destino ou missão da pessoa (Mt 20,22ss.; Mc 10,38ss.), o que, às vezes, implica uma prova difícil (Mt 26,39.42; Mc 14,36; Lc 22,42; Jo 18,11).

Calvário

Nome utilizado para designar o lugar onde *Jesus foi executado. Deriva do latim de "locus calvariae" ou lugar da Caveira (Lc 23,33). Os outros evangelhos o denominam com a palavra aramaica *Gulgulta*, de onde procede nosso Gólgota. Tradicionalmente (e existem boas razões históricas e arqueológicas para aceitar a tradição como fidedigna), é localizado sob a atual igreja do Santo Sepulcro, em Jerusalém. Não se aceitou a localização do Calvário proposta pelo britânico Gordon.

C. Vidal Manzanares, *De Pentecostés...*; B. Bagatti - E. Testa, *Il Golgota e la Croce*, Jerusalém 1984; E. Hoare, *o. c.*; F. Díez, *o. c.*; I. Martin, *Siete recorridos con el Nuevo Testamento en Jerusalén*, Jerusalém 1987.

Cambistas

Termo com que se designavam as pessoas encarregadas, no *Templo*, de trocar as moedas com efígies contrárias à lei mosaica por moeda judia. A taxa habitual de câmbio era de um *óbolo* de prata por meio siclo (Mt 21,21; Jo 2,14). A purificação do Templo realizada por Jesus em parte foi dirigida contra os abusos que, sob a proteção da religião, eram nele cometidos, incluindo-se entre eles a atividade cambial.

Siclo de Israel, ano II. Cálice, símbolo da salvação

Camelo

Animal de montaria e tiro característico do Oriente Médio. Aproveitava-se sua pele para confeccionar vestimentas (Mt 3,4). Seu tamanho era expressão comum que Jesus empregou para indicar que os *fariseus* se ocupavam de minúcias, mas se esqueciam do mais importante (Mt 23,24), assim como para indicar que o amor às riquezas impede totalmente a entrada no *Reino* de Deus (Mt 19,24; Mc 10,25; Lc 18,25).

Caminho

A estrada que conduz à vida eterna. Jesus ensinou que não existia uma pluralidade de caminhos; apenas que ele era o único que levava ao Pai (Jo 14,4-6). Em termos humanos, esse caminho é tão estreito que segui-lo é impossível sem uma prévia conversão (Mt 7,13ss.; Mt 5,20; 18,8ss.; 25,21.23).

Campo de sangue

Também: Hacéldama (aramaico). Local situado ao sul de *Jerusalém*, do outro lado do vale de Enom. Pertencente a um oleiro, o terreno fora comprado com as trinta moedas de prata da traição de *Judas*, com a finalidade de sepultar indigentes (Mt 27; At 1,18-20). Conforme afirmação atual de J. Jeremias, o relato, longe de ser uma lenda, constitui um fato histórico.

J. Jeremias, *Jerusalén*...

Cana

Junco palestino que cresce nas margens do Jordão. Era usado como vara (Mt 27,29ss.48; Mc 15,19.36). Jesus utilizou-a como imagem de compaixão do *messias* para aqueles que estavam perdidos (Mt 12,20; 11,7; Lc 7,24).

Caná

1. Torrente de água situada nos limites de Efraim e Manassés, atualmente conhecida com o nome de Wadi Qana. 2. Cidade a sudeste de Tiro. 3. Povoação da *Galiléia*, onde *Jesus* realizou seus primeiros *milagres* (Jo 2,1-11; 4,46-54). Tem-se identificado esse local com Jirbet - Caná, a uns 13 km de *Nazaré*, e com Kefr Kenna, mais próxima de Nazaré, no caminho de *Tiberíades*. Desde o século IV, tende-se a preferir esta última identificação.

E. Hoare, *o. c.*; F. Díez, *o. c.*

Cananeu

1. Habitante de Canaã, designação geral para os fenícios (Mt 15,22; Mc 7,26). 2. Cognome de Simão (Mt 10,4; Mc 3,18). A julgar pelo paralelo

em Lc 6,15, provavelmente trata-se de uma transcrição do termo aramaico *qan'anaya*. Este não tinha o sentido posterior de "zelote" como guerreiro nacionalista, mas simplesmente o de pessoa espiritualmente fervorosa.

Candelabro

Utensílio doméstico destinado a segurar as lâmpadas (Mt 5,15; Mc 4,21; Lc 8,16; 11,33).

Cânon

Lista de livros oficialmente reconhecidos como parte das Escrituras e inspirados por Deus. O cânon judaico do Antigo Testamento continha os seguintes livros: Gênesis, Êxodo, Levítico, Números, Deuteronômio, Josué, Juízes, Rute, 1 e 2Samuel, 1 e 2Reis, 1 e 2Crônicas, Esdras, Neemias, Jó, Salmos, Provérbios, Eclesiastes, Cântico dos Cânticos, Isaías, Jeremias, Ezequiel, Daniel, Joel, Oséias, Amós, Abdias, Jonas, Miquéias, Naum, Habacuc, Sofonias, Ageu, Zacarias e Malaquias. O cânon protestante contém os mesmos livros e o católico, além desses, inclui os denominados *apócrifos por judeus e protestantes e, pelos católicos, como deuterocanônicos ou pertencentes a um segundo cânon. São eles: 1 e 2Macabeus, Tobias, Judite, Eclesiástico, Sabedoria, Baruc, adições a Ester e a Daniel. Nos evangelhos, Jesus não cita os apócrifos ou deuterocanônicos.

Quanto ao Novo Testamento, não existe discussão entre as confissões cristãs em relação aos livros que o compõem: Mateus, Marcos, Lucas, João, Atos dos Apóstolos, Romanos, 1 e 2Coríntios, Gálatas, Efésios, Filipenses, Colossenses, 1 e 2Timóteo, Tito, Filêmon, Hebreus, Tiago, 1 e 2Pedro, 1, 2 e 3João, Judas e Apocalipse.

A. Paul, *La inspiración y el canon de las Escrituras*; F. F. Bruce, *Canon...*; R. Beckwith, *The Old Testament Canon of the New Testament Church*, Grand Rapids 1985.

Canto do galo

Termo com que se designava o final da terceira vigília, por volta das 3 horas da manhã. O episódio se reveste de especial interesse nos evangelhos porque Jesus profetizou que *Pedro o negaria antes que cantasse o galo na noite de sua prisão como, de fato, aconteceu. Dada a importância de Pedro no início do cristianismo e do lugar em que estava o apóstolo nesse acontecimento, não há nenhuma razão para se duvidar de que a passagem reflete um fato histórico (Mc 13,35; Mt 26,34; Mc 14,30; Lc 22,34; Jo 13,38; Mt 26,74s.; Mc 14,68.72; Jo 18,27).

E. Hoare, *o. c.;* F. Díez, *o. c.*

Cão

Quadrúpede que na época de Jesus podia ser doméstico (Mt 15,26ss.) ou selvagem (Lc 16,21). A palavra encerra também um sentido pejorativo (Mt 7,6).

Capernaum

Ver *Cafarnaum*.

Caridade

Ver *Ágape*.

Carne

O termo carne não tem uma significação unívoca nos evangelhos. A expressão "toda carne" refere-se ao conjunto de todos os seres humanos (Mt 24,22); "carne e sangue" designa o ser humano em suas limitações (Mt 16,17; 26,41) e "carne" também se refere — em contraposição a espírito — ao homem em seu estado de pecado (Jo 3,6). Finalmente "comer a carne e beber o sangue" de Jesus, longe de ser uma referência eucarística, significa identificar-se totalmente com Jesus, custe o que custar, pelo Espírito que dá a vida. A exigência dessa condição explica por que muitos que seguiam Jesus até esse momento abandonaram-no a partir de sua afirmação (Jo 6,53-58.63).

Carpinteiro

Tradução inexata da palavra grega "tekton", que designava um artesão ou obreiro que trabalhava com diferentes materiais como madeira, pedra ou metal. Segundo os evangelhos, essa foi a ocupação de *José e do próprio Jesus, antes de seu ministério público (Mt 13,55; Mc 6,3).

Castidade

Abstenção das relações sexuais por motivos espirituais. Implica a limitação do sexo no matrimônio ou a sua total renúncia por tempo determinado ou indefinido. O judaísmo do tempo de Jesus considerava que o único canal apropriado para as relações sexuais era o *matrimônio, e afirmava que a proibição de uma conduta sexualmente imoral fazia parte não somente do ensinamento da *Torá, mas também dos mandamentos de Noé que a impunham a todos os povos. Também mantinha normas de castidade relacionadas com *jejuns concretos, *festas e *guerras. A abstenção perpétua das relações sexuais não era habitual, embora historicamente houvesse algum caso excepcional, como o dos sectários de Qumrán.

O cristianismo é herdeiro desse conceito, e Jesus (que, evidentemente, não contraiu matrimônio), em harmonia com o pensamento judeu de sua época, reprovou também o olhar ou o pensamento luxurioso (Mt 5,27-30). Da mesma forma, elogiou os que renunciavam totalmente às relações sexuais por causa do *Reino de Deus (Mt 19,12), considerando-os possuidores de um dom específico não alcançado por todos.

Castigo

Ver *Inferno.

Cátedra de Moisés

Termo com que se designava um assento honorífico na *sinagoga, reservado aos mestres da *Lei. Jesus se manifestou contra a apropriação que essas pessoas faziam da vida espiritual de Israel (Mt 23,2).

Cedron

Literalmente, o turvo, o escuro. Atualmente recebe o nome de Wadi-en-Nar. Curso d'água que nasce a noroeste de Jerusalém e corre por um vale profundo, situado entre o muro leste da cidade e o Monte das Oliveiras.

E. Hoare, *o. c.;* F. Díez, *o. c.*

Cefas

Literalmente, pedra. Cognome dado a *Pedro (Jo 1,42-43) e mantido no cristianismo posteriormente (1Cor 1,12; 3,22; 9,5; 15,5; Gl 1,18; 2,9.11.14).

Cegueira

Enfermidade bastante comum nos tempos de Jesus, em conseqüência das condições climáticas e higiênicas. Os cegos viviam desamparados em seu triste destino e recorriam à mendicância como forma de ganhar a vida (Mc 10,46; Jo 9,1). Os evangelhos citam várias *curas de Jesus que tiveram cegos como protagonistas (Jo 9,1ss.; Mt 20,29-34).

Nos evangelhos, a cegueira simboliza a rejeição das pessoas em receber a salvação oferecida por Jesus (Mt 15,14; 23,16-26; Jo 9,41; 12,40). Por isso, as curas de cegos efetuadas por Jesus não somente pretendem aliviá-los em sua desgraça, como também demonstram que Jesus é o *Messias* e a única luz (Mt 11,5; Lc 7,22; Jo 9,39; Mt 13,16ss. etc.).

Ceia, Última

Termo com que se designa a última ceia celebrada por Jesus com seus *discípulos*. Teve como cenário o andar superior de uma casa (Mc 14,15; Lc 22,12) que se identificaria com a mencionada em At 1,13, situada, com certeza, a sudoeste de *Jerusalém*. Esse episódio se identifica, sem dúvida alguma, com a celebração da Páscoa judaica. De fato, assim o afirmou Jesus (Lc 22,15; Mt 26,17; Mc 14,12) e assim se depreende do rito da Ceia, na qual Jesus se identifica com o Cordeiro cujo sangue salva o povo (Lc 22,20), um eco do relato pascal de Êx 12, e inicia a Nova Aliança, em paralelo à Aliança sinaítica, também acompanhada de efusão de sangue (Êx 24).

Strauss questionou a localização cronológica da Última Ceia, insistindo que João a situava no dia anterior à Pascoa, o que denotaria uma clara contradição entre os evangelistas. Para apoiar esse ponto de vista, diferentes autores têm-se referido às passagens contidas em Jo 18,28; 19,14 e 19,31. O exame dos textos joanitas, no entanto, não evidenciam essa contradição. Assim, em 18,28, os sacerdotes judeus realmente não se referem à Ceia da Páscoa, mas à totalidade da festa que durava sete dias (2Cr 30,22). A expressão "véspera da Páscoa" (19,14) tampouco deve ser interpretada como significando o dia anterior à Ceia da Páscoa, mas, pelo contrário, com o sentido real que tinha o dia denominado "preparação", isto é, o dia anterior ao *sábado,* nossa sexta-feira. De fato, nesse mesmo sentido aparece em Mt 27,62; Mc 15,42; Lc 23,54 e, no mesmo João, em duas ocasiões (19,31.42). Finalmente, a passagem de Jo 19,31 não pode ser interpretada no sentido de que o primeiro dia da festa nessa referida Páscoa foi o sábado. O dia principal podia ser o primeiro, o último ou o sábado da festa (ver Jo 7,37). Se isso for pouco, tenha-se em conta que João insiste — como os Sinóticos — que a crucifixão aconteceu na sexta-feira (Jo 18,39-40; 19,31.42; 20,1.19 etc.). Portanto, longe de diferenciar-se dos *Sinóticos*, João concorda com eles ao situar a Última Ceia na quinta-feira e a crucifixão na sexta-feira.

A. T. Robertson, *Una armonía de los cuatro Evangelios*, El Paso 1975; C. Vidal Manzanares, *El Primer Evangelio...*; Idem, *El judeo-cristianismo...*; E. "F. Teológica Toulose", *La Eucaristía en la Biblia*, Estella [6]1994; H. Cousin, *Los textos evangélicos de la Pasión*, Estella [2]1987.

Celibato

Ver *Castidade*.

Cenáculo

Palavra portuguesa oriunda de "coenaculum" (refeitório), o termo empregado pela Vulgata para designar a sala superior onde aconteceu a Última *Ceia* (Mc 14,15) e a vinda do *Espírito Santo* em *Pentecostes* (At 1,13). Tradicionalmente se situava a sudoeste de *Jerusalém*.

E. Hoare, *o. c.;* F. Díez, *o. c.*

Censo

Ver *Quirino*.

Centurião

Literalmente, o que manda em cem, suboficial romano. Comandava uma unidade de 60 a 100 homens, e não era incomum receber competências judiciais ou administrativas, especialmente se desempenhava suas funções em províncias. Ao que parece, costumava ser mais independente na tomada de decisões do que seus superiores. No Novo Testamento sua figura aparece não poucas vezes vinculada a pessoas que se sentiam atraídas pelo Deus de Israel e pela pregação do evangelho: um centurião, cujo servo Jesus curou, foi considerado por este como modelo de fé; outro, ao pé da cruz, chegou à conclusão de que Jesus era um homem justo (Mt 8,5.8.13; Lc 7,2.6; Mt 27,54; Mc 15,39.44ss.; Lc 23,47 etc.).

Cerviz

Parte do animal que sofre um endurecimento por suportar um jugo. Jesus utiliza a dureza da cerviz para designar a obstinação e a incredulidade de alguns judeus de sua geração (Mt 18,6; Mc 9,42; Lc 15,20; 17,2).

César

Título oficial do imperador de Roma (Mt 22,17; Mc 12,14; Lc 20,22; Lc 2,1; 3,1; Jo 19,15). Jesus — determinando uma regra repetida pelo cristianismo primitivo (At 5,28-29) — ensinou que se devia obedecer às ordens do imperador, na medida em que elas não ferissem a *Lei de Deus. O termo "amigo de César" (Jo 19,12) parece indicar uma especial intimidade com o imperador.

J. Comby - J. P. Lémonon, *Roma frente a Jerusalén*, Estella 1983; C. Saulnier - B. Rolland, *Palestina en tiempos de Jesús*, Estella [10]1994; H. Cousin, *Los textos...*

Cesaréia

1. C. Palestina ou marítima. Local situado a uns 30 km ao sul da atual Haifa. Construída entre 20 e 9 a.C. por *Herodes, o Grande*, no lugar onde estavam as torres de Estraton, que lhe foram presenteadas por Augusto. Era o porto mais importante da Palestina e servia de residência aos governadores romanos. 2. C. de Filipos. Local próximo às nascentes do *Jordão*, ao norte da Palestina. Seu nome original Panéias ou Panias foi mudado por Herodes no ano 3 a.C. Nas proximidades dessa cidade *Pedro reconheceu Jesus como *messias e *Filho de Deus (Mc 8,27; Mt 16,33ss.).

F. Hoare, *o. c.;* F. Díez, *o. c.*

Céu

1. No evangelho de Mateus, no plural, perífrase empregada no lugar de Deus como, por exemplo, o *Reino* de Deus é descrito como o Reino dos céus (Mt 5,10; 6,20; 21,25; Lc 10,20; 15,18.21; Jo 3,27). 2. Morada de Deus, de onde envia seus *anjos (Mt 24,31; Lc 22,43); faz ouvir sua voz (Mt 3,17; Jo 12,28); e realiza seus juízos (Lc 9,54; 17,29ss.). 3. Lugar onde Jesus ascendeu após sua *ressurreição* (Mc 16,19; Lc 24,51). 4. Destino dos que se salvam. Ver *Vida eterna*.

M. Gourgues, *El más allá en el Nuevo Testamento*, Estella [4]1993; C. Vidal Manzanares, *El judeo-cristianismo...*

Cinza

No Antigo Testamento, simbolizava o *pecado e a fraqueza inerentes ao ser humano (Gn 18,27; Jó 30,19). Também significava *arrependimento* (Is 58,5; 61,3) como aparece nos evangelhos (Mt 11,21; Lc 10,13).

Circuncisão

Remoção do excesso de prepúcio. Essa prática, conhecida em hebraico como *"berit miláh"* (aliança da circuncisão), é um dos mandamentos essenciais do judaísmo. Deve realizar-se no oitavo dia após o nascimento. Concluída a circuncisão, o menino recebia seu nome (ou nomes) hebraico. Os convertidos ao judaísmo deviam circuncidar-se e, em caso de já tê-lo feito, somente se lhes fazia brotar uma simbólica gota de sangue. Jesus foi circuncidado (Lc 1,21), mas o cristianismo posterior eximiu os convertidos desse rito e do cumprimento da *Lei* mosaica (At 15).

Cireneu

Natural de Cirene, uma cidade situada na atual Líbia, ainda que judia. As fontes destacam que era comum a tensão entre os naturais desse local e os judeus instalados nele. Sobre um deles, a Escritura diz que ajudou Jesus a levar a *cruz (Mt 27,32; Mc 15,21; Lc 23,26).

Cizânia

A mencionada no Novo Testamento corresponde à planta conhecida cientificamente como *lolium temulentum*. Daninha e enganadora, assemelha-se ao trigo, embora não ultrapasse a altura de um metro. Jesus citou-a como símbolo da infiltração de *Satanás no *Reino de Deus, o que acontecerá até o final dos tempos, quando — finalmente — recairá o castigo divino (Mt 13,25-40).

J. Jeremías, *Las Parábolas de Jesús,* Estella [10]1992; Idem, *Interpretación de las parábolas*, Estella [5]1994; C. H. Dodd, *Parábolas del Reino*, Madri 1974.

Clâmide

Vestido próprio das tropas, que consistia numa túnica de tecido preso ao ombro esquerdo e com as extremidades levantadas até o lado direito (Mt 27,28-31).

Cléofas

1. Literalmente, Kleopas, abreviatura grega de Kleopatros. Um dos dois discípulos aos quais Jesus apareceu ressuscitado no caminho de *Emaús (Lc 24,18). Para alguns autores, trata-se do mesmo Clopás.

2. Klopas ou Clopás. Literalmente Qlofa. O pai de *Maria, mãe de *Tiago e de *José, os filhos de Alfeu (Jo 19,25).

Clopás

Ver *Cléofas*.

Cobiça

Ver *Dinheiro*.

Cobrador de impostos

Ver *Publicano, *Mateus, *Zaqueu.

Cólera

Ver *Ira.

Colheita

Na Palestina dos tempos de Jesus, a colheita dos cereais realizava-se em abril-maio, constituindo motivo de especial alegria e celebração. Possivelmente, disso se origine a imagem do juízo final de Deus como uma colheita. Esta já começou com a vinda de Jesus (Mt 9,37ss.; Lc 10,2; Jo 4,35-38) e se consumará no Dia do Senhor (Mt 13,24-30; 36-43; Mc 4,29).

Comida

Ver *Alimentos.

Cominho

Nigella sativa. Grãos negros com os quais se polvilhava o pão para dar-lhe sabor. Os fariseus pagavam o *dízimo* dessa planta, embora, a rigor, a Lei não o exigisse (Mt 23,23). Jesus critica esse exagero legalista que, por ser aceitável, não poderia converter-se em argumento para abandonar deveres mais importantes da *Lei* de Deus.

Confessar

Tradução da palavra grega *"homologueo"*, que nos evangelhos é empregada com diversos significados. 1. Proclamar algo clara e publicamente (Mt 7,23; 10,32; Jo 1,20). 2. Comprometer-se (Mt 14,7). 3. Louvar a Deus (Mt 11,25; Lc 2,38). 4. Proclamar a fé aberta e publicamente (Mt 10,32; Jo 9,22; 12,42). Neste caso, é condição indispensável para se obter a **salvação* eterna. 5. Reconhecer os próprios pecados e a insignificância humana diante de Deus (Mt 3,6; Lc 5,8).

Confiança

Tradução dos termos gregos "*pepoizesis*" (derivado do perfeito "*pepoiza*" de "*peizomai*", "afirmar-se em" e também "estar convencido de") e "*pistis*" (ação de se fiar em alguém ou confiar nele). Ação de apoiar-se em Deus, mesmo em qualquer tipo de contrariedade (Mt 27,43). Erroneamente, a confiança pode voltar-se para a própria pessoa, como no caso de quem crê que se salva por seus próprios méritos ou o que se vangloria de seus sucessos, impedindo assim a ação salvífica de Deus (Lc 18,9; Mc 10,24; Lc 11,22).

Ter confiança pode também ser a tradução do verbo *"zarseo"*. Nesse caso, os evangelhos costumam referir-se àquela pessoa que se anima e se sente segura como conseqüência da ação de Deus em sua vida (Mt 9,2.22; 14,27; Jo 16,33). A chave, portanto, reside não na autoconfiança, mas na entrega confiante a Deus.

Conhecer

A palavra "conhecer" (grego *gignosko*) possui na Bíblia um significado muito mais amplo do que o habitual na cultura ocidental. Supõe a idéia de saber (Jo 4,1), mas também a de apreciar (Mt 7,16.20; 12,33; Jo 5,42; 10,27) ou manter relações sexuais (Mt 1,25; Lc 1,34). Por isso, conhecer a Deus é muito mais do que afirmar sua existência. Implica "reconhecer" o papel que ele deve ter na vida de todo ser humano que deve, conseqüentemente, obedecer-lhe (Jo 7,49). Quem não reconhece e obedece, mesmo que aceite a existência de Deus e seu papel de Senhor de sua vida, na realidade o desconhece e é também desconhecido por Deus (Mt 7,23; 25,12; Lc 13,25-27).

Conselho de anciãos

Termo com que ocasionalmente é designado o *Sinédrio nos livros de Lucas (Lc 22,66; At 22,5).

Consolador

Adjetivo empregado por Jesus para referir-se ao *Espírito Santo (Jo 16,7ss.).

Conversão

Palavra portuguesa que traduz o verbo grego "*epistrefo*" (voltar) (Mt 12,44; 24,18; Lc 2,39) e o substantivo "*metanoia*" (mudança de mentalidade). A tradução desses termos por "penitência" conduz a conclusões errôneas, porque a conversão implica não em dor pelo passado, mas uma mudança de vida de quem se dispõe a abandonar a vida anterior e aceitar Jesus e sua obra como *messias e *Senhor, moldando sua própria existência aos seus ensinamentos. O chamado à conversão é parte essencial da pregação de Jesus (Mc 1,14-15) e aparece simbolizado em relatos como o do filho pródigo (Lc 15) ou em similares, como o do doente que precisa do médico (Mc 2,16-17). Toda a humanidade deve converter-se, pois sem conversão a única expectativa é a da condenação (Lc 13,1). A razão disso reside no fato de que todos os homens são pecadores, todos estão perdidos e todos necessitam receber, pela fé, a salvação realizada por Jesus para alcançar a vida eterna (Jo 3,16). É exatamente a conversão que permite ascender à condição de filho de Deus (Jo 1,12) e obter a vida eterna (Jo 5,24). E, por ser imprescindível o momento em que se decide o destino eterno do homem, Deus se alegra com a conversão (Lc 15,4-32) e Jesus considera o chamado a ela como núcleo central e irrefutável de seu evangelho (Lc 24,47).

Coorte

Unidade militar básica na legião romana, equivalente a dez delas, que compreendia entre 600 a 1.000 soldados. Nas províncias era comum a existência de coortes auxiliares formadas por pessoas naturais da localidade, mas sob o comando romano. Em Jerusalém havia uma permanente e outra que servia de guarda ao governador romano (Mt 27,27; Jo 18,3.12).

Coração

Nos evangelhos, a palavra tem um conteúdo simbólico, servindo para designar os sentimentos (Jo 16,6.22), o íntimo da personalidade (Mt 15,8; Mc 7,6), a origem do pensamento (Mc 2,6.8; Lc 3,15) e do entendimento (Lc 24,25). Também em sentido figurado, afirma-se que o coração é o lugar das decisões morais (Mt 22,37; Mc 12,30; Lc 10,27) e, por isso, onde se opta pela fé e se acolhe Jesus (Lc 24,32) ou ainda onde acontece a incredulidade (Mc 6,52). Quem decidiu seguir Jesus tem um coração puro (Mt 5,8) e nele reina a paz (Jo 14,1.27).

Corazim

Cidade a uns 3 km ao norte do lago de *Tiberíades, onde Jesus realizou inúmeros milagres. Foi amaldiçoada por Jesus por causa de sua incredulidade (Mt 11,21; Lc 10,13).

E. Hoare, *o. c.;* F. Díez, *o. c.*

Corban

Literalmente, oferenda. Palavra que designa as oferendas realizadas em benefício do *Templo. Quando alguém determinava um objeto como corban, ele já não podia servir para outra finalidade. Jesus se negou a reconhecer a prioridade dessa prática sobre mandamentos que aparecem expressamente na *Lei de *Moisés, como o de honrar os pais (Mc 7,11; Mt 15,5).

Cordeiro de Deus

A figura do cordeiro tem ressonâncias expiatórias no Antigo Testamento, já que foi o sangue de um animal sacrificado dessa espécie que salvou os israelitas na Páscoa (Êx 12). Por isso, não é estranho que a descrição do *Servo de YHVH encontrada em Isaías 53 compare este a um cordeiro levado ao matadouro (Is 53,7). Como a maioria dos judeus de sua época, Jesus interpretou messianicamente essa passagem. Além disso, identificou o personagem com ele mesmo. Em Jo 1,29, ele é apontado como o Cordeiro de Deus que tira os pecados do mundo; na Última *Ceia*, identificou-se com o cordeiro pascal e assim o viram os primeiros cristãos (1Cor 5,7; Apocalipse etc.).

Coroa de espinhos

Uma das torturas, cheia de zombaria, com que se afligiu Jesus em sua paixão. Ao que parece, assemelha-se mais a um capacete de espinhos do que a uma coroa. Além da dor causada ao réu, sua finalidade era debochar de sua realeza como messias (Mt 27,29; Mc 15,17; Jo 19,2.5).

Corozain

Ver *Corazim*.

Côvado

Medida de comprimento que vai do cotovelo à ponta do dedo médio e equivale a 0,45 m ou, ocasionalmente, a 0,52 m (Mt 6,27; Lc 12,5; Jo 21,8).

Coxo

Ser coxo era um mal bastante comum na Palestina dos tempos de Jesus. A essa desgraça física acrescentava-se que a *Lei* declarava o aleijado inapto para o desempenho das funções religiosas, como as inerentes ao sacerdócio. Jesus curou muitos coxos tanto coletiva (Mt 15,30ss.) como individualmente (Mt 21,14; Lc 14,13). Afirmou também que era melhor suportar esse padecimento por causa do *Reino de Deus do que não tê-lo e ser condenado ao *inferno (Mt 18,8; Mc 9,45).

Criação

O mundo em que vivemos (Mc 13,19) e a espécie humana de maneira bem concreta (Mt 19,4; Mc 10,6) são frutos de atos criativos de Deus. Como conseqüência dessa relação com suas criaturas, Deus lhes concede a vida e a mantém (Mt 6,28ss.). O *Verbo — que se fez carne e que historicamente conhecemos como Jesus de Nazaré — é Deus e desempenhou um papel essencial na criação, pois "todas as coisas foram feitas por ele e sem ele nada se fez de tudo que foi feito" (Jo 1,3).

Criança

Nos evangelhos aparecem três palavras para referir-se às crianças. 1. *Nepios*. Criança de pouca idade, que ainda é amamentada e, por isso, símbolo dos simples que reconhecem a messianidade de Jesus (Mt 21,16ss.) e daqueles a quem o Pai se revela (Mt 11,25ss.). 2. *Brefos*. Criança ainda no ventre materno (Lc 1,41.44) ou recém-nascida (Lc 2,12.16), exemplo daqueles que foram apresentados a Jesus (Lc 18,15). 3. *Pais ou paidion*. Criança de sete a catorze anos (Lc 1,59; 2,43; 8,51.54; 11,7) que Jesus apontou como símbolo do *discípulo (Mt 18,3; 19,14), na medida em que tudo recebe como um dom e não como algo que mereça (Mc 10,15).

Cristo

Literalmente, ungido. Palavra grega equivalente ao hebraico *messias. Aparece 531 vezes no Novo Testamento, das quais 16 estão em Mateus, 7 em Marcos, 12 em Lucas e 19 em João. Os discípulos de *Jesus* reconheceram-no como tal (Mc 8,27ss.) e o mesmo aconteceu com muitos de seus contemporâneos judeus. A razão de tal comportamento provém, primeiramente, da autoconsciência de messianidade de Jesus e de tê-la transmitido às pessoas que o rodeavam. As fontes ressaltam igualmente que tanto as palavras de Jesus como suas ações denotam que ele tinha essa pretensão: reinterpretar a Lei (Mt 5,22.28.32.34 etc.); designar seus seguidores como os do Cristo (Mt 10,42); distinguir-se como o verdadeiro Cristo entre os falsos (Mc 13,6; Mt 24,5); aplicar a si mesmo títulos messiânicos (Mc 10,45 etc.); a insistência no cumprimento das profecias messiânicas (Lc 4,16-30; Mt 11,2-6 etc.); a entrada triunfal em Jerusalém; virar as mesas no Templo; a inauguração da Nova Aliança na Última *Ceia* etc. Não é estranho, por isso, ser executado pelos romanos por essa acusação. Deve-se ainda ressaltar que sua visão messiânica não era violenta, mas se identificava com a do *Servo* sofredor de Isaías 53, razão pela qual refutou outras interpretações da missão do messias (Jo 6,15), que os discípulos mais próximos apresentavam (Mt 16,21-28; Lc 22,23-30).

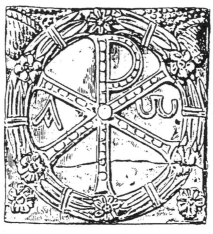

Monograma de Cristo num sarcófago.
Latrão (DACL)

O termo ficou associado de forma tão estreita ao nome de Jesus, que é usado como uma espécie de nome pessoal e daí procede o popular termo Jesus Cristo.

J. Klausner, *o. c.;* D. Flusser, *o. c.;* O. Cullmann, *Christology of the New Testament,* Londres 1975; R. P. Casey, "The Earliest Christologies" no Journal of Theological Studies, 9, 1958; K. Rahner e W. Thüsing, *Cristología,* Madri 1975; César Vidal Manzanares, *El judeo-cristianismo...;* Idem, *El Primer Evangelio...;* M. Gourgues, *Jesús ante su pasión y muerte,* Estella [6]1995; E. "Cahiers Evangile", *Jesús,* Estella [4]1993.

Cristologia

Ver **Cristo, *Filho de Deus, *Filho do Homem, *Jesus, *Messias, *Servo de YHVH.*

Crítica da Redação

Embora tivessem existido precursores desse método como W. Wrede, N. B. Stonehouse ou R. H. Lightfoot, o certo é que seu nascimento está relacionado com G. Bornkmann, H. Conzelmann e W. Marxsen. Este último também foi criador do termo *Redaktiongeschichte* (História da Redação), pelo qual também é conhecido. Os autores dessa escola aceitam a metodologia própria da **Crítica das Formas*, mas consideram objeto prioritário de seu estudo o resultado final — a redação — obtido em virtude das supostas variações que cada evangelista introduziu. Teoricamente, essas proporcionariam a chave para se compreender o enfoque teológico do evangelista, assim como o *Sitz im Leben* de sua comunidade.

Essa metodologia tem o valor de recordar a necessidade de se ler cada evangelho conforme as suas finalidades concretas (o anúncio da mensagem aos judeus, aos pagãos etc.). Sem dúvida, são consideráveis as objeções de peso que se apresentam contra ela. Por um lado, o risco que apresenta seu elevadíssimo grau de especulação. Assim, por exemplo, W. Marxsen ressalta que Marcos escreveu para uma Igreja que fugiu da perseguição durante a guerra judaica de 66 e que se dirigiu à Galiléia. O certo é que nada no texto sustenta essas afirmações de maneira indiscutível; em termos históricos, parece mais verossímil uma relação entre este evangelho e a missão aos *gentios de *Pedro. Na realidade, o método torna-se mais um legitimador das conclusões do que estas como resultado de sua aplicação. É igualmente controvertida sua referência a uma prioridade de Marcos quanto à redação dos evangelhos e, em oposição a essa visão, estaria a tese da precedência mateana de Griesbach, da lucana de Lindsey e Flusser e até a joânica de J. A. T. Robinson. Por fim, como no caso da *Crítica das Formas*, é duvidoso que a maneira de transmissão da época encaixe com os pressupostos desse método que, além do mais, pode conduzir a conclusões absolutamente contraditórias.

G. Bornkmann, G. Barth e H. J. Held, *Tradition and Interpretation in Matthew*, Filadélfia 1963; G. Bornkmann, *Jesús de Nazaret*, Salamanca ⁴1990; H. Conzelmann, *El centro del tiempo*, Madri; N. Perrin, *What is Redaction Criticism?*, Filadélfia 1969; E. P. Sanders e M. Davies, *Studying the Synoptic Gospels*, Filadélfia 1989; R. H. Stein, *The Synoptic Problem: An Introduction*, Grand Rapids 1987; C. Vidal Manzanares, *El Primer Evangelio*...

Crítica das Formas

O início do século XIX registrou o nascimento de um novo método de aproximação do texto bíblico que, primeiramente, foi aplicado ao Antigo Testamento por H. Gunkel e J. Wellhausen. Por volta de 1920, K. L. Schmidt, M. Dibelius e R. Bultmann introduziram as teses da Crítica das Formas no estudo do Novo Testamento. De acordo com a sua visão, tanto os ensinamentos de Jesus como os relatos sobre sua vida foram transmitidos oralmente durante um longo período antes de serem fixados por escrito. Por ser esta última considerada pouco digna de confiança, a tarefa do exegeta era rastrear até encontrar o início da transmissão, valendo-se para isso dos pressupostos paralelos existentes em outras culturas, incluídas as européias da Islândia e a da antiga Iugoslávia. Pretendia-se, assim, chegar às "formas" originais que, por definição, deviam ser breves, diretas, sem enfeites e de acordo com um protótipo — consideravelmente discutível, como veremos — do estilo judaico.

A Crítica das Formas assim levava a cabo uma tríplice tarefa: classificar as perícopes segundo sua forma, tratado, parábolas, discursos etc., assinalar-lhes um contexto de surgimento na Igreja primitiva (*Sitz im Leben*) e reconstruir a história de sua transmissão. Essa metodologia começou a ser objeto de fortes ataques a partir dos anos cinqüenta, até mesmo por parte dos adeptos da *Crítica da Redação,* que aceitavam como corretos alguns de seus pressupostos iniciais. Tinham base as razões para o confronto e, entre as principais objeções, pode-se salientar que não era tão fácil enquadrar muito dos materiais num esquema fixo; não se podia negar o grau altamente especulativo da investigação nem era lícito extrair paralelos de âmbitos culturais totalmente alheios ao do Novo Testamento; também não parece atualmente sustentável o grande lapso de tempo que se coloca entre os acontecimentos e a redação dos evangelhos. Realmente, diversas teorias posteriores parecem contar com maior base histórica. Entre elas destaca-se a hipótese da Tradição guardada de H. Riesenfeld e B. Gerhardsson (desde o princípio houve uma fiel conservação dos ensinamentos de Jesus de acordo com os sistemas judaicos de transmissão oral), a tese da transmissão flexível dentro de limites fixados de W. Kelber (a transmissão oral, na realidade, longe de limitar-se a histórias curtas, tende a agrupar grande quantidade de material de até 100.000 palavras), a análise retórica de K. Berger (com os dados de que dispomos, é impossível a reconstrução da fase oral e, por isso, totalmente especulativa) ou as diversas teorias sobre a proximidade entre os fatos e a redação dos evangelhos defendidas, entre outros, por J. A. T. Robinson, H. Schürmann, C. Vidal Manzanares e J. Wenham.

Por outro lado, e contra o que pretendiam seus primeiros defensores, é duvidoso que essa metodologia sirva para estabelecer alguns critérios indiscutíveis de autoridade e com pretensões quase científicas. Assim, se R. Bultmann concluía que não podemos saber praticamente nada do Jesus histórico, mais recentemente R. Latourelle, aplicando a mesma metodologia, afirma que são autênticos os materiais relativos ao batismo de Jesus, à transfiguração, ao chamado ao arrependimento; às bem-aventuranças, à paixão, à crucifixão, à ressurreição, ao envio dos apóstolos. De fato, como ressaltou R. Gruenler, se se admite como autêntica somente uma reduzida porção dos ditos — como em Dibelius ou Bultmann — por influência teria de se considerarem autênticas também partes dos evangelhos com um conteúdo cristológico mais claramente explícito. Em outras palavras: longe de servir como instrumento de elucidação, é legítimo perguntar-se se esse método não tem como principal utilidade a de traduzir posições defendíveis às pressuposições dos autores que a ele recorrem.

D. E. Aune, *Prophecy in Early Christianity and the Ancient Mediterranean World*, Grand Rapids 1983; K. Berger, *Formgeschichte des Neuen Testaments*, Heildelberg 1984; R. Bultmann, *The History of the Synoptic Tradition*, Oxford 1963; M. Dibelius, *From Tradition to Gospel*, Cambridge 1934; B. Gerhardsson, *Memory and Manuscript*, Lund 1961; W. Kelber, *The Oral and the Written Gospel*, Filadélfia 1983; R. Latourelle, *A Jesús, el Cristo, por los evangelios*, Salamanca 1992; H. Schürmann, "Die vorösterlichen Anfänge der Logientradition" em H. Ristow e K. Matthiae (eds.), *Der historische Jesus und der kerygmatische Christus*, Berlim 1960; G. Theissen, *The Miracle Stories of the Early Christian Tradition*, Edimburgo 1983; C. Vidal Manzanares, *El Primer Evangelio...*; J. Wenham, *Redating Matthew, Mark and Luke*, Downers Grove 1992.

Crítica das Tradições

Termo com que se designa um método de estudo das tradições (Traditiongeschichte) que compuseram os evangelhos, com a intenção de determinar quais podem retroceder ao próprio Jesus, quais se originaram no período de transmissão oral e qual era a situação histórica da comunidade cristã em que surgiram. Como critérios de autenticidade, são considerados principalmente os de testemunho variado, coerência e dissimilitude. Também se concebe que a tradição desenvolveu-se primeiramente no contexto de uma Igreja judaico-palestina, depois em outra de característica judaico-helenista para passar, finalmente, a uma Igreja helenista de formação pagã.

Esse enfoque projeta sérios problemas, entre os quais o menor não é exatamente a escassa ou nula correspondência entre os modelos eclesiais em que se baseia e a sua realidade histórica. De fato, essa diferenciação não foi tão evidente na prática, como se deduz das fontes. Além disso, como já enfatizaram diversos autores (F. Manns, C. Vidal Manzanares etc.), o corpo doutrinal do judeu-cristianismo palestino, longe de diferenciar-se do cristianismo pagão, era semelhante a este e só se distinguia no que se referia ao cumprimento da lei mosaica, embora essa pluralidade se tivesse harmonizado no Concílio de Jerusalém (At 15). A isso se acrescente que alguns dos critérios de autenticidade são claramente inaceitáveis, para não dizer absurdos. É o caso do critério de dissimilitude. É evidente que, se dos ensinamentos de Jesus devem ser considerados não-autênticos os que têm paralelos com o judaísmo ou com os ensinamentos do cristianismo posterior, o resultado será uma prática ausente de materiais, muito injustificada. Contra o critério desse método, espera-se que Jesus, um judeu também, compartilhasse — como de fato o fez — muitos dos pontos de vista de seus compatriotas, e também que seus discípulos recolheram em sua pregação os ensinamentos daquele que consideravam o *messias. Se assim não fosse, era necessário admitir que Jesus viveu um vazio existencial em relação a Israel — algo inadmissível — e que, como já ironizou certo autor, junto com ele ascenderam ao céu, no mesmo dia, todos os discípulos que podiam transmitir seu ensinamento. De fato, a semelhança de ensinamentos apresenta-nos Jesus encarnado no seu tempo e a maneira pela qual seu ensinamento foi transmitido fidedignamente pelos seguidores que o sucederam. Por outro lado, autores como Risenfeld e Gerhardsson demonstraram como os ensinamentos de Jesus foram transmitidos fielmente por seus discípulos, que seguiram padrões de transmissão próprios do judaísmo da época. Razões como essas levam a pensar que a crítica das tradições, longe de ser um instrumento útil, pode — em não poucas ocasiões — ver-se deformada pela subjetividade e afastar-nos — em vez de aproximar-nos — do ensinamento e da vivência do Jesus histórico.

R. H. Fuller, *The Foundations of the New Testament Christology*, Glasgow 1965; B. Gerhardsson, *Memory and Manuscript*, Uppsala e Lund, 1964; I. H. Marshall, *I Believe in the Historical Jesus*, Grand Rapids 1977; N. Perrin, *Rediscovering the Teaching of Jesus*, Nova York 1976; R. Riesner, *Jesus als Lehrer*, Tubinga 1980; H. Schürmann, *Traditionsgeschichtliche Untersuchungen zu den Synoptischen Evangelien*, Düsseldorf 1968; C. Vidal Manzanares, *El Primer Evangelio*...

Crítica literária

Disciplina que pretende estabelecer a história, estrutura e sentido de um texto. Costuma ser relacionada com a *Crítica das Tradições*.

Crítica retórica

Metodologia destinada a analisar passagens dos evangelhos ou um evangelho completo, aplicando-se as diversas teorias greco-romanas ou atuais sobre a retórica e a literatura. Essa aproximação surgiu em 1968 a partir das críticas de J. Muilenburg à *Crítica das Formas* e apresenta diversas variantes como o enfoque greco-romano — que sustentava, por exemplo, que Lucas pretendia demonstrar a messianidade de Jesus segundo os argumentos de convicção próprios da *enzymeme* de Aristóteles (W. Kurz) — o que proporciona um papel determinante ao aforismo ou *jreia* (*Chreia*, na transcrição anglo-saxônica), centraliza-se nas formas retóricas empregadas por Jesus em seus ensinamentos (R. Tannehill) e incide especialmente no contexto retórico social (V. Robbins).

Embora esse novo enfoque contribua para destacar os aparentes paralelismos entre a for-ma — mais do que a essência — do ensinamen-to de Jesus e a do mundo clássico, é discutível até que ponto eles podem ser apontados entre duas cosmovisões encontradas, não poucas vezes, em seus planos. Assim, por exemplo, a conversão de Jesus em um filósofo com características cínicas (até mesmo epicuristas!) não combina com o testamento das fontes e obriga a pensar que a análise final exige mais uma predisposição do autor para chegar a determinadas conclusões do que a aplicação de um método objetivamente válido.

J. R. Butts, "The Chreia in the Synoptic Gospels", *BTB*, 16, 1986, pp. 132-138; G. A. Kennedy, *New Testament Interpretation through Rhetorical Cristicism*, Chapel Hill 1984; W. S. Kurz, "*Hellenistic Rhetoric in the Christological Proof of Luke-Acts*" em *CBQ*, 42, 1980, pp. 171-195; B. L. Mack e V. K. Robbins, *Patterns of Persuasion in the Gospels*, Sonoma 1989; J. Muilenburg, *"Form Criticism and Beyond"* em *JBL*, 88, 1969, pp. 1-18; V. Robbins, *Jesus the Teacher*: *A Socio-Rhetorical Interpretation of Mark*, Filadélfia 1984.

Crítica textual

Disciplina que procura restabelecer o texto original de uma obra concreta, recorrendo à análise comparativa das diversas variantes.

Cronologia

Ciência que se ocupa em fixar as datas relacionadas com os acontecimentos históricos. Nos evangelhos, as referências cronológicas costumam estar relacionadas com acontecimentos ou períodos históricos conhecidos (Lc 3,1). Os marcos cronológicos da vida de Jesus são relativamente fáceis de serem fixados. Mateus coloca seu nascimento antes da morte de *Herodes* (4 a.C.) e Lucas relaciona-o com o *censo* de Quirino (talvez 7 ou 8 a.C., embora haja controvérsia sobre a questão). O início de seu ministério público está relacionado com o de João Batista, no ano quinze de Tibério (finais de 27). Com referência à sua morte, sabemos que aconteceu quando *Caifás* e *Pilatos* exerciam suas funções, sendo que 14-15 de nisã era uma sexta-feira. Isso obriga a situá-la nos anos 29, 30, 31, 33 e 34. 30 (7 de abril) e 33 (3 de abril) são as datas que contam com maior número de defensores.

J. Finegan, *Handbook of Biblical Chronology,* Princeton 1964; H. W. Hoehner, *Chronological Aspects of the Life of Christ,* Grand Rapids 1977; G. Ogg, *The Chronology of the Public Ministry of Jesus,* Cambridge 1940; A. T. Robertson, *Armonía*...; C. Vidal Manzanares, *El judeo-cristianismo*...

Crucifixão

Suplício originário provavelmente da Fenícia, que consistia em fixar os pés e as mãos nas extremidades da cruz, amarrando-os ou posteriormente pregando-os, para causar a morte ao condenado. Esse castigo foi adotado pelos romanos para castigar os escravos, os estrangeiros e os delinquentes da mais baixa extração social. De fato, Tácito qualifica-o como *supplicium servile* (Histórias II, 72). Josefo reuniu muitos casos de crucifixão praticados pelos romanos contra os judeus, e os evangelhos ressaltam que *Jesus* foi também executado pelos romanos numa *cruz* (Mc 15,15ss. e par.) sob a acusação de sedição. As fontes judaicas refletidas no *Talmude* indicam — e nisso concordam bastante com os evangelhos — que as verdadeiras causas da crucifixão de Jesus foram religiosas (no sentido amplo do termo) e que aconteceu por instâncias de um determinado setor do judaísmo oficial que se opunha a seus ensinamentos (Sanh. 107b; Sota 47b; TJ. Hag II, 2).

M. Hengel, *Crucifixion*, Filadélfia 1989; C. Vidal Manzanares, *El judeo-cristianismo*...

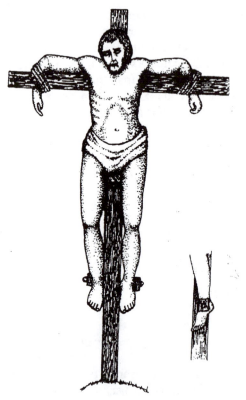

Reconstrução perfeita do crucificado do século I

Cruz

Instrumento de execução, que consistia em um madeiro transversal colocado sobre uma estaca. Colocava-se o condenado com as mãos e os pés presos (bem amarrados, bem pregados) até que ocorresse a morte. Os romanos acrescentaram à estaca vertical um madeiro transversal denominado "*patibulum*", podendo a cruz ser *commissa (as estacas formavam um T) ou *"immisa"* (as estacas encontravam-se e fixavam-se em um encaixe adquirindo a forma de ✝). Como símbolo religioso, a cruz foi usada antes de *Jesus, como a cruz *anj* dos egípcios e, de fato, nenhuma igreja cristã cultuou-a antes do século V. Em sentido simbólico, embora não plástico, o cristianismo primitivo concedeu-lhe imenso valor espiritual na medida em que refletia que a *crucifixão* de Jesus era o meio pelo qual toda a humanidade podia alcançar a redenção (1Cor 1,77ss.; Gl 6,14). Essa doutrina retrocede ao próprio Jesus (Mc 10,45) que anunciara, em repetidas ocasiões, sua própria morte. Alguns autores consideram que a mencionada profecia realmente não foi formulada por Jesus, mas por seus seguidores após a sua execução (seria um vaticínio "ex eventu"), mas o caráter das fontes e a análise do texto em sua forma original obrigam a refutar esse ponto de vista. Jesus previu sua morte, dotou-a de um significado de *expiação* e assim a enfrentou.

Tomar a cruz diariamente (Lc 9,23) é condição indispensável para ser discípulo de Jesus. O sentido dessa expressão — contra uma opinião errônea bastante generalizada — não é o cristão aceitar com resignação os infortúnios que lhe sobrevenham, mas, ao contrário, estar diariamente disposto a sacrificar sua vida para ser fiel a Jesus.

C. Vidal Manzanares, *El judeo-cristianismo*...; A. Toynbee (ed.), *El crisol del cristianismo*, Madri 1988; H. Schürmann, *¿Cómo entendió y vivió Jesús su muerte?*, Salamanca 1982; J. Klausner, *o. c.*

Cumprir

Levar algo até seu fim e consumação. A vida de Jesus cumpriu as *Escrituras* na medida em que se ateve às profecias messiânicas do Antigo Testamento (Mt 1,22 etc.). Ele nasceu quando se cumpriu o tempo de Deus para a vinda do *Messias* (Lc 1,23.57; 2,6.21ss.; Lc 9,51). Foi batizado como cumprimento da justiça de Deus (Mt 3,15). Cumpriu a *Lei* de Moisés ao lhe dar seu verdadeiro sentido, ao lhe obedecer fielmente e ao declarar consumado seu tempo de aplicação (Mt 5,17). Finalmente, com sua morte, cumpriu sua missão salvífica ao ser executado como sacrifício expiatório em favor da humanidade (Lc 12,50; Jo 19,28-30; Mc 10,45).

Curas

A idéia de que Deus cura é inerente à Escritura. Já o Antigo Testamento relatava diversas curas às quais se atribuía uma origem divina (Gn 20,17; 2Rs 5; Is 38 etc.) e também afirmava que uma das bênçãos específicas de Deus era a de dar saúde a seus fiéis que, muitas vezes, tolhiam essa bênção por sua falta de arrependimento (2Cr 7,14; 30,20). Também freqüentemente se atribuía a enfermidade à ação direta de *Satanás (Jó 2). De fato, Deus é, por definição, o que cura todas as doenças (Sl 103,3; 147,3). Tal crença persistiria, pelo menos em parte, no judaísmo posterior, e não é de se estranhar que na *amidah* uma das bênçãos é dirigida para reconhecer e suplicar a ação do poder curador de Deus.

O cristianismo primitivo deu-lhe ainda maior importância, levando-se em conta o aspecto das curas, e insistiu em suas fontes nas realizadas por Jesus (Mt 4,23; 9,35; 12,15 e par.) — um testemunho confirmado pelas fontes judias contidas no *Talmude* — que transmitiu esse poder a seus discípulos, pertencessem ou não ao grupo dos Doze (Mt 10,1; Lc 9,1; 10,9; Mc 3,15; Lc 10,9). De fato, uma das características da pregação do evangelho é que deve ser acompanhada de curas e expulsão de demônios (Mc 16,18). Como o judaísmo de sua época, o Novo Testamento atribui algumas enfermidades — mas não todas — à ação de *demônios* (Lc 13,10-17) e insiste na importância da fé no processo de cura (Mt 15,28; Lc 5,20; 7,1ss.; 18,42 etc.) até o ponto de afirmar que a incredulidade de seus contemporâneos impediu Jesus de realizar curas em uma ocasião (Mc 6,1-6). No geral, Jesus utilizou só a palavra para curar (Mc 7,33; 8,23 e Jo 9,6 são exceções) e não poucas vezes o fez no sábado (Mt 12,10-12; Mc 3,2.4; Lc 6,7.9; 13,14-16; 14,3; Jo 5,16.18; 9,14).

O judeu-cristianismo posterior atribuiu um papel de enorme importância a práticas de curas em nome de Jesus (Tg 5,14-15), o que aparece confirmado em algumas descobertas arqueológicas e nas mesmas fontes judaicas do *Talmude*.

Segundo estas últimas, a prática dos judeus cristãos de curar pessoas em nome de Jesus era tão sedutora para muitos judeus que os rabinos proibiram, sob pena de *excomunhão*, concordar com ela, considerando preferível a morte "em paz" à cura por invocação do messias cristão (TJ AZ 2, 2; TJ Sab 14.3 e Qoh R.1.8). Quanto ao cristianismo firmado em território pagão, considerou as curas como um carisma do *Espírito Santo*, que atuava de maneira habitual na comunidade. Em todos os casos, partia-se da idéia de que a cura não provinha a não ser de Deus e que se operava somente em nome de Jesus (At 4,9ss.). A noção de curas realizadas pela intercessão de *santos*, ou invocando-se um ser distinto de Deus, é totalmente alheia ao Novo Testamento e não parece, historicamente, que haja notícias anteriores dessa idéia, pelo menos até o séc. III d.C.

C. Vidal Manzanares, *El judeo-cristianismo...*; Leon Morris, *The First...*; E. Testa, *L'huile de la foi*, Jerusalém 1967.

Cusa

Membro da corte de *Herodes Antipas* e esposo de Joana, uma das mulheres que serviam Jesus (Lc 8,3).

Dalmanuta

Local para onde caminhou Jesus e seus discípulos após a segunda multiplicação dos pães (Mc 8,10). É possível que se identifique com Magadã de Mt 15,39.

Dança

Parece que a dança teve um lugar importante nas celebrações judaicas (Jz 11,34; 1Sm 18,6-7). Constituía-se num sinal de alegria (Sl 30,11; Ecl 3,4) e, exatamente por isso, encontramo-la em celebrações de caráter religioso (Êx 15,20; Jz 21,21-23; 1Sm 6,14-23; 1Cr 15,29), embora dançar diante de imagens fosse considerado idolatria (Êx 32,19; 1Rs 18,26).

Essa mesma visão é a transmitida em alguns dos relatos de Jesus, onde a alegria é manifestada pela dança (Lc 15,25), que é também descrita como elemento habitual na vida da época (Mt 11,16-17; Lc 7,23).

Daniel

Livro do Antigo Testamento que, em hebraico, está entre os Escritos e, na versão grega, entre os LXX. Escrito em hebraico e aramaico (2,4 a 7,28), conta com adições posteriores que judeus e protestantes consideram não-canônicas (3,24-50; 3,51-90; 13,1-64; 14,1-22; 14,23-42). Continua sendo objeto de controvérsia o final de sua redação, que foi fixado no séc. II a.C., no séc. VI a.C. (como o próprio livro registra) e em um arco cronológico que iria do séc. VI a.C. ao séc. III a.C., sendo, nesse caso, as passagens apocalípticas as mais recentes da obra. Jesus cita freqüentemente o Livro de Daniel, especialmente em relação à figura do *Filho do homem (Dn 7,13ss.) o qual, em harmonia com o judaísmo da época, identifica com o *messias e consigo mesmo (Mt 16,13ss.; 17,22-23 etc.). A figura da *abominação da desolação a que Daniel se refere (Antíoco IV Epífanes no sentido original? O anticristo dos últimos tempos?) aparece também nos denominados "apocalipses sinóticos" (Mc 13, Mt 24 e Lc 21). Também Jesus utilizava os ensinamentos de Dn 12,2 que fala de uma *ressurreição de salvos e condenados: os primeiros para receber a felicidade eterna; os segundos, para o castigo igualmente eterno.

Davi

O segundo rei de Israel (final do séc. XI e início do séc. X a.C.). De sua descendência viria o *messias* — daí ele ser chamado "Filho de Davi" (Mt 9,27; 12,23; 15,22; 20,30ss.; Mc 11,10) — que também deveria nascer em sua cidade natal: *Belém* (Mq 5,2). Tanto Lucas como Mateus relacionam Jesus com a estirpe messiânica e o fato deve ser reconhecido como histórico, ainda que seja bem provável que não fosse importante o ramo a que pertencia.

Como outros tantos judeus de sua época, Jesus enfatizou a ascendência davídica do messias, o seu caráter preexistente, baseado em uma leitura peculiar do Salmo 110, que tem paralelos, entre outros, com os *essênios* de Qumrán (Mt 22,41ss.).

Decálogo

Ver *Dez Mandamentos*.

Decápolis

Literalmente, dez cidades. Conjunto de uma dezena de cidades que, com exceção de Escitópolis (a Bert Shean atual), localizavam-se a oeste do *Jordão*, a sudeste do lago da *Galiléia*. As mais importantes foram Filadélfia (a atual Amã), Gerasa, Pela, Gadara, Hipos e Damasco. Sua constituição em 63 a.C. obedeceu a um desejo de enfraquecer os poderes da região e expandir a influência helenista que era inegável na época de Jesus. Este relacionou-se com pessoas daquela região (Mt 4,25; Mc 7,31) que, em um e outro caso, não era judia (Mc 5,20).

Demônios

Termo derivado da palavra grega "*daimon*", que originalmente designava seres superiores situados, em certas ocasiões, entre os deuses e os homens. Outras vezes, o termo referia-se a seres que falavam no interior da pessoa. Nas Escrituras, o termo refere-se a espíritos imundos ou anjos decaídos voltados para o mal, cujos poderes eram mobilizados através da *magia. O *Antigo Testamento apresenta diversas referências aos demônios, acusados de ter relações sexuais com mulheres (Gn 6,2-4) antes do dilúvio e de serem comandados por *Satanás (literalmente, o adversário). Este era o causador de enfermidades (Jó 2), inimigo e acusador dos servos de Deus (Zc 3,1ss.) e regente oculto dos poderes mundiais opostos ao povo de Deus (Dn 10,13ss.). No judaísmo do Segundo Templo, era muito comum a crença nos demônios e nas suas possessões. Além de serem considerados origem de muitas doenças, afirmava-se que eles estavam por trás das divindades e dos poderes políticos do paganismo. Essas idéias não foram abandonadas — mas até desenvolvidas — no judaísmo do *Talmude e da Cabala.

Jesus expulsa os demônios que passam a atacar os porcos (manuscrito do séc. XII)

No que se refere à demonologia, os evangelhos refletem idéias bastante semelhantes às do judaísmo do Segundo Templo. Longe de interpretar Satanás e os demônios como símbolos ou arquétipos (nem como forças ou energias impessoais), os evangelhos descrevem-nos como seres espirituais absolutamente reais. Assim, afirma-se que os demônios podem possuir as pessoas

(Mc 5,1ss. e par. etc.) ou que Satanás — o Diabo — controla os poderes políticos mundiais (Lc 4,5-8 e par.). Os demônios se encontram por trás de muitas situações de enfermidades (Mc 9,14-29). Seu chefe Satanás lança mão da mentira e da violência (Jo 8,44); arranca a mensagem evangélica do coração das pessoas que não a incorporaram às suas vidas (Mt 13,19); semeia a cizânia no Reino (Mt 13,38); e dirige a conspiração para matar Jesus (Jo 13,26-27). O certo é que o Diabo e seus demônios foram derrotados pelo ministério de *Jesus (Lc 11,20-23) e, especialmente, pelo seu *sacrifício na *cruz (Jo 16,32-17,26; ver também Hb 2,14-15; Cl 2,13-15). Essa visão de Jesus traduz-se também nos demais escritos do Novo Testamento em situações em que os cristãos devem opor-se (Tg 4,7; 1Pd 5,8-9) aos ataques do Diabo, revestindo-se da armadura de Deus (Ef 6,10ss.); e devem estar conscientes de que sua luta é um combate espiritual contra forças demoníacas (2Cor 10,3-5), na certeza da vitória que Cristo já lhe conquistou. De fato, a expulsão de demônios em nome de Jesus — bem distinta do conceito de *exorcismo — faz parte do anúncio evangélico (Mc 16,15-18).

A segunda vinda de Cristo implicará a derrota definitiva de Satanás e seus demônios que, segundo Mt 25,41.46, serão lançados ao castigo eterno e consciente no *inferno.

M. I. Bubeck, *The Adversary*, Chicago 1975; L. S. Chafer, *o. c.;* M. Harper, *o. c. ;* J. L. Nevius, *o. c.;* J. E. Orr, *o. c.;* M. F. Unger, *o. c.;* C. Vidal Manzanares, *Diccionario*...; Idem, *El judeo-cristianismo*...; Idem, *El Primer Evangelio*...; *ERE*, I, pp. 669ss.; IV, 615-619; Hughes, pp. 84. 137ss. e 196.

Denário

Moeda de prata (3,85 g) do sistema romano, equivalente à dracma grega. Servia como medida de valor do pão (Mc 6,37; Jo 6,7), do perfume (Mc 14,5; Jo 12,5) e das dívidas (Mt 18,28; Lc 7,41). Na época de Jesus, trazia uma inscrição e a efígie de *Tibério (Mt 22,19; Mc 12,15; Lc 20,24).

Equivalia ao salário de um dia de um trabalhador braçal (Lc 10,35). Contra o que se costuma afirmar, Jesus não foi vendido por trinta denários, mas por trinta "moedas de prata" ou *siclos, o que valia uns cento e vinte denários.

Deserto

Local pouco habitado, formado por rochas calcáreas e não por areia (Lc 15,4). Foi nas proximidades do deserto da Judéia que *João Batista* pregou. Jesus identificou-o como morada dos *demônios (Mt 12,43) e nele experimentou as tentações (Mt 4,1ss.). Às vezes, Jesus refugiava-se no deserto em busca de *solidão* (Mc 1,35.45; Lc 4,42; 5,16; 6,32.35) e nele alimentou as multidões (Mt 14,13-21; Mc 6,32-44; Lc 9,10-17).

Desmitologização

Ver *Mito.

Deus

O judaísmo apresentava uma visão estritamente monoteísta da divindade. As afirmações a respeito que aparecem no Antigo Testamento não podem ser mais explícitas. Antes e depois dele não houve nem haverá outros deuses (Is 43,10-11). Tudo criou sem ajuda nem presença de ninguém (Is 44,24; 45,12). É o primeiro e o último (Is 44,6), clemente e misericordioso (SL 111,4), o que cuida dos oprimidos (Sl 113,7), o que cura todas as dores e perdoa todas as iniqüidades (Sl 103,3). Foi ele quem entregou a Torá a Moisés no Sinai (Êx 19-20) e que estabeleceu uma Aliança Eterna com Israel como povo seu. Ele que falou através dos profetas, ele que não pode ser representado por nenhum tipo de imagem, desenho ou pintura (Êx 20,4ss.) etc. Deste Deus se esperava que enviaria seu messias e que no final dos tempos ressuscitaria os justos e injustos, proporcionando recompensa eterna aos primeiros e castigo vergonhoso e consciente aos segundos (Dn 12,2).

Nos evangelhos encontramos uma aceitação de todas essas afirmações. Deus é único (Mc 12,29ss.), é o Deus dos patriarcas (Mt 22,32), é o único que pode receber culto e serviço (Mt 6,24; Lc 4,8). Para ele tudo é possível (Mt 19,26; Lc 1,37). Ainda que faça brilhar o sol sobre justos e injustos (Mt 5,45), só é Pai daqueles que recebem Jesus (Jo 1,12). Essa relação de paternidade entre Deus e os seguidores de Jesus explica por que ele é tratado como Pai (Mt 11,25ss.; Mc 14,36; Lc 23,34.46; Jo 11,41; 17, 1.5.11). A ele se deve dirigir no oculto do coração e sem usar contínuas repetições como os pagãos (Mt 6,4.18) e nele se deve confiar sem sombra de dúvida (Mt 6,26-32; 10,29-31; Lc 15). E podemos então chegar a conhecê-lo porque se nos revelou em Jesus (Jo 1,18).

Esse monoteísmo com o qual Deus é contemplado no Novo Testamento encontra-se, não obstante, selecionado através da fé na *Trindade, que afirma uma pluralidade de pessoas no âmago da única divindade. Existem precedentes da crença na divindade do *messias no judaísmo, assim como da atuação de Deus em várias pessoas. De fato, o judeu-cristianismo posterior — tal como registra o *Talmude — apenas se referiu a elas para defender sua essência judaica. Assim, no Antigo Testamento, atribui-se ao Messias o título divino de El-Guibor (Is 9,5-6); Deus se expressa em termos plurais (Gn 1,26-27; Is 6,8); o *malak* YHVH ou o anjo de YHVH não é senão o próprio YHVH (Jz 13,20-22) etc, expressões que foram interpretadas como sinais da revelação da Trindade.

Nos evangelhos encontramos de fato afirmações nesse sentido que não podem ser consideradas equívocas. Por exemplo: Jesus é denominado Deus (Jo 1,1; 20-28 etc.); afirma-se que o *Filho de Deus é igual a Deus (Jo 5,18); ressalta-se que era adorado pelos primeiros cristãos (Mt 28,19-20 etc.), recebe a designação de *"Verbo"*, termo procedente dos targuns aramaicos para referir-se ao próprio YHVH (Jo 1,1) etc.

Tem-se discutido se todos esses enfoques procedem realmente do próprio Jesus ou se, ao contrário, devem ser atribuídos à comunidade primitiva. Também se questiona o seu caráter judaico. Atualmente, sabemos que esses pontos de vista não se originaram do helenismo, mas do judaísmo contemporâneo de Jesus (M. Hengel, A. Segal, C. Vidal Manzanares etc.). A característica que difere o cristianismo das outras doutrinas é afirmar essa hipóstase do Deus único, encarnado em Jesus. A este também retrocede todas as interpretações sobre sua pessoa. Para essa interpretação, defendem-se passagens de indiscutível autenticidade histórica, como a de Lc 10,21-22, assim como as de auto-identificação que Jesus atribui a si, como a *Jokmah* hipostática dos Provérbios (Lc 7,35; 11,49-51) e como o "Kyrios" (Senhor) do Antigo Testamento (Lc 12,35-38; 12,43ss.). Essas passagens de fato fazem parte da fonte Q, o que indica sua antigüidade.

M. Hengel, *El Hijo de Dios*, Salamanca 1978; A. Segal, *Paul, The Convert*, New Haven e Londres 1990; M. Gilbert - J. N. Aletti, *La Sabiduría y Jesucristo*, Estella; C. Vidal Manzanares, *El primer Evangelio*...; Idem, *El judeo-cristianismo palestino*...

Dez Mandamentos

Compêndio da lei divina que Deus entregou a Moisés no Sinai (Êx 20,2-14 e Dt 5,6-18). Seu conteúdo é o seguinte: 1. reconhecimento da sabedoria de Deus; 2. proibição de fazer imagens e render-lhes culto; 3. proibição da blasfêmia e do perjúrio; 4. descanso semanal; 5. amor e honra aos pais; 6. proibição de assassinato; 7. proibição do adultério; 8. proibição do roubo e seqüestro; 9. proibição da calúnia, da difamação e do falso testemunho nos processos judiciais; 10. proibição da cobiça e da inveja. A divisão dos mandamentos difere entre as diversas confissões cristãs. Para as Igrejas protestantes (com exceção da Luterana) — segundo o modelo judaico — Êx 20,2-3 é o primeiro, 4-6 o segundo e 17 o décimo. Tanto os judeus como os protestantes consideraram vigente a proibição de render culto a imagens. Agostinho de Hipona e Lutero contavam 2-6 como o primeiro, 17a como o nono e 17b como décimo, sendo essa a divisão adotada por católicos e luteranos, embora estes também considerem atual a proibição referente às imagens. Foi essa circunstância que levou a Igreja Católica a desdobrar o mandamento relativo à imoralidade sexual em dois, de forma que o número total continue sendo dez. As Igrejas Ortodoxas seguem a ordem judaica, mas consideram que a proibição das imagens refere-se às esculturas e não às pinturas, embora seja duvidoso deixar a salvo a letra do decálogo, para respeitar o espírito original.

Jesus aceitou o decálogo judaico e aprofundou a aplicação prática dos preceitos relacionados com a violência, a imoralidade sexual e o uso da palavra (Mt 5-7).

Dia

O oposto à noite, à qual segue (Lc 21,37; Jo 9,4). Também espaço temporal de 24 horas.

Os romanos contavam o dia de meia-noite a meia-noite — prática que perdura entre nós —, enquanto os judeus contemporâneos de Jesus iniciavam o dia com o surgimento da lua, concluindo-o no dia seguinte pela tarde. Para designar um dia completo, costumava-se empregar a expressão "noite e dia" (Mc 4,27; 5,5; Lc 2,37).

Dia comemorativo

Ver *Festa*.

Dia do Senhor

No Antigo Testamento, é uma expressão típica para definir todos os momentos históricos em que Deus vence seus inimigos e executa seu juízo sobre eles. Ao lado desta expressão "dia do Senhor", existe a referência a um "dia do Senhor", por antonomásia, situado no final dos tempos (Is 13,2-6; Ez 30,3; Sf 1,7). Nos evangelhos destaca-se o caráter inesperado de sua chegada (Mt 24,44), identificando-se a *parusia de Jesus com o dia do Senhor do final dos tempos. Evidentemente, aqui e agora é quando o ser humano se prepara para essa consumação dos tempos (Jo 5,24ss.; 12,31; 14,3.20-23).

Também recebe a denominação de "dia do Senhor" o dia consagrado a seu culto, o primeiro da semana: o *domingo.

Diabo

Ver *Demônios.

Dias sagrados

Ver *Domingo, *Festas, *Sábado.

Diáspora

Termo grego que significa "dispersão". Em sentido estrito, as colônias judaicas situadas fora de Israel. Em hebraico, empregavam-se os termos gola e galut, tendo o último um sentido pejorativo. Jesus parece ter sentido interesse por seus compatriotas da diáspora, considerando que pregaria também a eles (Jo 7,35).

E. Schürer, *o. c.;* R. H. Pfeiffer, *History of The New Testament Times*, Grand Rapids 1954; E. P. Sanders, *Judaism...*; J. Juster, *Les Juifs dans l'Empire romain,* Paris 1914; C. Saulnier e B. Rolland, *Palestina en tiempos de Jesús*, Estella [10]1994.

Didracma

Moeda grega de prata (8,60 g), equivalente a duas *dracmas e ao salário de dois dias de trabalho. Essa quantia era também a que todo judeu pagava como imposto para manutenção do Templo (Mt 17,24).

Dilúvio

Inundação universal (Gn 6-9) provocada por Deus para castigar a maldade humana e da qual só se salvaram Noé e sua família. A história relata numerosos paralelos em todas as culturas, embora o conteúdo monoteísta e ético seja exclusivo da Bíblia.

Jesus compartilhou a crença no dilúvio e apresentou-o como imagem do juízo final de Deus sobre a humanidade, quando ele virá pela segunda vez (Mt 24,38-39). Essa mesma tese é encontrada em 2Pd 2,5, de onde se deduz que, se a entrada na arca fora garantia de salvação, agora é a conversão e a aceitação de Jesus como salvador pessoal.

A. Heidel, *The Gilgamesh Epic And Old Testament Parallels*, Chicago e Londres 1963; N. M. Sarna, *Understanding Genesis*, Nova York 1966.

Dinheiro

Ver *Ricos.

Direita

O lado mais nobre do ser humano (Mt 5,29ss. e 39). O lugar mais favorável — por oposição à esquerda (Mt 25,33) — ocupado pelos redimidos em relação ao *messias,* e pelo *Filho do homem* em relação a *Deus* (Mt 22,44; 26,64; Mc 16,19).

Discernir

Essa plavra equivale a dois verbos distintos no original grego. O primeiro (*dokimazo*) supõe a idéia de examinar, colocar à prova, provar (Lc 12,56), com a finalidade de verificar a qualidade, o valor ou a veracidade de algo ou de alguém.

O segundo (*diakrino*) — derivado de *krino*: separar, eleger e cortar — implica a idéia de distinguir, discernir e interpretar (Mt 16,3).

Discípulo Amado

Ver *João*.

Discípulos

O conceito de discípulo — aquele que aprende de um mestre — surgiu no judaísmo do Segundo Templo. De fato, no Antigo Testamento a palavra só aparece uma vez (1Cr 25,8).

Nos evangelhos, o termo indica a pessoa chamada por Jesus (Mc 3,13 Lc 6,13; 10,1), para segui-lo (Lc 9,57-62), fazendo a vontade de Deus a ponto de aceitar a possibilidade de enfrentar uma morte vergonhosa como era a condenação à *cruz* (Mt 10,25.37; 16,24; Lc 14,25ss.). Os discípulos de Jesus são conhecidos pelo amor existente entre eles (Jo 13,35; 15,13). A fidelidade ao chamado do discípulo exige uma humildade confiante em Deus e uma disposição total para renunciar a tudo que impeça seu pleno seguimento (Mt 18,1-4; 19,23ss.; 23,7).

Mesmo que tanto os *apóstolos* como o grupo dos setenta e dois (Mt 10,1; 11,1; Lc 12,1) tenham recebido a designação de discípulos, o certo é que não pode restringir-se somente a esses grupos. Discípulo é todo aquele que crê em Jesus como Senhor e Messias e segue-o (At 6,1; 9,19).

E. Best, *Disciples and Discipleship*, Edimburgo 1986; M. Hengel, *The Charismatic Leader and His Followers*, Nova York 1981; J. J. Vicent, *Disciple and Lord*, Sheffield 1976; C. Vidal Manzanares, *El judeo-cristianismo*...; Idem, *El Primer Evangelio*...; J. Dupont, *El Mensaje de las Bienaventuranzas*, Estella [8]1993; J. Zumstein, *Mateo, el teólogo*, Estella [3]1993.

Dívida

Obrigação que liga uma pessoa (devedor) a outra (credor) (Lc 16,5-7). O não-pagamento de uma dívida podia acarretar a servidão ou a prisão do devedor (Mt 18,30-34).

O judaísmo do Segundo Templo aceitava a comparação que considerava Deus um credor, na sua qualidade de Criador e juiz universal, e o homem um devedor, porque transgredia, com seus pecados, a ordem divina. Na opinião de alguns judeus, essa situação poderia ser revertida pela prática das boas obras (Lc 13,4). Jesus, ao contrário, insistiu em que o homem jamais poderia conseguir o pagamento da dívida por seus próprios méritos e que isso somente se realizava em virtude do perdão gratuito de Deus (Mt 18,23-35), um perdão fundamentado — como será desenvolvido no restante do Novo Testamento — na morte sacrifical de Jesus na *cruz* pelos pecados da humanidade (Mc 10,45; 14,24 etc.). Para quem pela fé recebeu esse perdão de Deus, a única resposta coerente é adotar esses mesmos parâmetros de amor (Lc 7,41-50) e de perdão (Mt 6,12).

Divórcio

Dissolução do *matrimônio*, a qual permite aos cônjuges contrair nova união. Em hebraico, recebe o nome de *guerushim* e se formaliza mediante um contrato conhecido como *guet* ou *sefer keritut*. A mulher pode então casar-se com qualquer homem, exceto aquele com quem manteve relações antes do divórcio ou com um sacerdote ou *kohen*. Quanto às causas, a escola de Hillel (séc. I a.C.) admitia como causa qualquer coisa que desagradasse ao esposo, como queimar a comida, enquanto a de Shamai (séc. I a.C.) limitava-o aos casos de adultério.

Jesus teve uma postura mais rígida que o judaísmo de sua época em relação à permissão do divórcio. É evidente que Jesus o recusou, já que o divórcio é evidência da dureza de coração do ser humano e contradiz essencialmente o desígnio fundamental de Deus para o homem e a mulher (Mc 10,1-12; Lc 16,18). Contudo, duas passagens dos evangelhos (Mt 5,32; 19,9) permitem o divórcio em caso de "fornicação". Uma interpretação dessa passagem, ao menos entre bom número de Padres até o início da Idade Média, defendia a permissão do divórcio quando houvesse adultério de um dos cônjuges. Outros autores, porém — e não só católicos —, tendem a explicá-lo como uma referência ao concubinato ou uniões factuais, de caráter ilegítimo. Assim, Jesus estaria afirmando que o matrimônio é indissolúvel, mas não a relação de concubinato.

Y. Newman, *o. c.*, J. Peláez del Rosal, *El divorcio en el derecho del Antiguo Oriente*, Córdoba 1982; L. Petuchovsky, *o. c.*

Dízimo

Entrega da décima parte dos produtos da agricultura e da pecuária, que se oferecia ao Templo de Jerusalém e ao Deus de Israel (Dt 14,22-29; Lv 27,30-33). Embora inicialmente o dízimo destinado ao culto fosse dado uma vez a cada três anos e os outros dois se destinassem a outras finalidades como a atenção aos carentes, na época de Jesus essa imposição estava completamente nas mãos dos sacerdotes. Os fariseus eram especialmente rigorosos na prática do dízimo. Jesus manifestou-se contra a anteposição do dízimo a outras obrigações espirituais mais importantes (Mt 23,23); não o desautorizou, mas colocou-o no devido lugar dentro da religião de Israel. Também é certo que não temos nenhuma notícia que nos permita afirmar ter Jesus recebido o dízimo de seus seguidores. Ao que parece, a norma do dízimo não foi aplicada mais tarde, nem entre os judeu-cristãos, nem entre os cristãos pagãos.

Domingo

O primeiro dia da semana. Sua consagração como dia de descanso e culto próprio dos discípulos de Jesus data desde época muito primitiva do séc. I. Sabemos que os primeiros cristãos de origem pagã não guardavam os dias característicos do judaísmo (Gl 4,10; Cl 2,16). Suas reuniões aconteciam aos domingos e não aos sábados (At 20-7), durante as quais eram realizadas as coletas beneficentes (1Cor 16-2). Não foram originais nessa decisão, e a origem desse costume é encontrada nos próprios judeu-cristãos (Jo 20,19.26) que, como indicara o erudito judeu D. Flusser, já haviam optado por reunir-se, como seguidores de Jesus — o Messias — exatamente num dia que não interferisse no culto sinagogal. Para isso influiu também, possivelmente, uma série de fatos relacionados com o domingo. Nesse dia, Jesus ressuscitou (Jo 20,1) e apareceu pela primeira vez aos *apóstolos,* comendo com eles (Lc 24,36-49; Jo 20,26ss.). Também foi no domingo que eles receberam o *Espírito Santo* em Pentecostes (At 2,1ss.) etc. Em época tão primitiva, como os anos sessenta do séc. I, a expressão "dia do Senhor" já se referia, em um contexto judeu-cristão, ao domingo (Ap 1,10). No final do séc. I (Didaqué XIV; Inácio, *Epístola a los magnesios* IX etc.), era evidente que o *sábado* era dia sagrado dos judeus, enquanto para os cristãos era o domingo. As fontes registradas no *Talmude* acusam os judeu-cristãos por considerarem o domingo como dia sagrado.

F. F. Bruce, *Acts*...; D. Flusser, "Tensions between Sabbath and Sunday" em *The Jewish roots of Christian liturgy,* Nova York 1990; L. Morris, *The First*...; C. Vidal Manzanares, *El judeo-cristianismo*...

Doze

O número das tribos de Israel que Jesus fez coincidir com o dos apóstolos (Mt 19,28).

Dracma

Moeda grega de prata (3,50 g), equivalente ao *denário* romano e ao salário de um dia de trabalho (Lc 15,8ss.).

Ecce Homo

Palavras latinas que significam "Eis o homem" e com as quais se traduziu a passagem de Jo 19,5. Sob esse título, era costume, na história da arte, representar Jesus após a flagelação, coberto com o manto de púrpura e trazendo na cabeça a coroa de espinhos.

Effatá

Expressão aramaica que significa "abre-te" e pronunciada por Jesus ao curar o surdo-mudo (Mc 7,34).

Efraim

Local para onde Jesus se retirou (Jo 11,54). É possível que se identifique com Et-Taiyebeh, localidade próxima ao deserto e situada a noroeste de *Jerusalém*.

Egito

Nação onde os pais de Jesus se refugiaram (Mt 2,13-19), a fim de salvá-lo das ameaças de *Herodes*. O *Talmude* cita também a notícia de uma estada de Jesus nesse país, relacionando-a com a realização de seus *milagres*, os quais atribui à feitiçaria.

Elias

Literalmente, Deus é YHVH. Profeta que desenvolveu sua atividade durante o reinado de Acab e Jezabel (séc. IX a.C.). O profetismo posterior

(Ml 3,23) situou sua chegada antes do *Dia do Senhor*. Os evangelhos — partindo do próprio Jesus — identificam essa vinda de Elias com o ministério de *João Batista* (Mt 11,14. 17,10-12). Sem dúvida, alguns dos contemporâneos de Jesus relacionaram a figura deste com a do profeta (Mt 16,14). Era crença popular que Elias ajudava os que passavam por aflições, o que explica o equívoco de alguns dos presentes na crucifixão de Jesus (Mt 27,47; Mc 15,35).

Emanuel

Literalmente, "Deus conosco". Nome empregado por Isaías em algumas profecias messiânicas contidas em seu livro (Is 7,14; 8,8). Em Mt 1,23 o título é aplicado a Jesus, no qual se cumpre não somente a expectativa do messias como também a sua concepção virginal e condição divina.

Emaús

Povoado próximo a *Jerusalém,* em cujo caminho Jesus ressuscitado apareceu a dois de seus discípulos (Lc 24,13). Tem sido identificado com Amuas (as mesmas consoantes) ou Nicópolis, a uns 25 km de Jerusalém. Outros preferem considerar que o Emaús evangélico é el-Qubeibe ou Latrun.

F. Hoare, *o. c.*; F. Díez, *o. c.*

Encarnação

De acordo com o Novo Testamento, é a crença em que a segunda Pessoa da *Trindade*, que é Deus, encarnou-se como Jesus de Nazaré, a fim de obter a *salvação* da humanidade.

O. Cullmann, *Christology...*; C. Vidal Manzanares, *De Pentecostés...*

Endemoninhado

Ver *Demônios*.

Endurecimento de coração

Os evangelhos empregam diversos termos para referir-se à condição espiritual daquele que, tendo fechado voluntariamente a possibilidade de escutar o evangelho, vai adotando progressivamente maior resistência a ele. Encontramo-nos assim diante da cegueira (Mt 23,16ss.; Lc 6,39) e da dureza de coração (Mt 19,8; Mc 3,5; 6,52), pelas quais o ser humano é totalmente responsável (Jo 3,19-21; 9,38-41).

Enfermidade

Ver *Ágape, *Cura, *Demônios e *Tzedakah.

Enterro

Um dos preceitos fundamentais do judaísmo. A Bíblia contém referências ao sepultamento (Gn 23; Dt 21,22-23) em covas e, durante o período talmúdico, já era habitual a utilização de ossários e nichos. O enterro deveria realizar-se no mesmo dia da morte ou no seguinte. O procedimento inicial consistia em lavar o corpo e cobri-lo com sudário branco que, em se tratando de homem, era acompanhado do manto de orações que não mais seria usado. Eram proibidos a cremação e o embalsamamento. Acompanhar o cadáver até o lugar do sepultamento era considerado um ato de bondade. Atrás da sepultura, realizava-se uma refeição de consolo.

Enterro de Jesus

Ver *Sepultura de Jesus.

Erva-doce

Especiaria cujo *dízimo era pago pelos *fariseus, embora essa atitude não viesse da *Lei de *Moisés. Jesus se opôs a práticas desse tipo que negligenciassem o essencial dos *mandamentos (Mt 23,23; Lc 11,42).

Escândalo

Armadilha colocada no caminho com a intenção de fazer cair. Jesus considera que se deve afastar da vida todas as situações que possam levar uma pessoa a cair, porque a condenação é um mal muito maior do que qualquer perda (Mt 5,29-30). Nos últimos tempos, muitos que acreditavam tropeçaram e apostataram (Mt 24,10). Tanto antes como agora, os que não se escandalizam com Jesus são objeto de uma bênção especial (Mt 11,6). A idéia de Jesus renunciar à sua morte sacrifical na *cruz foi considerada uma armadilha própria de *Satanás (Mt 16,23). Os escândalos são inevitáveis (Lc 17,1), mas deve-se fazer o possível para evitá-los (Mt 18,7). Em harmonia com essa visão, muitas vezes Jesus não hesitou em aceitar comportamentos estabelecidos que não comprometiam, porém, a essência de sua missão, para evitar que as pessoas recusassem o evangelho (Mt 17,27).

Escatologia

Termo derivado do grego "*esjata*" (as últimas coisas), com o qual se denomina a parte da teologia que se ocupa com o final da história (escatologia geral) e do estado após a morte (escatologia particular).

O judaísmo da época de Jesus apresentava um claro conteúdo escatológico, que se sintetizava na crença da imortalidade da *alma, na *ressurreição dos mortos para o prêmio ou o castigo eterno no mundo vindouro, na *vida eterna e no reino do *Messias. De fato, apenas a seita dos *saduceus negava essas idéias.

Os evangelhos apresentam uma escatologia que, em múltiplos aspectos, coincide com o judaísmo do Segundo Templo. Assim professa também a crença na imortalidade da alma, na recompensa dos redimidos e no castigo consciente e eterno dos condenados ao *inferno. Como algumas correntes do judaísmo de sua época, os evangelhos determinam a existência de um período intermediário entre a morte e a ressurreição de *Jesus* e sua segunda vinda, ou *parusia*, como juiz universal e salvador dos seus (Mt 24-25). Essa concepção retrocede ao próprio Jesus nos escritos do Novo Testamento.

Também semelhante ao judaísmo do Segundo Templo, nos evangelhos se encontra a crença em um período precedente ao triunfo final do Messias — a parusia — que se caracterizará por uma degeneração progressiva das condições mundiais (Mt 24-25; Mc 13; Lc 21; 2Ts 2,1ss.; 2Pd 3; Ap etc.). Após a derrota do mal, acontecerá a ressurreição de todos os mortos para receberem seu destino definitivo, conforme tenham ou não aceitado Jesus como Senhor e Salvador (Jo 5,24-29; Mt 25 etc.).

Entretanto, para os evangelhos a escatologia não está totalmente projetada para o futuro. Jesus já venceu *Satanás* e seus *demônios* na cruz e, com isso — e com seu ministério anterior —, deu início ao Reino de Deus (Lc 11,20-23), que terá sua consumação gloriosa no fim dos tempos (Mt 13 e par.).

Embora os ensinamentos escatológicos de Jesus estejam refletidos de maneira bem concreta nos "apocalipses sinóticos" (Mt 24-25; Mc 13; Lc 21), é certo também que os elementos escatológicos são muito comuns em suas *parábolas* (Mt 13,37-43; Lc 20,9-18 etc.) e em outras formas de ensinamento (Mt 7,21-23; Lc 20,34-38 etc.).

J. Grau, *o. c.;* C. Vidal Manzanares, *El judeo-cristianismo*...; Idem, *El Primer Evangelio*...; W. Barclay, *o. c.;* G. Eldon Ladd, *o. c.;* Idem, *El Evangelio del Reino*, 1985; C. Rowland, *o. c.;* A. Toynbee, *o. c.;* J. Jeremias, *Teología*...v. I; M. Gourgues, *o. c.*

Escravo

Aquele que é propriedade de outro. Em sentido figurado nos evangelhos, aplica-se a quem se submete a Deus ou a outro soberano (Mt 18,23; 22,3; 25,14; Lc 1,38; 2,29). Contudo, do emprego do termo se pode depreender, pelo menos indiretamente, como era a situação dos escravos na sociedade judaica da época (Mt 8,9; 18,27.34; 24,45; 25,30; Lc 17,7-10; Jo 15,15).

Escribas

Com essa palavra designou-se, inicialmente, o trabalho relacionado com a capacidade de ler ou escrever. Devido ao grau de analfabetismo da sociedade antiga, não é de estranhar que constituíram um grupo específico, embora não se possa afirmar que, pelo menos no começo, tivessem uma visão tão delimitada como a dos *fariseus* ou dos *saduceus*. Sua estratificação era bastante variada, vindo desde os altos funcionários até aos escribas de aldeias. Evidentemente havia escribas na maioria dos diferentes grupos religiosos judeus. Os intérpretes da Lei entre os fariseus com certeza foram escribas; os *essênios* contaram com escribas, e o mesmo se pode dizer em relação ao serviço do *Templo* ou da corte. Nas fontes judaicas, os escribas aparecem geralmente relacionados à Torá. Assim, no livro que leva seu nome, Esdras é apontado exatamente como escriba (Esd 7,6). Na literatura rabínica, aparecem ainda como copistas ou como especialistas em questões legais. Flávio Josefo fala-nos tanto de um corpo de escribas do Templo, praticamernte equivalente a um funcionário (*Ant*. 11,5,1; 12,3,3), como de um escriba que pertencia à alta classe (*Guerra* 5,13,1).

O retrato contido nos evangelhos é coerente com essas fontes e reflete a mesma diversidade. Algumas vezes, os escribas estão ligados ao serviço do Templo (como nos informa Josefo); em outras, aparecem como intérpretes da Lei (como nas fontes rabínicas). Nem Jesus nem os *apóstolos* parecem ter recebido formação como escribas (Jo 7,15; At 4,13). Em geral, Jesus opôs-se aos escribas pelo seu desejo de honrarias e por praticarem uma exegese que abandonava o mais importante da *Lei* de Deus para perder-se em discussões legalistas (Mt 23,1-22.29-36; Lc 11,45-

52; 20,46ss.). No geral, pelo menos conhecemos um caso em que a opinião de um escriba coincidiu com a de Jesus: em relação aos mandamentos que eram os mais importantes (Mc 12,28-34). Algumas passagens parecem indicar ainda a presença de algum escriba entre os *discípulos (Mt 13,52; 23,34).

A. J. Saldarini, *Pharisees, Scribes and Sadduccees in Palestinian Society*: A. Sociological Approach, Wilmington 1988; C. Vidal Manzanares, *El Primer Evangelio*...; Idem, *Los esenios*...; P. Lenhardt e M. Collin, *La Torá oral de los fariseos,* Estella 1991.

Escritura

Nos evangelhos, com essa expressão faz-se referência tanto a algumas passagens do Antigo Testamento, segundo o *cânon judaico (Mt 21,42; 22,29; Mc 12,10; Lc 4,21; Jo 2,22), como ao Antigo Testamento em sua totalidade (Mt 26,54; Lc 24,32.45; Jo 5,39). A mesma expressão alude também às profecias relacionadas com o *messias e cumpridas em Jesus (Lc 16,16; 24,25ss.). É este que proporciona o cumprimento e interpretação profundos da Escritura (Mt 5,18; Jo 10,35).

Escutar

Esse verbo está relacionado com a pregação de Jesus e a obediência a ela (Mt 11,4; 13,16ss.; 17,5; Lc 2,20), pondo em prática o seu conteúdo (Mt 7,24.26; Lc 11,28; Jo 10,16.27; 12,47). Escutar e compreender não é apenas um processo mental, mas aceitar Jesus e sua mensagem (Mt 11,15; 13,15.19.23; Mc 4,16; Jo 5,37; 6,45; 8,43.47).

Esmola

Oferta aos carentes de bens econômicos, como obra de misericórdia e sinal do amor de Deus. Jesus elogiou a prática da esmola (Mc 12,41-44), assumiu-a pessoalmente (Jo 13,29) e considerou-a obrigatória para seus **discípulos* (Lc 11,41; 12,33), até mesmo quando fosse além das aparentes possibilidades econômicas (Lc 21,2ss.). Criticou também severamente a ostentação que a acompanhasse (Mt 6,1ss.).

J. Driver, *o. c.*; *ERE*, III, pp. 380-391; C. Vidal Manzanares, *El Primer Evangelio...*

Espírito

Ver **Alma*.

Espírito Santo

Em diversas ocasiões, o Antigo Testamento refere-se ao Espírito de Deus ou Espírito Santo (esse termo só aparece três vezes: Sl 51,11; Is 63,10.11). Dele se afirma que participou da criação (Gn 1,2; Sl 139,7) e impulsionou pessoas que Deus designou para alguma missão concreta (Jz 14,6). Não pode ser identificado com uma força ou energia impessoal, já que suas ações denotam uma inteligência e uma vontade pessoais. Assim, é fonte de vida (Gn 6,3; Jó 32,8; 33,4; 34,14; Sl 104,30); produz efeitos sobrenaturais (1Rs 18,12; 2Rs 2,16); mora com o povo de Deus (Is 63,11; Ag 2,5); proporciona força (Jz 3,10; 14,6.19; 1Sm 11,6; 16,13; 1Cr 12,18), habilidade (Êx 31,3) e sabedoria (Nm 27,18); instrui o povo de Deus (Ne 9,20); inspirou os profetas (Nm 24,2; 1Sm 10,6; Mq 3,8; Zc 7,12) e se magoa diante da incredulidade (Is 63,10). Em termos gerais, pode-se dizer que o Espírito Santo é identificado com o próprio Deus.

Esse mesmo enfoque é o que aparece nos evangelhos, onde o Espírito Santo se nos apresenta como um ser pessoal que ensina e recorda (Jo 14,26); dá testemunho (Jo 15,26); conduz à verdade (Jo 16,13); glorifica (Jo 16,14); revela (Lc 2,26) etc. Precisamente por seu caráter divino, não se pode blasfemar contra ele (Mc 3,29) e tem um nome comum com o Pai e com o Filho (Mt 28,19-20). Historicamente, a origem da crença na

Trindade surgiu da visão de Jesus como encarnação de *Deus*; mas é interessante aprofundar a influência que, na origem dessa doutrina, pode ter a consideração do Espírito Santo como o próprio Deus.

Dentro dessas diretrizes já presentes nos evangelhos, os primeiros cristãos consideraram o Espírito Santo como um ser pessoal. Afirmaram que ele dirige a evangelização (At 16,6); conduz (Rm 7,14); intercede (Rm 8,26-27); conduz a comunidade cristã (At 13,4; 15,28; 20,28); impulsiona a profecia (At 11,27-28; 21-11); ordena (At 11,12; 13,2); dá carismas ou dons (1Cor 12,7-11); expressa-se com frases coerentes (At 8,29); pode-se resistir a ele (At 7,51) etc. Também é identificado com Deus (At 5,3-4; 28,25-26 com Is 6,8-9; Hb 3,7-11; 2Cor 3,17), incluindo-se em fórmulas trinitárias (2Cor 13,14; 1Cor 12,1-7).

F. F. Bruce, *Acts...;* C. Vidal Manzanares, *El judeo-cristianismo...*; L. Morris, *The First...;* E. Blaiklock, *o. c.*

Espíritos

Ver **Alma, *Anjos, *Demônios, *Espiritismo*.

Esposo

No Antigo Testamento, um dos nomes com o qual se designava Deus (Is 54,4-8; 62,5; Os 1-3; Jr 2; Ez 16). Nos evangelhos, essa imagem é transferida para Jesus (Mt 9,15; Mc 2,19; Lc 5,34; 25,6; Jo 3,29).

Essênios

Seita judaica do período do Segundo Templo. É discutível a origem do nome. Para alguns, a forma grega de *"jasya"* (piedoso, santo); para outros, relacionado com *"'asya"* (curador), o que os identificaria com os *"Zerapeute"* (curadores), uma comunidade de vida isolada à qual se refere Fílon (*De vida contemplativa*, 2ss.) como "adoradores" de Deus.

As referências que temos dos essênios vêm de uma pluralidade de fontes. *Plínio* no-los apresenta em sua *História Natural* 5,73 (escrita entre 73 e 79 d.C.), ao fazer referência ao Mar Morto. Deles nos conta que renunciaram a toda vida sexual, ao dinheiro e à companhia. *Fílon de Alexandria* deixou-nos dois relatos sobre os essênios. Um deles, o mais extenso, encontra-se em sua obra *Todo homem bom é livre;* o outro, menor, faz parte de sua apologia em favor dos judeus denominada *Hypothetica*. No primeiro, Fílon calcula em uns quatro mil o número dos essênios e os descreve habitando em aldeias onde obtinham o sustento com a agricultura e dedicavam grande parte de seu tempo a questões religiosas, como a interpretação das Escrituras. Sua propriedade era comunitária. Abstinham-se dos sacrifícios de animais, de fazer juramentos, de prestar serviço militar e da atividade comercial. Não possuíam escravos, cuidavam daqueles que não podiam trabalhar por causa da idade ou doença e cultivavam todas as virtudes. No relato menor, Fílon afirma que só admitiam adultos em sua comunidade e eram adeptos do celibato, já que consideravam esposas e filhos uma distração.

Josefo refere-se aos essênios em *Guerra* 2,119ss.; *Ant.* 18,18ss. e Ant. 13,171ss. Seu relato centraliza-se em testemunhos que, em parte, seriam de primeira mão, já que em sua *Vida* 10ss. fala-nos que conhecera os essênios quando era jovem. É possível que nas cidades vivessem em alguma espécie de fraternidade. Acreditavam na predestinação e na imortalidade da *alma. Apresentavam seus sacrifícios no *Templo* de *Jerusalém,* conforme o ritual próprio. Dedicavam-se à agricultura e tinham todas as coisas em comum. Não se casavam (embora existisse um grupo que permitia o matrimônio) nem tinham escravos e contavam com administradores que se ocupavam em controlar os produtos do campo, assim como com sacerdotes que supervisionavam a preparação do pão e de outros alimentos. Quem desejasse ingressar no grupo devia passar por um período de prova de três anos. No final do primeiro ano, admitia-se o noviço para a purificação ritual com água, mas só no final do terceiro poderia tomar parte da refeição comunitária, após pronunciar uma série de juramentos. A pena por infringir as normas do grupo era a excomunhão, que implicava, na realidade, condenar o culpado a morrer de fome, pois não podia comer alimentos não supervisionados nem recebê-los de seus antigos companheiros.

Josefo também nos relata em que constituía a atividade diária dessa seita. Não usavam azeite por considerá-lo impuro; evitavam os juramentos (exceto os pronunciados em sua iniciação) e tinham fama de interpretar os profetas, fazer acertadas predições e conhecer as propriedades medicinais de vários produtos.

Hipólito também se refere aos essênios no nono livro de sua obra *Refutação de todas as heresias,* escrita nos primeiros anos do séc. III. Esse autor coincide com Josefo em bom número de dados, mas parece ter contado com uma fonte independente de informação, que lhe permite corrigir e complementar o autor judeu. Segundo Hipólito, os essênios se dividiram, no decorrer de sua história, em quatro partidos diferentes, um dos quais era o dos zelotes ou sicários. Afirma também que os essênios acreditavam na ressurreição e na imortalidade da alma (Josefo não nos transmitiu a primeira informação).

A existência dos essênios como grupo não pode ser situada, com absoluta certeza, muito antes dos meados do séc. II a.C. Acerca deles não há referências muito seguras no Novo Testamento e parece que não tiveram contato com Jesus. Desta maneira, como aconteceu com os fariseus, as relações não foram cordiais, dada a enorme diferença de perspectivas existentes entre ambos. Tem-se discutido bastante acerca de uma possível identificação dos essênios com a comunidade de Qumrán. Hoje em dia, dificilmente se nega essa tese. O grupo de Qumrán — possivelmente uma cisão dos essênios — estava organizado sob uma hierarquia muito rígida, na qual havia sacerdotes, levitas, anciãos e simples monges. Embora se reunissem em assembléias comunitárias ou sessões dos *Ha-rabbim* (os muitos), o certo é que o governo efetivo era formado por três sacerdotes e doze leigos. Havia também o cargo de *mebaqqerim* (inspetor) para controlar diversas áreas da comunidade e, acima dos vários *mebaqquerim*, encontrava-se a figura do *paqid* (inspetor chefe). A comunidade tinha um sistema de sacrifício totalmente diferente do Templo, o que os distinguia dos outros essênios e esperava-se uma consumação dos tempos, quando os "Filhos da Luz" (os membros da seita) venceriam os "Filhos das Trevas", instaurando-se depois um sacerdócio diferenciado. Prescindindo da característica exclusivista própria da seita, suas crenças coincidiam, em boa parte, com a teologia dos fariseus. Também eles acreditavam na imortalidade da alma e na ressurreição, na existência de anjos e de demônios, no inferno, em uma confrontação escatológica final e na vinda do messias.

J. A. Fitzmyer, *The Dead Sea Scrolls: Major Publications and Tools for Study*, Missoula 1977; G. Vermes, *The Dead Sea Scrolls*, Filadélfia 1981; P. R. Davies, *Qumran*, Guildford 1982; M. Delcor - F. García Martínez, *Literatura esenia de Qumran*, Madri 1982; P. R. Callaway, *The History of the Qumran Community*, Sheffield 1988; F. García Martínez e Trebolle, *Los hombres de Qumrán*, Madri 1994; C. Vidal Manzanares, "El origen de la secta del Mar Muerto a la luz de 4QMMT" em *ETF*, II-3, 1990, pp. 233-250; Idem, *Los esenios y los rollos del Mar Muerto*, Barcelona 1993; Idem, *Los documentos del Mar Muerto*, Madri 1993.

Estádio

Medida grega de comprimento utilizada para medir distâncias terrestres (Lc 24,13; Jo 11,18) e marítimas (Mt 14,24; Jo 6,19). Em relação ao comprimento do côvado e do pé, essa medida apresenta variações: o estádio olímpico mede 196,67 m, o de Alexandria 184,8375 m e o de Delfos, 175,55 m. Usava-se geralmente o alexandrino, arredondado para 185 m.

Estatere

Moeda grega de prata (8,60 g), equivalente a 4 *dracmas* (tetradracma) e, em sentido aproximado, equivalente ao salário de quatro dias de trabalho.

Esterilidade

Nos evangelhos, esse fenômeno é mencionado tanto em sentido real como figurado. No primeiro (Lc 1,7.36; 23,29), constitui motivo de vergonha e tristeza. No segundo, equivale ao *endurecimento de coração* daqueles que não escutam a Palavra de Deus e que por isso sofrerão *juízo* (Mt 3,10; 7,16-20; 13,22; 21,19; Lc 13,6-9).

Eternidade

Ver *Escatologia*.

Etnarca

Literalmente, soberano do povo. Título dado a alguns membros da casa dos Asmoneus e de *Herodes,* o Grande. Durante o período helenístico, conferiu-se esse título ao chefe da comunidade judaica de Alexandria.

Eucaristia

Literalmente, ação de graças. Recordação da Última *Ceia* que Jesus compartilhou com seus discípulos. É indiscutível que essa ceia foi uma ceia pascal não somente pelas próprias palavras de Jesus (Lc 22,15; Mt 26,17; Mc 14,12), mas também pela descrição que evidencia um *seder* pascal. No início da ceia, há referências a uma ação de graças: parte-se o pão como todo judeu pai de família fazia na ceia pascal; passa-se o cálice judeu das bênçãos (1Cor 10,16; 11,25) etc. As únicas diferenças — importantíssimas por outro lado! — consistem no fato de Jesus associar o

Pães e peixes. Mosaico da Palestina, séc. V

*pão que passa com seu corpo, que será entregue em expiação dos pecados na *cruz (Lc 22,19), realizando assim a * *Nova Aliança* anunciada por Jr 31,27ss.; e em estabelecer que a ceia se efetue em sua "memória" (Lc 22,19) até que ele regresse a seu Reino (Lc 19,16-18; 1Cor 11,25-26). As fontes nos afirmam que, efetivamente, os primeiros cristãos continuaram celebrando esse ritual — denominando-o fração do pão e ceia do Senhor — geralmente no *domingo (At 20,7) e unido a uma refeição fraterna (1Cor 11,17ss.).

L. Morris, *The First*...; F. F. Bruce, *Paul*...; L. Deiss, *La Cena*...; C. Vidal Manzanares, *El judeo-cristianismo*...; E. F. "Teológica Toulouse", *La Eucaristía en la Biblia*, Estella [6]1994.

Eunuco

Termo grego com o qual se designavam os homens castrados. De acordo com a *Lei de Moisés, era proibida a castração de homens e animais e tampouco os eunucos podiam fazer parte do povo de Israel. Is 56,3-5 admite a possibilidade de eles participarem da comunidade da Aliança como demonstração do amor de Deus. Em Mt 19,12, Jesus aplica essa imagem aos que estão dispostos a renunciar até mesmo ao *matrimônio para se entregarem totalmente ao *Reino de Deus.

"Eu Sou"

Jesus em várias ocasiões empregou esse título (em grego *"Ego eimi"*) para referir-se a si próprio. Passagens como Jo 8,24; 8,58 etc. permitem ver que assim se fazia eco evidente de Êx 3,14, em que YHVH se apresenta com esse mesmo nome. A Septuaginta mostra abundantes exemplos de *"Ego eimi"* com predicados (Gn 28,13; Êx 15,26; Sl 35,3 etc.), sendo seu conteúdo o de auto-revelação de YHVH (Is 45,18; Os 13,4). Nesse sentido, naturalmente, a passagem mais importante é a de Êx 3,14, que a LXX traduziu como *"Ego eimi ho on"*, do qual outros parecem derivar: Dt 32,39; Is 43,25; 51,12; 52,6 etc. O emprego da fórmula "Ego eimi" como nome de YHVH pode ser encontrado também em 1Henoc 108,12, Jubileus 24,22 e mesmo em Fílon, ao comentar Êx 3,14. Partindo desse contexto, pouca dúvida pode haver quanto à auto-aplicação que Jesus fez do título: implicava a afirmação de sua divindade e *preexistência.

A. del Agua, *El método midrásico...*; H. Zimmermann, "Das absolute Ich bin in der Redenweise Jesu" em *Trierer Theologische Zeitschrift*, 69, 1960, pp. 1-20; Idem, "Das absolute ego eimi als die neutestamentliche Offenbarungsformel" em *Biblische Zeitschrift*, 4, 1960, pp. 54-69 e 266-276 (defende o uso histórico do título por Jesus e sua correlacão com a autodesignação divina de Êx 3,14); E. Stauffer, *Jesus and His Story*, Londres 1960, pp. 149-159 (sustenta que "Eu sou" é a "afirmação mais clara de Jesus sobre si mesmo"); C. Vidal Manzanares, *El judeo-cristianismo...*

Evangelhos

A palavra evangelho procede do grego *"euanguelion"*, que significa "boa notícia". A princípio, o termo referia-se à mensagem pregada por Jesus (Mc 1,1). O evangelho deve ser anunciado por todo o mundo, e a *salvação depende da aceitação ou recusa a ele (Mc 16,15). De fato, o cumprimento dessa missão constitui um dos sinais de que a *parusia está próxima (Mt 24,14). Mais tarde, a palavra evangelho passou a designar os escritos que relatavam a vida e a obra de Jesus. O Novo Testamento compreende quatro evangelhos denominados canônicos: *Mateus, *Marcos, *Lucas (também conhecidos como evangelhos sinóticos) e *João. É bem possível que, antes da sua redação, existissem compilações de ditos e de relatos dos milagres, morte e ressurreição de Jesus. Discute-se a datação exata deles, mas se pode assegurar que o de Marcos foi escrito antes de 70 d.C., possivelmente na década de 60 do séc. I d.C., embora haja razões para situá-lo na de 50 e até na de 40. A redação de João e com certeza a de Lucas — já que Atos, que o antecede, foi escrito antes de 63 d.C. — possivelmente poderiam situar-se também antes de 70 d.C. E mesmo Mateus foi escrito antes de 70 d.C. Em seu conjunto, boa parte da informação que os evangelhos apresentam contrastam facilmente com outras fontes históricas e fidedignas. As descrições de personagens históricas (*Pilatos, *Anás, *Herodes etc.) correspondem ao que já conhecemos de outras fontes e o mesmo pode dizer-se das descrições relativas ao ambiente social, político e religioso em que decorre sua ação.

Além desses evangelhos, existiram outros denominados apócrifos, porque foram excluídos do cânon tanto por seu caráter lendário (Evangelho de Nicodemos, de Tiago etc.), como porque veiculavam idéias heréticas, como foi o caso dos evangelhos gnósticos (Evangelho de Tomé, de Maria etc.)

O *Talmude recolheu fontes judias que nos informam da hostilidade que os rabinos manifestaram contra os evangelhos, aos quais zombeteiramente denominaram 'aven guilyon (páginas de engano) ou avon guilyon (páginas de pecado) — (Sb 116a). Em alguns textos talmúdicos, encontramos ataques a determinadas passagens dos evangelhos. Assim, Sb 116; Mt 5,13 e Bejorot 8b questionam Tosefta Jullin 2,20-21, que chega a acusar os livros cristãos de serem como livros de bruxaria. Contudo, as referências talmúdicas confirmam os dados evangélicos relativos às causas da morte de Jesus, à forma de sua execução, seus ensinamentos, a visão que tinha de si mesmo e a realização de ações milagrosas atribuídas a Jesus por ser um feiticeiro (TJ, II, 22-23; TB, Av. Zar 27b; TJ Shab, 14; TJ Av. Zar, 2.2 etc.). Durante este século, alguns autores judeus têm valorizado mais os evangelhos tanto a partir de uma perspectiva histórica como espiritual. Assim escreveu David Flusser: "Os discípulos de Jesus que relataram as ações e as palavras do mestre... só podiam aspirar à máxima veracidade e exatidão, pois para eles se tratava da fidelidade a um imperativo religioso e não lhes era lícito afastar-se do que realmente acontecera; deveriam transmitir, com a maior exatidão, as palavras do mestre... porque não se ater fielmente aos fatos colocaria em risco sua salvação eterna. Não lhes era lícito mentir" (*o. c.*, p. 148).

D. Flusser, *o. c.*; F. F. Bruce, *¿Son fidedignos los documentos del Nuevo Testamento?*, Miami 1972; Idem *The canon...*; J. Klausner, *o. c.*; J. A. T. Robinson, *Redating...*; C. Vidal Manzanares, *El Primer Evangelio...*; J. Wenham, *Redating Mathew, Mark and Luke*, Londres 1991; P. Grelot, *Los Evangelios*, Estella [4]1993; L. Poittevin e E. Charpentier, *o. c.*; A. George, *o. c.*; J. Delorme, *El Evangelio según Marcos*, Estella [13]1995; A. Juabert, *El Evangelio según san Juan*, Estella [11]1994; E. "Cahiers Evangile", *Jesús,* Estella [4]1993.

Evangelhos apócrifos

Ver *Evangelhos*.

Evangelhos gnósticos

Conjunto de escritos influenciados por diversas heresias gnósticas, cujo intuito era apresentar o ensinamento e a vida de Jesus. Em Nag-Hammadi, Egito, foram descobertos os evangelhos gnósticos de Tomé, de Filipe, de Maria, da Verdade e dos Egípcios.

C. Vidal Manzanares, *Los Evangelios gnósticos...*; Idem, *En los orígenes de la Nueva Era...*; Idem, *Diccionario de Patrística...*

Excomunhão

Exclusão da comunidade de discípulos como conseqüência de alguma conduta imprópria. Jesus considerou essa medida como última fase da correção fraterna (Mt 18,17).

Exorcismo

Ritual destinado a expulsar do corpo de uma pessoa o demônio ou *demônios que a possuem. Não se pode dizer que a Bíblia contenha relatos de exorcismos, já que em nenhum caso se descreve qualquer ritual a respeito disso. O Novo Testamento afirma que Jesus expulsava demônios, não por meio de qualquer cerimônia, mas simplesmente por uma ordem advinda de sua própria autoridade (Mt 8,16; Mc 1,27). Seus discípulos estão investidos dessa mesma autoridade (Mt 10,1 e par.) e tampouco usaram qualquer cerimonial específico, mas se limitavam a ordenar que os demônios abandonassem as pessoas em nome de Jesus (Lc 10,17-20; At 16,16ss. etc.). De acordo com o ensinamento de Jesus, se o antigo possesso não conduzisse depois sua vida na aceitação de Jesus e sua mensagem, os evangelhos advertem que a pessoa seria submetida a um ataque demoníaco ainda pior (Lc 11,24-26).

L. S. Chafer, *o. c.*; C. Vidal Manzanares, *El Primer Evangelio*...; Idem, *El judeo-cristianismo*...; M. I. Bubeck, *o. c.*

Expiação

Reconciliação efetuada entre Deus e os homens, fundamentada na morte de um ser inocente e perfeito, sobre o qual recaía o castigo da falta no lugar do transgressor. Com base nisso, realizavam-se sacrifícios em Yom Kippur (Lv 16,23.26-32; Nm 29,7-11) pelos pecados do povo. O Antigo Testamento ressalta que o *messias, conhecido como *servo de YHVH, carregaria sobre si os pecados de todo o povo (Is 53,6) e morreria por eles (Is 53,5-10). Essas idéias foram abolidas do judaísmo posterior ao segundo jurban, em parte porque era impossível continuar com o sistema de sacrifícios expiatórios do Templo, em parte porque se ligavam aos conceitos dos cristãos. Segundo as fontes, Jesus reconheceu a si mesmo como servo messiânico de Is 53 e referiu-se à sua morte como expiação pelos pecados da humanidade (Mc 10,45), tal como manifestou na Última Ceia aos discípulos (Ver *Eucaristia*). Sem dúvida, seus *discípulos* interpretaram a morte de Jesus como a expiação oferecida por alguém perfeito e inocente pelos pecados do mundo (Hb 9,1-12.24-28). Esperavam que aquela morte cessaria, mais cedo ou mais tarde, o sistema de sacrifícios do *templo* de Jerusalém (Hb 8,13) e o fato de assim ter sido confirmou a fé que tinham na veracidade de sua interpretação. Da expiação se deduzia que ninguém podia salvar-se pelas próprias obras — e se assim fosse Cristo não teria de morrer (Gl 2,21) — e que o único caminho de salvação era aceitar pela fé o *sacrifício* expiatório de Cristo na *cruz* (Rm 3,19-31).

K. Barth, *o. c.*; C. Vidal Manzanares, *El judeo-cristianismo*...; Idem, *El Primer Evangelio*...; L. Morris, *The Cross in the New Testament*, Exeter 1979; J. Denney, *The Death of Christ*, Londres 1970; H. Cousin, *Los textos evangélicos de la Pasión,* Estella [2]1987.

Família

No judaísmo, a preocupação com a família revestia-se de relevante importância. Honrar pai e mãe é um dos *Dez* mandamentos e constitui até mesmo o primeiro que apresenta junto uma promessa de bênção divina (Êx 20,12; Dt 5,16). Esse mandamento implicava a obrigação de sustentar economicamente os pais quando necessitassem. Considerava-se gravíssima ofensa injuriar os pais (Lv 20,9). O *matrimônio* era considerado o estado ideal do ser humano. A *esterilidade* era vista como uma grande desgraça (1Sm 1,5ss.), enquanto a fecundidade era considerada uma bênção (Sl 127,3; 128,3). Os primogênitos deviam ser consagrados a Deus (Êx 13,1ss.) e todos os filhos tinham de submeter-se aos pais e obedecer-lhes (Pr 13,1), sendo que o filho rebelde poderia ser até mesmo executado (Dt 21,18ss.), o que se julgava uma terrível desventura (Pr 17,25). Os pais tinham a obrigação de instruir seus filhos espiritualmente (Dt 4,9ss.; 6,7ss.) e educá-los, aplicando, se preciso fosse, um castigo corporal moderado (Pr 19,18; 29,17). Deviam também se mostrar compassivos com os filhos (Sl 103,13). Os irmãos deviam ajudar-se mutuamente, principalmente em meio às dificuldades (Pr 17,17; 18,19) e, em caso de um irmão falecer sem deixar descendência, a instituição do *levirato* (Dt 25,5ss.) era aplicada. O judaísmo rabínico jamais chegou a aplicar a norma contida em Dt 21,18ss. e até expressou suas dúvidas quanto à existência de algum filho que merecesse esse castigo. Mas, em termos gerais, foi fiel às normas apresentadas pelo Antigo Testamento, embora se saiba de alguns recursos jurídicos — o *corban*, por exemplo — para esquivar-se da obrigação de sustentar economicamente os pais.

Jesus manifestou uma visão da vida familiar que é, em boa parte, herdeira do pensamento judeu. As exceções mais enfatizadas foram sua negação da poligamia — que, por outro lado, já era muito excepcional na época — e sua oposição ao *divórcio*. De acordo com o pensamento do Antigo Testamento, Jesus expressou sua contrariedade diante do mecanismo jurídico do *corban*, que permitia aos filhos eximirem-se de ajudar os pais, se os bens tivessem sido consagrados a Deus (Mt 15,1ss. e par.). Contudo, relativizou consideravelmente os vínculos familiares ao antepor a relação com ele a qualquer outra (Mt 8,21; 10,37 e par.). Parece ter tido uma clara atitude de distanciamento de sua mãe e de seus irmãos, a ponto de considerar como tais somente aqueles que escutavam a Palavra de Deus e obedeciam a ela (Lc 8,19-21 e par.; Jo 2,1-4). Jesus previu que aqueles que o seguissem enfrentariam problemas causados por seus familiares (Mc 13,12ss.). É possível que o círculo íntimo de seus seguidores igualmente tenha deixado seus familiares mais próximos para seguir Jesus (Mc 10,28ss.), embora esse fato não seja totalmente seguro. Também parece que adveio do ensinamento de Jesus o costume de os primeiros cristãos tratarem-se entre si por irmãos (Mt 23,8), simbolizando uma nova relação familiar — de sentido espiritual — na qual se recebe como Pai o próprio Deus, quando se aceita seu Filho Jesus (Jo 1,12). Nem todos os seres humanos serão, porém, filhos de Deus, mas somente aqueles que receberam o Cristo como seu Salvador e Senhor.

P. Bonnard, *o. c.*; K. Barth, *o. c.*; C. Vidal Manzanares, *El judeo-cristianismo*...; Idem, *Diccionario de las tres*...; Y. Kaufmann, *o. c.*; H. W. Wolf, *Antropología del Antiguo Testamento*, Salamanca 1975.

Fariseus

Uma das principais seitas no judaísmo do Segundo Templo. Os dados de que dispomos acerca dos fariseus chegaram-nos, principalmente, a partir dos documentos de *Qumrán, de Josefo, do Novo Testamento e dos escritos rabínicos. Os escritos de Qumrán evidenciam clara animosidade contra os fariseus, a quem qualificam de "falsos mestres", "que caminham cegamente para a ruína" e "cujas obras não são mais do que engano" (*Livro dos Hinos* 4,6-8), o que recorda bastante a acusação de Jesus de serem "cegos e guias de cegos" (Mt 23,24). Quanto à acusação de Jesus de não entrarem nem deixarem entrar no conhecimento de Deus (Lc 11,52), é menos dura do que a de Pesher de Nahum 2,7-10, que deles diz: "cerram a fonte do verdadeiro conhecimento aos que têm sede e lhes dão vinagre para aplacar sua sede".

Ponto de vista diferente é o de Flávio Josefo. Este se encontrava ligado aos fariseus e tinha mesmo um especial interesse em que os ocupantes romanos os aceitassem como coluna vertebral do povo judeu após a destruição do Templo em 70 d.C. Não nos estranha, portanto, que o retrato que nos apresenta seja muito favorável (*Guerra* 2,8,14; *Ant.* 13,5,9; *Ant.* 18,1,3). Contudo, as referências aos fariseus contidas nas obras de Josefo são contraditórias entre si em alguns aspectos. Assim, a descrição das *Antigüidades* (escrituras c. 94 d.C.) contém um matiz político e apologético que não aparece na *Guerra* (c. 75 d.C.). Em *Ant.* 18,1,2-3, Josefo apresenta-os dotados de grande poder (algo bem tentador, evidentemente, para o invasor romano), embora seja mais do que duvidoso que sua popularidade entre o povo fosse tão grande. O relato da influência dos fariseus sobre a rainha Alexandra (*Ant.* 13,5,5) ou sobre o rei Herodes (*Ant.* 17,2,4) parece ter sido concebido apenas para mostrar o benefício de ter os fariseus como aliados políticos para um governante que desejasse controlar a Judéia. Nesta mesma obra, Josefo retrocede a influência dos fariseus ao reinado de João Hircano (134-104 a.C.). Na autobiografia de Josefo, intitulada *Vida*, escrita em torno de 100 d.C., encontra-se a mesma apresentação dos fariseus, mas com algumas referências muito importantes sobre eles. Assim, sabemos que acreditavam na liberdade humana; na imortalidade da *alma*; em um castigo e uma recompensa eternos; na *ressurreição*; na obrigação de obedecer à sua tradição interpretativa. Sustentavam, além disso, a crença comum no Deus único e em sua *Lei*; a aceitação do sistema de sacrifícios sagrados do *Templo* (que já não era comum a todas as seitas) e a crença na vinda do *messias* (que tampouco era sustentada por todos). Estavam dispostos, além do mais, a obter influência política na vida de Israel.

O Novo Testamento oferece uma descrição dos fariseus diferente da apresentada por Josefo e nada favorável a eles. Especialmente o evangelho de *Mateus* apresenta uma forte animosidade contra eles. Se realmente seu autor foi o antigo publicano chamado Levi ou Mateus, ou se foram utilizadas tradições recolhidas por ele mesmo, explica-se essa oposição, recordando o desprezo que ele sofreu durante anos da parte daqueles "que se consideravam justos". Jesus reconheceu (Mt 23,2-3) que os fariseus ensinavam a Lei de Moisés e que era certo muito do que diziam. Mas também repudiou profundamente muito de sua interpretação específica da Lei de Moisés ou *Halaká*: a referente ao cumprimento do *sábado* (Mt 12,2; Mc 2,27), as abluções das mãos antes das refeições (Lc 11,37ss.), suas normas alimentares (Mc 7,1ss.) e, em geral, todas aquelas tradições interpretativas que se centralizavam no ritualismo, em detrimento do que Jesus considerava o essencial da lei divina (Mt 23,23-24). Para Jesus, era intolerável que tivessem "substituído os mandamentos de Deus por ensinamentos dos homens (Mt 15,9; Mc 7,7). Jesus via, portanto, a especial religiosidade farisaica não como uma ajuda para chegar a Deus, mas como uma barreira para conhecê-lo (Lc 18,9-14) e até como motivo de "uma condenação mais severa" (Mc 12,40). O retrato que os evangelhos oferecem dos fariseus é confirmado, em bom número de casos, por testemunhos das fontes rabínicas e é semelhante, em aspecto doutrinal, ao que encontramos em Josefo. Embora emitidos por perspectivas bastante diversas, os dados coincidem. E, em que pese tudo o que já foi mencionado, foi com os fariseus que Jesus e seus discípulos mais semelhanças apresentaram. Como eles, acreditavam na imortalidade da alma (Mt 10,28; Lc 16,21b-24), num *inferno* para castigo dos maus (Mt 18,8; 25,30; Mc 9,47-48; Lc 16,21b-24 etc.) e na ressurreição (Lc 20,27-40); e esta última circunstância, em certa ocasião, salvou um seguidor de Jesus dos ataques dos *saduceus* (At 23,1-11).

As tradições rabínicas a respeito dos fariseus se revestem de especial importância porque foram estes os predecessores dos rabinos. Acham-

se recolhidas na Misná (concluída por volta de 200 d.C., embora seus materiais sejam muito anteriores), na Tosefta (escrita cerca de 250 d.C.) e nos do Talmudim, o palestino (escrito entre 400-450 d.C.) e o babilônico (escrito entre 500-600 d.C.). Dada a considerável distância de tempo entre estes materiais e o período de tempo abordado, devem ser examinados criticamente. J. Neusner ressaltou a existência de 371 tradições distintas, contidas em 655 passagens, relacionadas com os fariseus anteriores a 70 d.C. Das 371, umas 280 estão relacionadas com um fariseu chamado Hillel (séc. I a.C.). A escola a ele vinculada, e oposta à de Shamai, converter-se-ia na corrente dominante do farisaísmo (e do judaísmo) nos finais do séc. I d.C.

As fontes rabínicas coincidem substancialmente com o Novo Testamento e com Josefo (não tanto com Qumrán), embora nos proporcionem mais dados quanto aos personagens-chave do movimento. Também nos transmitiram críticas dirigidas aos fariseus semelhantes às pronunciadas por Jesus. O Talmude (Sota 22b; TJ Berajot 14b) fala de sete classes de fariseus das quais somente duas eram boas, enquanto as outras cinco eram constituídas por hipócritas. Entre estes, estavam os fariseus que "colocavam os mandamentos nas costas" (TJ Bejarot 14b), o que recorda a acusação de Jesus de que amarravam cargas nas costas das pessoas, mas nem com um dedo eles queriam tocá-las (Mt 23,4). Das 655 passagens ou perícopes estudadas por Neusner, a maior parte refere-se a dízimos, ofertas e questões parecidas e, depois, a preceitos de pureza ritual. Os fariseus concluíram que a mesa das refeições era um altar e que as normas de pureza sacerdotal, somente obrigatórias aos sacerdotes, deviam estender-se a todo o povo. Para eles, essa medida era uma forma de estender a espiritualidade mais refinada a toda a população de Israel, fazendo-a viver em santidade diante de Deus; para Jesus, era acentuar a exterioridade, esquecendo o mais importante: a humildade, o reconhecimento dos pecados e a própria incapacidade de salvação, o *arrependimento, a aceitação de Jesus como caminho de salvação e a adoção de uma forma de vida em consonância com seus próprios ensinamentos. Não é estranho que, partindo de posturas tão antagônicas, apesar das importantes coincidências, elas se tornaram mais opostas e exacerbadas com o passar do tempo.

L. Finkelstein, *The Pharisees*, 2 vols., Filadélfia 1946; Schürer, *o. c.*; J. Neusner, *The Rabbinic Traditions About the Pharisees Before 70*, 3 vols., Leiden 1971; Idem, *Judaism in the Beginning of Christianity*, Londres 1984; Idem, *From Politics to Piety: The Emergence of Rabbinic Judaism*, Nova York 1979, p. 81; J. Bowker, *Jesus and the Pharisees*, Cambridge 1973; C. Vidal Manzanares, *El Primer Evangelio...*; Idem, *Los esenios...*; Idem, *Los Documentos del Mar Muerto...*; Idem, *El judeo-cristianismo...*; H. Maccoby, *Judaism in the first century*, Londres 1989; E. E. Urbach, *o. c.*; A. Saldarini, *o. c.*; P. Lenhardt e M. Collin, *La Torá oral de los fariseos*, Estella 1991; D. de la Maisonneuve, *Parábolas rabínicas*, Estella 1985.

Fé

O consentimento dado a uma crença unido a uma confiança nela. Não pode identificar-se, portanto, com a simples aceitação mental de algumas verdades reveladas. É um princípio ativo, no qual se harmonizam o entendimento e a vontade. É essa fé que levou Abraão a ser considerado justo diante de Deus (Gn 15,6) e que permite que o justo viva (Hab 2,4).

Para o ensinamento de Jesus — e posteriormente dos *apóstolos* —, o termo é de uma importância radical, porque em torno dele gira toda a sua visão da *salvação* humana: crer é receber a vida eterna e passar da morte para a vida (Jo 3,16; 5,24 etc.) porque crer é a "obra" que se deve realizar para salvar-se (Jo 6,28-29). De fato, aceitar Jesus com fé é converter-se em filho de Deus (Jo 1,12). A fé, precisamente por isso, vem a ser a resposta lógica à pregação de Jesus (Mt 18,6; Jo 14,1; Lc 11,28). É o meio para receber tanto a salvação como a *cura* milagrosa (Lc 5,20; 7,50; 8,48) e pode chegar a remover montanhas (Mt 17,20ss.).

A. Cole, *o. c.*; K. Barth, *o. c.*; F. F. Bruce, *La epístola...*, *El*, II, pp. 474ss.; Hughes, *o. c.*, pp. 204ss.; Wensinck, *Creed*, pp. 125 e 131ss.

Febre

No Antigo Testamento, a febre era considerada um dos castigos de Deus contra seu povo, quando este incorria em infidelidade (Lc 26,16). Ocasionalmente, a ela se atribui uma causa demoníaca (Lc 4,39; Mt 8,15; Mc 1,31), que obriga uma atuação de caráter sobrenatural (Jo 4,52). Os evangelhos citam várias *curas* de febre realizadas por Jesus.

Festas

O judaísmo atual faz uma divisão entre festas maiores — em sua maioria dotadas de antecedentes bíblicos — e menores. Sem dúvida, a situação era muito diferente na época de Jesus. Seis eram as festas celebradas de maneira especial. A primeira do ano era a de Purim (sortes), próxima ao nosso primeiro de março, em comemoração à libertação dos judeus das mãos de Amã, como narra o livro bíblico de Ester. A segunda era a *Páscoa, celebrada em 14 de nisã (próxima ao nosso início de abril), em memória da libertação dos israelitas da escravidão no Egito. Era tal sua importância que os romanos costumavam libertar um preso nessa data, conforme a vontade do povo. Depois da Páscoa e associada a ela, havia a Festa dos Pães Ázimos durante sete dias. Em terceiro lugar, celebrava-se *Pentecostes, cinqüenta dias após a Páscoa, por volta do final de maio. Nela se comemorava a entrega da *Lei a Moisés, assim como a colheita dos grãos dos quais eram oferecidos no *Templo dois dos chamados "pães de água". Vinha a seguir o Dia da *Expiação, que na realidade consistia mais num *jejum do que numa festa. Era o único dia em que o Sumo Sacerdote entrava no Santíssimo para oferecer incenso e aspergir o sangue dos sacrifícios. Após esses atos, soltava-se um bode no deserto para levar, simbolicamente, a culpa da nação e se atiravam fora da cidade os restos dos animais sacrificados em holocaustos. Durante o dia, jejuava-se e orava de maneira especialmente solene. Cinco dias depois, acontecia a festa dos Tabernáculos ou Tendas, nas proximidades do nosso primeiro de outubro. Com ela, comemorava-se a proteção de Deus sobre Israel enquanto vagou pelo deserto após a saída do Egito; servia também para dar graças a Deus pelas bênçãos recebidas durante o ano. No decorrer desta festividade, as pessoas viviam em cabanas improvisadas situadas a não mais do que uma jornada de *sábado de Jerusalém. Os dois atos religiosos principais consistiam no derramamento de uma libação de água, realizada por um sacerdote usando uma jarra de ouro com água da piscina de *Siloé, e na iluminação do Templo com quatro enormes lâmpadas situadas no pátio das mulheres. Finalmente, havia a Festa da Dedicação (aproximadamente em meados do nosso dezembro), que comemorava a restauração e dedicação do Templo realizada por Judas Macabeu. Durante essa festa era comum a leitura dos livros 1 e 2 dos Macabeus.

Se aceitarmos como históricas as tradições contidas no evangelho de João sobre as visitas de Jesus a Jerusalém (e existem fortes razões para adotarmos esse ponto de vista), podemos observar que Jesus costumava apresentar-se como uma alternativa em substituição às festividades judaicas. Não é de estranhar que, em seu processo, uma das acusações foi a de ameaçar destruir o Templo, que constituiu uma das acusações de seus inimigos, mas com uma ponta de verdade. Nem deveria surpreender-nos que o primeiro mártir cristão, Estêvão, foi apedrejado com a mesma acusação (At 7).

C. Vidal Manzanares, *El judeo-cristianismo*...; Idem, *El Primer Evangelio*...; Idem, *Diccionario de las tres religiones*...; Y. Newman, *o. c.*; C. Shepherd, *Jewish holy days,* 1988; J. Barylko, *Usos y costumbres del pueblo judío*, Buenos Aires 1991; Idem, *Celebraciones judaicas*, Buenos Aires 1990; C. Shepeherd, *Jewish Holy Days,* Nova Jersey 1988.

Fiel

No ensinamento de Jesus, aquele que se mantém firme na *fé (Mt 24,45; 25,21; Lc 12,42-46; 16,10-12). Sem essa perseverança, é impossível a *salvação (Mt 24,13).

Figueira

Árvore muito comum na Palestina. Jesus citou-a como símbolo de *Israel, especialmente para referir-se à incredulidade do povo (Mt 21,18ss.; Lc 13,6-9). Também usou esse símbolo para falar dos frutos que caracterizam os falsos profetas (Mt 7,16) ou os sinais que antecederão ao juízo de Deus (Mt 24,32). A referência em Jo 1,48-50 é obscura e talvez se relacione com um episódio concreto da vida de *Natanael.

Filactério

Termo derivado do grego para denominar *tefillim* ou par de caixinhas cúbicas de couro onde se guardavam quatro passagens da *Lei de *Moisés, de acordo com o que ordenava Dt 6,8. Um dos filactérios devia ser colocado no braço esquerdo — diante do coração — e o outro na fronte, durante o rito da oração matinal, exceto em dia de *sábado. Jesus criticou não a prática, mas o alarde que provinha do seu mau seguimento.

Filho de Davi

Título messiânico que fazia clara referência à relação da linhagem que deveria existir entre o *messias e o rei *Davi. As *genealogias de Jesus indicam que este descendia de Davi (Mt 1,1-17; Lc 3,23) e tudo faz pensar que, efetivamente, o dado é histórico, embora a descendência se tenha dado através de um ramo secundário da família. Em várias ocasiões de sua vida, Jesus foi aclamado como Filho de Davi e, portanto, messias (Mt 9,27; 12,23; 15,22; 20,30; 21,9.15 etc.), aceitando o título. Naturalmente, Jesus enfatizou muito mais sua filiação divina preexistente do que a ascendência davídica (Mt 22,41-46).

Filho de Deus

No Antigo Testamento, esse título aparece relacionado com três circunstâncias diferentes: denomina todo o povo de *Israel com esse qualificativo (Êx 4,22; Os 11,1 etc.); é empregado como título real (2Sm 7,14; Sl 2,7; Sl 89,26); e designa personagens de certa relevância como os *anjos (Jó 1,6; 2,1; 38,7 etc.). "Filho de Deus" pode ser também identificado como título messiânico em algumas passagens como o Sl 2 ou Is 9,5ss., nos quais o messias é descrito com características divinas.

As referências ao messias como "Filho de Deus" que se encontram no Henoc etíope (105,2) e no 4 Esd (7,28ss.; 13,32; 37,52; 14,9) são duvidosas, porque existe a possibilidade de que, no primeiro caso, encontremo-nos diante de uma interpretação cristã e, no segundo, que devamos interpretar "pais" não como "filho", mas como "servo". Baseando-se em razões desse tipo, autores como G. Dalman, W. Bousset e W. Michaelis negaram que o judaísmo empregasse o título "Filho de Deus" em relação ao messias. Essa posição — que desfrutou de certo destaque no passado — é inaceitável hoje em dia. Assim, em 4Q Florilegium, 2 Sm 7,14 é interpretado messianicamente o que, conforme ressaltou R. H. Fuller, indica que "Filho de Deus" era usado como título messiânico no judaísmo anterior a Jesus. Não se trata, igualmente, de um caso isolado. De fato, na literatura judaica o Sl 2, que faz explícita referência ao "Filho de Deus", é repetidamente aplicado ao messias. Assim, o versículo 1 refere-se ao messias em Abod. Zarah; no Midraxe sobre o Sl 92,11 e em Pirqué de R. Eliezer 28. O versículo 4 tem sentido messiânico no Talmude (Abod. Z) e o 6 refere-se ao messias no Midraxe sobre 1Sm 16,1, relacionando-o também com o canto do Servo de Is 53. Quanto ao v. 7, é citado no *Talmude junto a outras referências messiânicas em Suk 52a. O Midraxe sobre essa passagem é de extraordinária importância, já que nele se associam a pessoa do messias e os textos de Êx 4,22 (que, na sua redação original, evidentemente se refere ao povo de Israel), de Is 52,13 e 42,1 correspondentes aos cânticos do Servo; o Sl 110,1 e uma nota relacionada com "*Filho do homem, que vem com as nuvens do céu". Também se menciona uma *Nova Aliança a ser realizada por Deus. O v. 8 também é aplicado ao messias em Ber. R. 44 e no Midraxe. Em Suk 52a, menciona-se ainda a morte do messias, filho de José. Dos exemplos anteriores, deduz-se que o messias era mesmo denominado "Filho de Deus" em algumas correntes interpretativas judaicas e que, além disso, sua figura era relacionada, em algumas ocasiões, com a do *Servo de YHVH e com a do Filho do homem, algo realmente notável se levarmos em conta a forma pela qual a controvérsia anticristã afetou derterminados textos judaicos.

Todos esses aspectos aparecem igualmente unidos no ensinamento de Jesus, que considerou a si mesmo como messias, Filho do homem e Servo de YHVH e também como Filho de Deus. Mas, além disso, Jesus atribui esse último título de uma transcedência apenas incipiente antes de sua pregação. No Documento *Q — uma passagem reproduzida por Mt 11,25-27 e Lc 10,21-22 — Jesus designa a Deus como Pai e destaca sua relação com ele diferente da de qualquer outro ser. Não estranhemos, pois, que *Mateus, o evangelho judeu por antonomásia, conceda a esse título um destaque indiscutível entre os sinóticos (16,16) e pretenda — através dele — ressaltar a autoconsciência de Jesus, centrada em ser "Filho do Pai". Realmente, como já evidenciou por sua vez J. Jeremias, a maneira pela qual Jesus se dirige ao Pai como "*Abba*" não apresenta paralelos no judaísmo anterior ou contemporâneo de Jesus.

No evangelho de João, esse título tem um valor extraordinário, a ponto de ser considerado o título preferido pelo quarto evangelista para referir-se a Jesus; um título que não se limita apenas a ter conotação messiânica, mas que indica igualdade com Deus (Jo 5,17-18; 10,30ss. etc.) Resumindo, podemos destacar que esse título, além de suas conotações messiânicas, no ensinamento de Jesus encontra-se impregnado de conotações de divindade que retrocedem, pelo menos em parte, à relação especial que Jesus manifestava ter com Deus como Abba.

J. Jeremias, *Abba*...; Idem, *Teología del Nuevo Testamento I*...; G. Eldon Ladd, *Theology*...; R. H. Fuller, *o. c.*; A. Toynbee (ed.), *o. c.*; C. Vidal Manzanares, *El judeo-cristianismo*...; Idem, *El Primer Evangelio*...; Idem, *Diccionario de las tres*...; F. F. Bruce, *New Testament*...; M. Hengel, *El Hijo*...

Filho do homem

Atualmente, é difícil encontrar um título relacionado com a pessoa de Jesus que tenha provocado maior controvérsia quanto ao seu exato significado. A expressão tem sido interpretada de diversas maneiras: 1. Perífrase de "eu" (M. Black, G. Vermes): certamente a expressão podia ter esse significado ocasionalmente no século II d.C., mas não existe nenhum fundamento para se pensar que esse fosse seu conteúdo um século antes; 2. Homem ou ser humano (H. Lietzmann, J. Wellhausen): realmente, "filho do homem" pode significar, vez ou outra, somente homem, mas nem isso inclui um outro possível significado (P. Fiebig), nem esgota o significado que a expressão tem nos lábios de Jesus; 3. *messias*: com esse significado, a expressão aparece em 4 Esd (6,35; 13,3; 45,3 etc.) e no Henoc etíope (45,3; 46,4; 55,4; 61,8; 62,2; 69,27 etc.), derivando de Dn 7,13, no qual a expressão é usada pela primeira vez como título no Antigo Testamento; 4. Servo de YHVH: o Henoc etíope liga a figura do Filho do homem ao Servo de Isaías (48,4 com Is 42,6 e 49,6; 39,6 e 40,5 com Is 42,1; 38,2 e 53,6 com Is 53,11 etc.). O mesmo acontece em 4 Esd, onde o filho do homem é chamado "meu Servo" por Deus (13,32-37; 14,9 etc.).

A interpretação que Jesus deu ao título encaixa-se exatamente com a que se encontra no Henoc etíope em 4 Esd. Jesus viu a si mesmo como o Filho do homem que era, por isso mesmo, o messias-Servo e que, portanto, morreria em *expiação* pelos *pecados* (Mc 10,45 com Is 52,13-53,12), mas que um dia retornaria triunfante para concluir sua obra (Mc 14,62 com Dn 7,13). A visão de Jesus enraizava-se assim numa interpretação genuinamente judaica do termo; no entanto, a literatura rabínica posterior evidenciou esse aspecto para não ceder a argumentos apologéticos procedentes dos cristãos.

O. Cullmann, *Christology*...; C. Vidal Manzanares, *El judeo-cristianismo*...; Idem, *El Primer Evangelio*...; Idem, *Diccionario de las tres*...; L. Morris, *The Cross*...; G. Vermes, *Jesús el judío*, Barcelona 1977; D. Flusser, *o. c.*; A. Toynbee, *o. c.*; F. F. Bruce, *New Testament History*, Nova York 1980; A. Díez Macho, "Hijo del hombre y el uso de la tercera persona en lugar de la primera en arameo" em *Scripta Theologica*, 14, 1982, pp. 159-202.

Filipe

1. Nome de um dos *Doze. Ver *Apóstolos.

2. Herodes Filipe (ou Filipo) I. Seu nome real era Boeto. Filho de *Herodes, o Grande, e de Mariamne II. Marido de Herodíades. Afastado da sucessão em 5 a.C., marchou para Roma sem sua esposa, para lá residir como um civil (Mt 14,3; Mc 6,17).

3. Herodes Filipe (ou Filipo) II. Filho de Herodes, o Grande, e de Cleópatra. Tetrarca da Ituréia e Traconítide, assim como das regiões próximas do lago de *Genesaré (Lc 3,1) de 4 a.C. a 34 d.C. Em idade avançada, casou-se com *Salomé, a filha de *Herodíades.

Fim dos tempos

Ver *Escatologia.

Flagelação

Castigo aplicado com um látego, formado por cordas entrelaçadas com ossinhos ou bolas de metal (*flagrum*) ou tiras (*flagellum*). A *Lei judaica fixava o número máximo de açoite em 40 menos 1: 13 no peito e 26 nas costas. Jesus advertiu seus *discípulos de que assim seriam torturados (Mt 10,17;23,34). A forma romana da flagelação — a que foi aplicada em Jesus — era reservada para os *escravos e para os não-cidadãos. Era habitual empregá-la para arrancar confissões (At 22,24ss.). Existia como pena autônoma (possivelmente o objetivo inicial de *Pilatos ao aplicá-la em Jesus) e, ocasionalmente, como complemento na *crucifixão.

M. Hengel, *Crucifixion*, Filadélfia 1989; A. N. Sherwin-White, *Roman Law*...

Flauta

Instrumento musical, inicialmente feito de cana (posteriormente de madeira ou metal) com uma ou duas aberturas. Na época de Jesus, seu som acompanhava as *danças* (Mt 11,17; Lc 7,32) e os velórios (Mt 9,23). Jesus utilizou a comparação da falta de resposta tanto aos sons tristes como aos alegres como imagem do *endurecimento* de sua geração diante da pregação de *João Batista* e da sua própria.

Fogo

Um dos símbolos com o qual se descreve o castigo eterno: o *inferno* (Mt 5,22). Passagens como as de Lc 3,16 ou 12,49ss. referem-se, evidentemente, à dupla opção de vida diante da qual se coloca todo ser humano: ou aceitar o *Evangelho* de Jesus, o *messias,* e ser mergulhado (batizado) no *Espírito Santo* ou rejeitá-lo e ser lançado ao fogo eterno, destinado ao *diabo* e a seus *anjos* (Mt 25,41-46).

C. Vidal Manzanares, *El judeo-cristianismo...*; Idem, *Las sectas frente a la Biblia*, Madri 1992.

Fornalha

Um dos termos com o qual Jesus descreve o castigo do *inferno* destinado aos condenados (Mt 13,42.50).

Fração do Pão

Ver *Eucaristia*.

Fruto

No ensinamento de Jesus, um símbolo daquilo que deve provir das pessoas que mantêm — ou dizem manter — uma relação com Deus. Jesus empregou diversas comparações como o grão (Mt 13,8.23; Mc 4,29), a figueira (Mt 21,19; Lc 13,6-9), a vinha (Mt 21,34.41-43; Mc 12,2; Lc 20,10) ou os talentos entregues pelo Senhor (Mt 25,26; Lc 19,13). Por conseguinte, o fruto pode ser insuficiente e até mau, e essa é uma das maneiras de serem reconhecidos os falsos profetas (Mt 7,15-20). Só existe uma forma de dar bom fruto: estar unido a Jesus (Jo 12,24; 15,2-8.16).

Gábata

Local pavimentado onde se encontrava o tribunal de *Pilatos (Jo 19,13). De acordo com o quarto evangelista, esse era o nome que os judeus lhe davam, possivelmente do aramaico "gabbeta" (proeminência, elevação, altura). Não está estabelecido, com certeza, o lugar onde se encontrava.

E. Hoare, *o. c.*; F. Díez, *o. c.*

Gabriel

Palavra cujo significado pode ser "Deus tem-se mostrado forte". *Anjo de elevada categoria enviado a *Daniel para interpretar-lhe uma visão (Dn 8,16-27) e indicar-lhe a profecia das setenta e sete semanas (Dn 9,21-27). Há também referências a Gabriel no escrito apócrifo ou pseudo-epigráfico de 3 Henoc (1,267).

Os evangelhos relacionam o anjo Gabriel com o anúncio do nascimento de *João Batista (Lc 1,11-12) e de Jesus (Lc 1,26-38).

J. H. Charlesworth, *The Old Testament Pseudepigrapha*, 2 vols., Nova York 1983; Alejandro *Díez-Macho*, *o.c.*; C. Vidal Manzanares, *El judeo-cristianismo*...

Gadara

Cidade a sudeste do mar da *Galiléia, pertencente à *Decápolis, onde Jesus curou algumas pessoas possuídas por *demônios (Mt 8,28; Mc 5,1; Lc 8,26). Identifica-se com a jordaniana Muqueis.

Galiléia

Região ao norte da Palestina, habitada por um considerável número de povos pagãos após a deportação de Israel para a Assíria, principalmente durante o período dos macabeus. Por isso, era denominada a "Galiléia dos gentios" (Mt 4,15), embora no séc. I a.C., o povo judeu já se encontrasse mais fortalecido. Conquistada por Pompeu, passou, em parte, aos domínios de Hircano II. *Herodes, o Grande, reinou sobre ela e, após seu falecimento, fez parte da tetrarquia de *Herodes Antipas. Finalmente, seria anexada à província romana da Judéia.

E. Hoare, *o. c.*; F. Díez, *o. c.*

Garizim

Ver *Gerizim.

Ge-Hinnon

Ver *Geena.

Geena

Literalmente, "vale do Enom", o local de *Jerusalém onde, na Antiguidade, praticavam-se sacrifícios humanos — especialmente de crianças — por ocasião do culto dedicado ao deus Moloc (2Rs 23,10). Durante o judaísmo do Segundo Templo, o termo passou a designar o *inferno, lugar onde os condenados sofrem conscientemente o castigo por seus *pecados após a morte (Mish. Avot 1.5; 5.22,23; Er. 19a). Esse é o significado que encontramos nos evangelhos, que apontam a Geena como lugar de tormento eterno e consciente, empregando expressões tão descritivas como "fogo eterno" (Mt 18,8); "verme que não morre e fogo que não se apaga" (Mc 9,47-48) etc. (Outras passagens similares em Mt 3,12; 5,29-30; 8,12; 13,42; 24,51; Mc 9,43; Lc 16,21-24 etc.).

J. Grau, *Escatología*, C. Vidal Manzanares, *El judeocristianismo*...; Idem, *El Primer Evangelio*...; Idem, *Las sectas*...; P. Bonnard, *o. c.*; M. Gourgues, *El más allá en el Nuevo Testamento*, Estella [4]1993.

Genealogia

No pensamento semita, dá-se considerável importância à enumeração dos antepassados. Por isso, não é estranho que dois dos evangelhos apresentem uma genealogia de Jesus, que o une, em sua qualidade de *messias*, com a estirpe de *Davi*. Realmente, Jesus pertenceu a essa estirpe, embora, bem provavelmente, a um ramo menos importante. No geral, persiste o problema da falta de coincidência entre as duas genealogias (Mt 1,1-17; Lc 3,23-28). Várias explicações existem para essa questão. Desde Júlio Africano, tem-se sugerido que as duas linhas se uniram conforme a lei do levirato. Em virtude dessa tese, Heli e Jacó teriam sido meio-irmãos, tendo-se casado o segundo com a viúva de Heli e tendo sido o verdadeiro pai de José. Dessa maneira, ambas as genealogias pertenceriam a José, sendo uma a legal e a outra a natural.

Também se ressalta que Mateus apresenta a ascendência legal de José como descendente de Davi. Conforme essa tese, a linha de Salomão se perderia com Jeconias (Jr 22,30), e Salatiel, da linha de Mateus, teria tomado seu lugar. O relato de Lucas daria a verdadeira origem e descendência de José: Matã de Mateus e Matat de Lucas seriam a mesma pessoa e, então, Jacó e Heli estiveram sujeitos à norma legal do levirato.

Finalmente, tem-se sugerido que Mateus reúne a genealogia de José, enquanto Lucas faz o mesmo com a de Maria, dependendo do papel mais relevante que se dá a cada um dos personagens nos relatos da Natividade dos mencionados evangelhos. A favor dessa tese, tem-se considerado que, primeiro, Mateus conservaria a linguagem mais literal ao utilizar o termo "gerou" — ainda que Maria pudesse ter sido, perfeitamente, da estirpe davídica (Lc 1,32; 2,5). Em segundo lugar, a palavra "José" aparece expressamente sem artigo, embora tenha sido empregado nos demais nomes da lista. Dessa maneira, dever-se-ia ler no texto "filho — como se acreditava de José — de Heli" e Jesus seria, assim, neto de Heli, significação possível da palavra "filho". Em terceiro lugar, parece lógico que Mateus, escrevendo para judeus, apresentaria a genealogia legal de Jesus — facilmente comprovável — que só podia ser projetada através de José. Lucas, pelo contrário, teria apresentado — um relato mais universalista — a genealogia física de Jesus, o que só poderia ser feito através de Maria. Entre todas as teses que tentaram harmonizar as duas genealogias, esta última é a mais aceita.

C. Vidal Manzanares, *El Primer Evangelio*...; Idem, *Diccionario de las tres*...; Idem, *El judeo-cristianismo*...; A.T. Robertson, *o. c.*

Genesaré

1. Planície situada a oeste do lago ou mar de *Tiberíades*, na *Galiléia*. A origem do nome parece estar em Genesar que, por sua vez, deriva de Quineret (Nm 34,11).

2. Lago ou mar de Quineret (Nm 34,11), também conhecido como de Tiberíades (Jo 6,1) e da Galiléia (Mt 4,18). Situado ao norte da Palestina, encontra-se a 200 m abaixo do nível do mar e tem por dimensões 21 km (de norte a sul) por 12 km (de leste a oeste). O rio Jordão atravessa-o de norte a sul. Rico em pesca, encontram-se em suas margens alguns locais mencionados nos evangelhos como *Cafarnaum* ou Tiberíades, o que explica a presença de Jesus nesse local, principal-

mente durante a primeira parte de seu ministério público.

E. Hoare, *o. c.*; F. Díez, *o. c.*

Gentios

Termo com o qual os judeus se referiam aos "goyim", isto é, aos não-judeus. Tanto o ministério de Jesus como a missão dos *apóstolos excluíam, inicialmente, a pregação do *Evangelho aos gentios (Mt 10,5-6). Mesmo assim, os evangelhos narram alguns casos em que Jesus atendeu às súplicas de gentios (Mt 8,28-34; 14,34-36; 15,21-28) e, em uma das ocasiões, proclamou publicamente que a fé de um gentio era superior à que encontrara em Israel (Mt 8,5-13). É inegável que Jesus — possivelmente por considerar-se o *servo* de YHVH — contemplou a entrada dos gentios no *Reino (Mt 8,10-12). E, evidentemente, a *Grande Missão* é dirigida às pessoas de todas as nações (Mt 28,19-20; Mc 16,15-16).

M. Gourgues, *El Evangelio a los paganos*, Estella ²1992; J. Jeremias, *La promesa de Jesús a los paganos*, Madri 1974; C. Vidal Manzanares, *El judeo-cristianismo*...

Gerasa

Cidade helênica da *Decápolis*, do outro lado do *Jordão*. Costuma ser identificada com a atual Jarash, a uns 55 km a sudeste do lago de *Tiberíades*. O confronto entre Jesus e os *demônios (Mc 5,1; Lc 8,26.37) pode ter acontecido em El Kursi, ao sul de Wadi-es-Semah, na margem oriental.

E. Hoare, *o. c.*; F. Díez, *o.c.*

Gerizim/Garizim

Monte de 870 m de altura, situado a uns 3 km ao sul de Siquém. Nele se localizava o templo dos *samaritanos*, destruído em 128 a.C. por João Hircano. Ainda hoje, o local é considerado sagrado pelos samaritanos e a ele se referiu a samaritana cujo encontro com Jesus é descrito no capítulo 4 do evangelho de João (Jo 4,20).

E. Hoare, *o. c.*; F. Díez, *o. c.*

Getsêmani

Literalmente, "moinho de azeite". Jardim situado à margem oriental do *Cedron*, próximo ao *monte* das Oliveiras. Os evangelhos identificam-no com o lugar ao qual Jesus se retirou para orar depois da Última *Ceia* e onde foi preso (Mt 26,36).

E. Hoare, *o. c.*; F. Díez, *o. c.*

Glória

No judaísmo, uma das *hipóstases* de Deus (Êx 16,10; 33,20; Lc 9,31-34). Para João, ela se encarnou em Jesus (Jo 1,14), o que confirma a afirmação de que este é Deus (Jo 1,1;20,28).

Gnosticismo

Movimento filosófico-religioso pré-cristão, fruto de provável sincretismo de elementos iranianos com outros mesopotâmicos e originários da tradição ocultista judaica. Existiu um gnosticismo judeu que se destacou na cabala e em alguns escritos dos *jasidim*, mas que dificilmente se pode afirmar que se encaixe com o pensamento bíblico e rabínico posterior. Também existiu um gnosticismo que se denominou cristão, embora na realidade entrasse em choque com as doutrinas fundamentais do Novo Testamento. A Carta de São Paulo aos Colossenses, assim como a Primeira de João, constituem uma apologia cristã contra o gnosticismo, enquanto a Segunda tende a evitar uma leitura gnóstica do evangelho de João. A gnose caracterizava-se, principalmente, pela negação da *Encarnação*, da morte e da *ressurreição* de Jesus; pela consideração negativa da criação material (atribuída a um deus perverso); pela negação do cânon completo da *Escritura unida à aceitação de alguns livros de caráter gnóstico; e pelo repúdio à ética, à sacramentologia e à eclesiologia cristã em favor da prática de uma série de ritos mágicos e da aquisição da gnose (conhecimento) que permitiria transcender deste mundo para outro espiritual.

Vez ou outra tem-se falado de uma possível influência gnóstica na concepção cristã do Salvador que vem do céu. Pelas fontes que conhecemos, isso é impossível e, em todo caso, pode ter-se dado o contrário, já que de fato o gnosticismo não reconheceu a idéia de um salvador que vem das alturas até o séc. II d.C. e, quando faz referência a ele, trata-se já de um gnosticismo que se apropriou de algumas idéias cristãs.

C. Vidal Manzanares, *Los evangelios gnósticos*, Barcelona 1991; Idem, *Diccionario de Patrística*, Estella 1992; Idem, *En los orígenes...*

Gólgota

Literalmente, "crânio" (aramaico). É bem provável que o local próximo a Jerusalém que tinha esse nome o recebera por sua semelhança com uma caveira (daí o "Calvário"). Devia estar situado ao norte do segundo muro da cidade, próximo a uma das suas portas. Nesse local, Jesus foi crucificado (Mt 27,23; Hb 13,12). A identificação mais possível é a que o situa no Santo Sepulcro, refutando-se a realizada pelo general britânico Gordon como verdadeiramente desprovida de fundamento.

B. Bagatti, *o. c.*; E. Hoare, *o. c.*; F. Díez, *o. c.*

Governador

Nos evangelhos e no Livro dos Atos dos Apóstolos, o termo designa o funcionário da administração romana encarregado de uma província. Não deve ser confundido com o procônsul — título que especifica os legados (províncias senatoriais), *prefeitos* ou *procuradores* como *Quirino* ou *Pilatos* (Mt 10,18; 27,2-28.14; Lc 2,2; 3,1; 20,20).

C. Vidal Manzanares, *El Primer Evangelio...;* Idem, *El judeo-cristianismo*...; Idem, *Los esenios*...; C. Saulnier e B. Rolland, *Palestina en tiempos de Jesús*, Estella 1983; J. Comby e J. P. Lémonon, *Roma frente a Jerusalén*, Estella [10]1994.

Grande Mandamento

Termo que designa o mandato de amor mútuo que deve caracterizar os discípulos de Jesus (Jo 13,35).

Grande Missão

Mandato de Jesus ressuscitado encontrado em Mt 28,19-20; Mc 16,15-18; Lc 24,43-49 e At 1,6-8. De acordo com ela, os *discípulos* de Jesus devem pregar o *Evangelho* de *salvação* a *Israel* e aos *gentios*, transmitir o ensinamento de Jesus e batizar os que crerem em sua mensagem. Serão salvos os que crerem e forem batizados; serão condenados os que não adotem essa atitude. O final do evangelho de Marcos faz referência também a um conjunto de carismas milagrosos que acompanhará a pregação do evangelho.

Grande Sinédrio

Ver *Sinédrio*.

Grego

1. Termo empregado ocasionalmente para designar os *gentios* (Mc 7,26; Jo 7,35). 2. Os naturais da Grécia. Alguns deles se sentiram atraídos pela fé de Israel e parece que, em alguma ocasião, interessaram-se pela pregação de Jesus (Jo 12,20).

Grilo

Inseto da família do gafanhoto ou até mesmo confundido com este. Na época de Jesus, servia de alimento a camadas bem humildes da população e constituía parte essencial da alimentação de *João Batista (Mt 3,4; Mc 1,6).

Guerra

O Antigo Testamento relata numerosas guerras das quais Israel participou. Antes de entrar na guerra, os israelitas deviam consultar a Deus para conhecer sua vontade (Jz 20,23.27-28; 1Sm 14,37; 23,2; 1Rs 22,6) e pedir-lhe ajuda, caso a guerra fosse inevitável (1Sm 7,8-9; 13,12 etc.). Contudo, no Antigo Testamento, vislumbra-se, em relação à guerra, uma atitude diferente da de outros povos contemporâneos. Para começar, existiam diversas razões normativas de isenção do serviço de armas (Dt 20,2-9). Também são criticadas as intenções de instrumentalizar Deus na guerra (1Sm 4) e uma pessoa da estatura de Davi é desqualificada para construir um templo para Deus, exatamente por ter sido um homem dedicado à guerra (1Cr 22,8). O desaparecimento da atividade guerreira é uma das características da era messiânica (Is 2,1ss e par.), cujo rei é descrito através de uma ótica pacifista (Zc 9,9ss.) e sofredora (Is 52,13-53,12).

O judaísmo do Segundo Templo manifestou uma evidente pluralidade em relação à guerra. Junto com representantes pacifistas, os *fariseus reuniram partidários da rebelião armada. Os *saduceus opunham-se à guerra — mas não ao uso da violência — porque temiam que ela pudesse modificar o "status quo" que lhes era favorável (Jo 11,45-57). Os *essênios abstinham-se da violência, mas esperavam uma era em que se juntariam à guerra de Deus contra os inimigos deste. Os *zelotes — que não existiam na época de Jesus — manifestaram-se ardentes partidários da ação bélica contra Roma e contra os judeus, aos quais consideravam inimigos de sua cosmovisão. O ensinamento de Jesus nega legitimidade a toda forma de violência (Mt 5,21-26; 5,38-48 etc.), até mesmo a empreendida em sua própria defesa (Jo 18,36) e refutou claramente o recurso à força (Mt 26,52ss.). Nesse sentido, as pretensões de certos autores para converter Jesus em um violento revolucionário exigem uma grande imaginação, porque nem as fontes cristãs nem as judaicas (certamente contrárias a ele e que poderiam aproveitar-se dessa circunstância para atacá-lo) nem as clássicas contêm o menor indício que justifique essa tese. De fato, como ressaltam alguns autores judeus, esta é uma das características originais do pensamento de Jesus e, na opinião deles, claramente irrealizável.

Assim fundamentado, não é de estranhar que os primeiros cristãos optaram por uma postura de não-violência e generalizada objeção de consciência, tanto mais porque consideravam todos os governos humanos controlados pelo diabo (Lc 4,1-8; 1Jo 5,19 etc.). Historicamente, essa atitude chegou até o início do séc. IV e se refletiu tanto no Novo Testamento como nos primeiros escritos disciplinares eclesiásticos, nas atas dos mártires (muitos deles executados por serem objetores de consciência) e nos estudos patrísticos. Em relação à guerra, portanto, o cristão não pode apelar para o testemunho do Novo Testamento nem para a tradição cristã dos três primeiros séculos, somente para a elaboração posterior como a teoria da guerra justa de Agostinho de Hipona e outros.

W. Lasserre, *o.c.*; J. M. Hornus, *It is not Lawful for me to Fight*, Scottdale 1980; C. Vidal Manzanares, *El judeo-cristianismo...*; Idem, *El Primer Evangelio...*; Idem, *Los esenios...*; Idem, *Diccionario de las tres...*; J. Klausner, *o. c.*; G. Nuttal, *o. c.*; P. Beauchamp e D. Vasse, *La violencia en la Biblia*, Estella 1992.

Hacéldama

Literalmente, campo de sangue. Termo derivado do aramaico *"haquel"* (campo) e *"dema"* (sangue). Lugar comprado pelas autoridades judaicas com o dinheiro que Judas recebeu por entregar Jesus e o qual devolveu mais tarde.

O emprego que se deu ao dinheiro da traição vinha da ordem legal de não se depositar dinheiro manchado de sangue no tesouro do *Templo (Mt 27,6-10). O primeiro evangelho seleciona esse trecho com o cumprimento das profecias encontradas em Jr 18,2ss.; 19,1ss.; 32,7-9 e Zc 11,12ss.

Vários são os autores (F. F. Bruce, J. Jeremias, C. Vidal Manzanares etc.) que têm defendido a historicidade dessa notícia. Uma tradição possivelmente anterior ao séc IV localizou Hacéldama no vale do Enom onde trabalhavam alguns oleiros.

E. Hoare, *o. c.*; F. Díez, *o. c.*

Hades

Vocábulo grego que deriva, literalmente, de *"aeidos"* (invisível) e que no Novo Testamento corresponde ao *sheol*. Na tradução do Antigo Testamento para o grego conhecida como Septuaginta ou Tradução dos LXX, encontra-se a origem dessa identificação.

Designa o lugar para onde vão os espíritos dos mortos e jamais deve ser confundido, como já aconteceu, com sepulcro (*queber,* em hebraico; *mnemeion,* em grego).

O Antigo Testamento afirma que no sheol ou hades encontram-se conscientes as *almas dos defuntos (Is 4,9-10; Ez 32,21 etc.) e no período do Segundo Templo já se afirmava que esse lugar estava dividido em duas regiões: a destinada aos justos (seio de *Abraão) e a ocupada pelos condenados (*geena).

Referências a esse ponto de vista aparecem no *Talmude e em autores judeus como Flávio Josefo (*Discurso aos gregos acerca do Hades*).

Esse mesmo ponto de vista é o conteúdo do ensinamento de Jesus quando descreve o Hades como um lugar de castigo consciente (Lc 16,21-24) e quando, em repetidas ocasiões, fez referências ao castigo eterno dos condenados (Mt 25,46) expresso em termos de choro e ranger de dentes (Mt 8,12; 13,42; 24,51; 25,30; Lc 13,28), trevas (Mt 8,12), fogo (Mt 18,8; Mc 9,47-48) etc.

Essa idéia de tormento eterno dos condenados aparece também no restante do Novo Testamento (Ap 14,11; 20,10 etc.).

No Apocalipse 20,13-15, Hades é uma sinédoque: são os espíritos dos mortos que serão lançados no lago de fogo e enxofre (a geena) (Ap 20,13-5).

G. Eldon Ladd, *o. c.*; J. Grau, *Escatología*; W. Barcaly, *o. c.*; C. Vidal Manzanares, *El judeo-cristianismo*...; Idem, *Diccionario de las tres*...; M. Gourgues, *El más allá en el Nuevo Testamento*, Estella [4]1993.

Hebraico

Idioma dos judeus pertencente às línguas semíticas norocidentais. Após o regresso do exílio babilônico, foi suplantado no uso comum pelo *aramaico; contudo, continuou sendo utilizado na oração e na liturgia. Jesus conhecia o hebraico (Lc 23,38; Jo 5,2; 19,13.17.20; 20,16) e é bem possível que as primeiras coletâneas de seus ensinamentos, como é o caso de *Q, foram escritas nessa língua.

Figura	Nome			Valor fonético e numérico		
א	Halef	אָלֶף	(Boi)	h	(muda)	1
ב כ	Bet	בֵּית	(Casa)	v b		2
ג ג	Guimel	גָּמֶל	(Camelo)	g gh	(suave)	3
ד ד	Dalet	דָּלֶת	(Porta)	d dh		4
ה ה	He	הֵא	(Fenda)	h j		5
ו	Wau	וָו	(Cravo)	v		6
ז	Zayin	זַיִן	(Arma)	z		7
ח	Jet	חֵית	(Selo)	j		8
ט	Tet	טֵית	(Cotovelo?)	t		9
י	Yod	יוֹד	(Mão)	y		10
כ כ ך	Kaf	כַּף	(Palma)	k c	(forte)	20
ל	Lamed	לָמֶד	(Aguilhão)	l		30
מ ם	Mem	מֵים	(Água)	m		40
נ ן	Nun	נון	(Pez)	n		50
ס	Samek	סָמֶךְ	(Sustento?)	s		60
ע	Hayin	עַיִן.	(Olho)	h	(aspirada)	70
פ פ ף	Pe	פֵא	(Boca)	f p		80
צ	Tsade	צָרֵי	(Anzol?)	ts		90
ק	Qof	קוֹף	(Pescoço?)	q k		100
ר	Resch	רֵישׁ	(Cabeça)	r		200
ש	Sin	שִׁין	(Dente)	s		300
ש	Shin	שִׁין	(Dente)	sh		300
ת ת	Tau	תָו	(Sinal)	t th		400

A língua hebraica é formada por esses sinais...

Herdeiro

Título que se aplica a Jesus como *Filho de Deus* e *messias* enviado pelo *Pai* (Mt 21,38ss.). A narrativa em que se insere essa referência significa claramente que Jesus esperava ser assassinado por pessoas que não aceitariam sua pregação. Como conseqüência de seu vínculo com Jesus, os discípulos tornaram-se herdeiros das promessas de vida eterna feitas a Israel (Mt 5,5; 25,34; 19,29; Mc 10,17).

Herodes

1. O Grande. Fundador da dinastia (c. 73-4 a.C.). Menosprezado pelos judeus por causa de sua origem não-judia (era idumeu) e por suas práticas pagãs (permitiu que lhe rendessem culto nos locais não-judeus de seu reino), reestruturou o *Templo* de Jerusalém. Mt 2,1ss. registra o nasci-

mento de Jesus durante seu reinado (c. 6-4 a.C.) e menciona a intenção de Herodes de matar o Menino, confirmada com a matança dos inocentes. Esse fato não é mencionado em outras fontes, mas combina com o que sabemos do caráter do monarca. Após sua morte, a família de Jesus retornou do exílio no Egito (Mt 2,19-22). 2. Arquelau. Filho de Herodes, o Grande. Etnarca da Judéia (de 4 a.C. a 6 d.C.). Após ser deposto, a Judéia passou a depender diretamente da administração romana até o ano 41 d.C. 3. Herodes Antipas. Filho de Herodes, o Grande. Tetrarca da Galiléia (4 a.C. a 39 d.C.). Ordenou a decapitação de *João Batista (Mt 14,1-12 e par.) e interveio no processo de Jesus (Lc 23,6ss.). 4. Herodes Agripa I. Foi nomeado rei da Judéia pelo imperador Cláudio em 41 d.C. Hábil político, soube atrair o afeto da população judia (as fontes rabínicas referem-se a ele em termos elogiosos), embora simpatizante do paganismo de seus súditos não-judeus. Para granjear aceitação de uma parte da população, desencadeou uma perseguição contra os judeucristãos de seu território. Durante essa perseguição, *Tiago foi martirizado (embora improvável, supõe-se que também seu irmão *João) e *Pedro encarcerado, salvando-se da execução ao fugir da prisão em que estava confinado (At 12,1ss.). Herodes Agripa I morreu repentinamente em 44 d.C. 5. Agripa II, filho de Agripa I (17-100 d.C.). Governador da Galiléia e da Peréia e diante dele *Paulo compareceu durante um processo (At 25,13ss.).

C. Vidal Manzanares, *El judeo-cristianismo*...; Schürer, *o. c.*; F. F. Bruce, *Acts*...; Idem, *New Testament*; A. H. M. Jones, *The Herods of Judaea*, Oxford 1938; S. Perowne, *The Life and Times of Herod the Great*, Londres 1957; Idem, *The Later Herods*, Londres 1958; A. Schalit, König Herodes, Berlim 1969; C. Saulnier e B. Rolland, *Palestina en tiempos de Jesús,* Estella [10]1994.

Herodíades

Filha de Aristóbulo e Berenice, neta de *Herodes, o Grande. Casou-se com *Filipe, filho de Herodes, o Grande, e mais tarde uniu-se adulteramente com Herodes Antipas. Essa conduta imoral provocou as severas críticas de *João Batista, que ocasionaram a inimizade da rainha e a prisão do profeta. Aproveitando uma imprudente promessa que Herodes realizou em público, Herodíades sugeriu à sua filha *Salomé que pedisse ao rei a cabeça de João Batista, no que foi atendida (Mt 14,1-2).

Schürer, *o. c.*; F. F. Bruce, *New Testament*...; A. H. M. Jones, *The Herods of Judaea*, Oxford 1938; S. Perowne, *The Life and Times of Herod the Great*, Londres 1957; Idem, *The Later Herods*, Londres 1958.

Herodianos

Partidários ou cortesãos de *Herodes, O Grande, e de Herodes Antipas (Mc 3,6; 12,13).

Hidropisia

Enfermidade que consiste no derramamento de serosidade entre as células do tecido conjuntivo ou em uma cavidade do corpo. Lc 14,20 narra a cura que Jesus realizou em um homem que padecia dessa moléstia.

Hipócritas

No ensinamento de Jesus, o termo serve para qualificar vários tipos de pessoas (sempre religiosas): 1. aqueles que cumprem as normas externas da religião somente para se destacarem (Mt 6,2ss.; 6,16ss.); 2. os que sobrepõem à Revelação divina uma tradição que invalida seu espírito (Mt 15,1-20 e par.); 3. os que se consideram espiritualmente superiores aos demais (Mt 7,5ss.); 4. os que fingem, ocultando um propósito perverso em seus corações (Mt 22,18ss.); 5. os que desenvolvem um código de severas leis religiosas, às quais eles mesmos não obedecem (Lc 13,10ss.). O discurso encontrado em Mt 23 (especialmente v. 13-27) é um conjunto de ditos de Jesus que contém exemplos bem reveladores sobre o que pensava da hipocrisia.

P. Bonnard, *o. c.*; D. Flusser, *o. c.*; J. Driver, *o. c.*; C. Vidal Manzanares, *El Primer Evangelio*...

Hipóstase

No judaísmo anterior e contemporâneo a Jesus, surgiram certas categorias de pensamento que indicavam a existência de hipóstase da divindade. Destacam-se entre elas: 1. o Anjo de YHVH (Gn 16,7-13; 22,11-18; 32,24-30; Jz 13,17-22) que é, sem dúvida, o próprio YHVH. Conforme G. Von Rad indicou no seu tempo, o Anjo de YHVH é "o próprio Javé que se apresenta aos homens sob forma humana", "idêntico a Yahveh" e "não se pode afirmar que o Anjo indique um ser a ele subordinado. Esse Malaj é Yahveh... é o Javé de uma atividade salvífica especial". 2. A Sabedoria, que em Pr 8,22ss. aparece como filha amada de Deus, nascida antes de todas as criaturas e artífice da criação. No judaísmo posterior, essa figura alcançaria inegável importância, conservando as características já assinaladas (Eclo 1,9ss.; 24,3ss.). O Livro da Sabedoria descreve-a como "sopro da força de Deus", "efusão pura do fulgor do Todo-Poderoso" e "imagem de sua bondade" (Sb 7,7-8,16). É "companheira de sua vida" (a de Deus) (Sb 8,3), companheira de seu trono (9,4), enviada sob a figura do espírito de Deus (9,10; 7,7) e atua na história de Israel (7,27). Nas obras de Fílon, esta sabedoria é descrita como "filha de Deus" (*Fuga* 50ss.; *Virt* 62) e "filha de Deus e mãe primogênita de todos" (*Quaest. Gen* 4,97). Finalmente, alguns textos rabínicos identificaram essa Sabedoria preexistente com a *Torá, "filha de Deus", mediadora da criação e hipóstase. 3. Pensamento divino: dele nos fala, por exemplo, o *Manual de Disciplina* 11,11. Como a Sabedoria, está associado a Deus e à sua criação em uma linguagem que recorda muito a de Pr 8,22ss. 4. Memrá: no Targum, o termo "*Memrá*" era uma das designações para referir-se a YHVH, evitando antropomorfismos e descrevendo suas ações na criação, revelação e salvação. Para citar apenas alguns exemplos, Memrá é YHVH, que cria a luz e a separa das trevas (Gn 1,3-5), que intervém na criação dos animais (Gn 1,24-25) e do homem (1,26-29), a quem se atribui toda a obra criativa (Gn 2,2a), que passeia no Éden e dele expulsa Adão e Eva (Gn 3,8-10), que estabelece uma aliança com Noé (Gn 9,12-17), que aparece a Abraão como o Deus dos céus (Gn 17,1-3) e a Moisés na sarça (Êx 3,2.4.8.12), que intervém no Êxodo (Êx 11,4; 12,12-13.23.27.29), que luta contra o exército do faraó (Êx 14,30-31), que tem poder curador (Êx 15,26), que se revela no Sinai (Êx 19,3) etc. Memrá, de fato, equivale a YHVH (Gn 4,26 b) e se equipara ao mesmo Deus dos céus (Gn 49,23-24).

De todas essas hipóstases, Jesus identificou-se com a Sabedoria, conforme se conclui da fonte *Q em passagens posteriormente reproduzidas em Lc 7,35 e 11,49-51. Dessas afirmações de Jesus — ainda que não somente delas — partiu, sem dúvida, o desenvolvimento neotestamentário da doutrina da *Trindade e, muito significantemente, a identificação joanita de Jesus com a *Encarnação do Logos-Memrá (Jo 1,1ss.). Os exemplos tomados do judaísmo, aos quais nos temos referido, obrigam realmente a pensar que os conceitos de preexistência e divindade não provêm do paganismo, provavelmente através do cristianismo paulino, mas entraram nesse movimento espiritual a partir do judaísmo e que já estavam presentes no ensinamento de Jesus e, mais tarde, no judeu-cristianismo palestino. Além disso, em sua maioria (a exceção seria, e apenas em parte, Memrá), tiveram início não na literatura intertestamentária, mas no Antigo Testamento.

J. Jeremias, *Abba*...;Idem, *Teología del Nuevo Testamento I*...; G. Eldon Ladd, *Theology*...; R. H. Fuller, *o. c.*; A. Toynbee (ed), *o. c.*; C. Vidal Manzanares, *El judeo-cristianismo*...; Idem, *El Primer Evangelio*...; Idem, *Diccionario de las tres*...; F. F. Bruce, *New Testament*...; M. Hengel, *El Hijo*...; D. Muñoz León, *Dios-Palabra*, Estella 1974; Idem, *Palabra y Gloria*...; A. del Agua, *La exégesis*...; M. Gilbert e J. N. Aletti, *La sabiduría y Jesucristo*, Estella [4]1990.

Historicidade

Ver *Evangelhos, *Jesus.

Holocausto

Sacrifício que era oferecido pela manhã e pela tarde no *Templo* de Jerusalém. Jesus relativizou seu valor, ao sobrepor a esse preceito outros mais importantes (Mc 12,33) e, muito especialmente, ao afirmar a chegada de uma *Nova Aliança* estabelecida sobre o seu *sacrifício na *cruz (Lc 22,20).

Hora

1. Curto espaço de tempo que não deve ser identificado com nossa atual divisão do tempo (Jo 5,35). 2. Momento concreto em que se dá um acontecimento (Mt 8,13; 9,22; Jo 4,21-23). Em sentido paradigmático, refere-se ao *sacrifício* de Jesus (Mt 26,45; Mc 14,35.41; Jo 2,4; 7,30; 8,20; 12,23.27; 13,1;17,1) ou à consumação da história por suas mãos (Mt 24,36.44.50; 25,13; Jo 5,25.28). 3. Divisão do dia. Do nascer do sol ao seu ocaso, contavam-se dez horas que, logicamente, variavam na duração, de acordo com o período do ano, podendo ser aumentada ou diminuída em onze minutos. A primeira hora correspondia às 6h (Mt 20,1; Lc 24,1; Jo 8,2); a terceira, às 9h (Mt 20,3; Mc 15,25); a sexta, às 12h (Mt 20,5; 27,45; Mc 15,33; Lc 23,44; Jo 4,6; 19,14); a nona, às 15h (Mt 27,46). Nos evangelhos, também se faz referência à sétima hora (13h) (Jo 4,52); à décima (18h) (Jo 1,39) e à undécima (17h) (Mt 20,9).

Hosana

Literalmente, *salva, suplico-te*, em hebraico. A aclamação foi dirigida a Jesus pela multidão, quando este fez sua entrada em Jerusalém, na última semana de sua vida (Mt 21,9 e par.).

P. Bonnard, *o. c.*

Hospedaria

Sala de hóspedes situada em uma casa particular ou em uma caravana, onde as pessoas se abrigavam temporariamente (Mc 14,14; Lc 22,11; Lc 2,7).

Hospitalidade

A prática da hospitalidade era muito respeitada entre os judeus da época de Jesus. Em várias ocasiões, o próprio Jesus teve demonstrações de hospitalidade (Lc 10,38-42; 14,1; 7,44; Mt 21,17). O ministério evangelizador de seus *discípulos apóia-se, em parte, nessa hospitalidade (Mt 10,11ss.). Precisamente pelo caráter de sua missão, a hospitalidade a eles oferecida deve ser igual à concedida a Jesus, enquanto a recusa a ela só pode ser motivo de juízo condenatório (Mt 10,14-15). É bem provável que seja nesse contexto — e não no universalista em que às vezes se incorre — que devam ser interpretadas passagens como a de Mt 25,45.

Humildade

O oposto ao *orgulho. Nesse sentido, é a atitude vital que Deus vê, com agrado, nos homens (Mt 23,12; Lc 1,52; 14,11; 18,14). Jesus identifica essa atitude não como um estado penitencial, mas como uma profunda confiança do *discípulo em Deus (Mt 18,4). Em outras palavras, a humildade não repousa na mortificação, mas na fé confiante. Foi nesse sentido que com ela se identificaram *Maria (Lc 1,48) e Jesus (Mt 11,29).

Igreja

Palavra oriunda do termo grego *ekklesia* ou assembléia de cidadãos reunidos com determinado propósito (At 19,32.41). Na Bíblia dos LXX, o termo grego *ekklesia* foi empregado, em várias ocasiões, para traduzir o hebraico *qahal*. Dessa maneira, equivale ao povo de Deus chamado para constituir assembléia (Êx 12,16).

A palavra aparece nos evangelhos somente em duas ocasiões (Mt 16,18; 18,17), embora seja indiscutível que seu emprego, em termos históricos, não é posterior à morte de Jesus, mas anterior a ele. Mesmo que se repita com freqüência a afirmação de que Jesus não veio para fundar uma Igreja (A. Loisy), as fontes indicam justamente o contrário. A Jesus deve-se atribuir a reunião de um grupo de *discípulos, denominado pequeno rebanho (Lc 12,23), e do qual participava significativamente o conjunto dos doze *apóstolos. Este último aspecto também leva a pensar que Jesus identificou essa Igreja com o verdadeiro Israel. Dentro dela, os discípulos vivem sob o governo de Jesus, o *messias, conforme as normas do *Reino. Isso supõe uma vida conduzida pela obediência a Deus, pelo perdão mútuo e pela contínua reconciliação e que deve buscar nessa Igreja orientação para sua conduta (Mt 18,17. Ver também Mt 5,23ss.). É essa Igreja, fundamentada na autoridade de Jesus e com o poder do *Espírito Santo*, que recebeu a missão de anunciar o *Evangelho* até os confins da terra (Lc 24,45-49), fazendo *discípulos* e batizando-os em nome do Pai, do Filho e do Espírito Santo (Mt 28,18-20).

A. Cole, *o. c.*; F. F. Bruce, *Acts...*; Idem, *New Testament...*; C. Vidal Manzanares, *El judeo-cristianismo...*; Idem, *Diccionario de las tres...*; ERE, III; Blaiklock, *o. c.*; P. Bonnard, *o. c.*

Imperador

Do latim "imperador", o que comanda. A princípio, o título estava relacionado com a concessão do triunfo. Desde o ano 27 a.C., sob Augusto, o título vinculou-se ao primeiro cidadão romano ou *princeps*. Foi esse imperador que autorizou o culto imperial nas províncias. Jesus nasceu durante o governo de Otávio Augusto (31 a.C. a 14 d.C.) e morreu no governo de Tibério (14-37 d.C.).

Impostos

Termo geral para referir-se às taxas e tributos a que eram obrigados os não-cidadãos romanos nos lugares dominados por Roma. Consistiam fundamentalmente em um imposto sobre os bens imóveis, outro sobre os bens móveis e um conjunto de taxas cobradas pelos *publicanos. No caso dos judeus, a essa imposição acrescentava-se o imposto anual do *Templo*.

Incenso

Produto resinoso extraído por meio de uma incisão na casca de uma árvore procedente da Índia, Somália ou Arábia do Sul. Era utilizado para fins litúrgicos (Lc 1,9-11).

Incredulidade

É a falta de *fé* ou confiança em Deus (Mt 13,58; 17,17; 21,25.32; Mc 16.11-17; Lc 22,67; 24,11; Jo 20,27), mas também a fé insuficiente encontrada naquelas pessoas que, supõe-se, deveriam tê-la, como é o caso dos próprios *discípulos* de Jesus (Mc 4,40; 6,6;9,24; Lc 1,20; 24,41). Fundamentalmente, consiste em não agir movido pela fé ou em não confiar no cuidado de Deus em todos os segmentos da vida, até mesmo os mais prosaicos (Mt 6,30; 8,26; 14,31; 16,8; Lc 12,28).

Infância de Jesus

Os dados que possuímos sobre a infância de Jesus são muito escassos e se limitam aos evangelhos de *Mateus e *Lucas. Nascido em *Belém, circuncidado no oitavo dia e apresentado no *Templo (Lc 2,21), por temor a *Herodes, a família emigrou para o *Egito, onde existia uma considerável colônia judia formada por um bom número de exilados (Mt 2,13-15). A historicidade desse fato pode ter inspirado as referências talmúdicas à permanência de Jesus no Egito. Após a morte de Herodes, a família retornou do exílio e se estabeleceu em *Nazaré, na região da *Galiléia (Mt 2,19ss.). Tudo faz pensar que sua infância transcorreu de forma absolutamente normal, excluindo-se o episódio de sua perda no Templo (Lc 2,41-52), cujo caráter histórico — tal como aparece em Lucas, mas não nas tradições populares — tem sido reconhecido até mesmo por autores judeus, como D. Flusser.

Nos séculos posteriores, os evangelhos apócrifos pretenderam preencher a simplicidade da infância de Jesus com relatos de milagres que, não poucas vezes, caem no grotesco, mas que fazem parte, em alguns casos, da religiosidade popular. É evidente que esse tipo de tradições, mais inspiradas pela curiosidade e gosto pelo maravilhoso do que por um desejo de transmitir a realidade, carece de base histórica.

J. P. Michaud, *María de los Evangelios*, Estella [2]1993; C. Perrot, *Los relatos de la infancia de Jesús*, Estella [7]1993; J. Zumstein, *Mateo, el teólogo*, Estella [3]1993.

Inferno

Ver *Hades, *Geena, *Imortalidade, *Alma, *Céu, *Espírito, *Inferno.

Inimigo

O termo grego *"ejzros"* empregado nos evangelhos implica muito mais do que a idéia de acusação (Mt 5,25; Lc 12,58; 18,3) ou de oposição (Lc 13,17; 21,15). A temática dos inimigos é bastante comum nas Escrituras; nelas se desenvolve, de maneira natural, uma cosmovisão de guerra espiritual na qual o *Diabo é o inimigo por excelência (Mt 13,25.28.39; Lc 10,19). Como *messias e *Senhor, Jesus vencerá todos os seus inimigos (Sl 110,1; Mt 22,44). Contudo, essa oposição e combate aos inimigos ficam limitados a Deus. O discípulo deve amar seus inimigos e orar por eles (Mt 5,43ss.; Lc 6,27.35).

Inspiração

Conforme a crença judaica compartilhada pelos evangelhos, as *Escrituras foram inspiradas por Deus (Mt 1,22), que falou através de autores humanos. Por isso, Jesus afirma que não se pode negar o que as Escrituras contêm (Jo 10,35) e que nelas se encontra a vida eterna (Jo 5,39).

Insulto

Palavra ou gesto cuja finalidade é prejudicar a honra ou a dignidade de outrem. O insulto era considerado grave conduta pela *Lei, e Jesus o desqualificou ainda mais (Mt 5,22). Também tem conotação de insulto falar mal de pessoas imbuídas de alguma autoridade, como os pais (Mt 15,4).

Intercessão

Por princípio, o judaísmo da época de Jesus refutava a existência de mediadores entre Deus e os homens. A crença posterior de alguns *jasidim, no sentido de que seu *tzadik pudesse chegar a desempenhar esse papel, é realmente vista com maus olhos pelo restante dos setores do judaísmo.

Os evangelhos fazem eco a essa visão da religião de Israel; apenas destacam uma exceção concreta: a que apresenta *Jesus como mediador entre Deus Pai e os homens (Jo 14,6). É possível que, para a aceitação dessa idéia, influiu bastante a identificação de Jesus com a *hipóstase* de Deus. As referências a uma mediação de *Maria* ou dos santos estão ausentes nos evangelhos (a passagem de Jo 2,1ss. não pode, em absoluto, ser interpretada nesse sentido) e sua origem é encontrada em tradições históricas posteriores.

R. E. Brown, K. P. Donfried, J. A. Fitzmyer e J. Reumann, *María en el Nuevo Testamento*, Salamanca 1986; M. Warner, *Tú sola entre las mujeres*, Madri 1991; C. Vidal Manzanares, *El judeo-cristianismo...*; Idem, "La figura de María en la literatura apócrifa judeo-cristiana de los dos primeros siglos" em *Ephemerides Mariologicae*, 41, 1991, pp. 191-205; Idem, "María en la arqueología judeo-cristiana de los tres primeros siglos" em Ibidem, 41, 1991, pp. 353-364.

Irmãos de Jesus

Em sentido espiritual, Jesus reconhece como sua mãe e seus irmãos aqueles que fazem a vontade de Deus (Mt 12,46-50). Tudo indica que esse tratamento já era muito comum entre os *discípulos* antes da *crucifixão* (Mt 5,47).

Questão diferente é saber se Jesus teve ou não irmãos carnais. Os evangelhos afirmam que Jesus teve quatro irmãos chamados *Tiago*, *José*, *Simão* e *Judas* (Mt 13,55ss.; Mc 6,3), assim como pelo menos duas irmãs, cujos nomes os evangelhos não registram e que nos chegaram através de Hegésipo. Nenhum dos irmãos de Jesus acreditou nele durante seu ministério (Jo 7,3-10), mas após a *ressurreição* integraram-se na comunidade judeu-cristã de Jerusalém. Existem indícios para crer que, pelo menos no caso de Tiago, foi a aparição de Jesus ressuscitado que o levou a uma ulterior *conversão* (1Cor 15,7).

Sem dúvida, foi esse o mais importante irmão de Jesus na história posterior do cristianismo. Não apenas se converteu em um dos pilares do judeu-cristianismo hierosolimita (Gl 1,19), mas também porque sua intervenção foi decisiva para garantir a entrada dos *gentios* no cristianismo sem que tivessem de submeter-se à *circuncisão* ou à *Lei* de *Moisés* (At 15). No ano 62 d.C., foi executado pelas autoridades religiosas judias.

A Judas atribui-se a autoria da epístola que leva seu nome e que consta do cânon do Novo Testamento. Seus filhos Zocer e Tiago viveram em *Nazaré* (Hegésipo em HE 3,20). Praticamente nada se sabe de José, Simão e das irmãs.

Segundo Júlio Africano, ainda no séc. III existiam familiares de Jesus (HE 1,7), que se dedicavam ao cultivo da terra. Ao que parece, tratava-se de descendentes de Judas. A última dessas pessoas de quem se tem notícia é de alguém chamado Conón, que morreu martirizado por volta de 249 na Ásia Menor e, mais tarde, canonizado. Dele fazem referências uns afrescos da antiga sinagoga judeu-cristã de Nazaré.

A determinação concreta do parentesco existente entre os irmãos de Jesus e este vem provocando, historicamente, discussões e polêmicas, cuja base e ponto de partida são do ponto de vista da ciência histórica, teológica e dogmática, ao afetar diretamente o dogma católico e oriental da virgindade perpétua de Maria. Na defesa de diferentes teses, recorre-se, não poucas vezes, a brilhantes argumentos, ainda que P. Bonnard tenha ressaltado: "Desperdiçar-se-iam tantos tesouros de erudição para prová-lo, se o dogma posterior não o tivesse exigido?"

O historiador judeu Flávio Josefo entendeu que eram irmãos carnais e, no mesmo sentido, tem sido compreendido o termo "*adelfós*" com o qual Tiago é designado por autores judeus posteriores (J. Klausner, H. Schonfield, D. Flusser, D. Stern etc.). Essa interpretação também se fez presente no cristianismo primitivo. De fato, alguns Padres da Igreja, como Hegésipo (cujo testemunho nos chegou através de Eusébio de Cesaréia, HE 3,20), Tertuliano (*De carne Christi VII*; *Adv. Marc. IV*, 19; *De monog. VIII*; *De virg. vel. VI*) e João Crisóstomo *(Homilia 44 sobre Mateus 1)* consideram Tiago e os demais como irmãos de Jesus e filhos de Maria.

Quanto aos textos bíblicos, geralmente os autores católicos — pretendendo, evidentemente, não se oporem à crença da virgindade perpétua de Maria — ressaltam que a palavra "irmão" tem um sentido mais amplo no hebraico e no aramaico do que em português, e que assim deve ser entendida em relação a Tiago e aos demais irmãos e irmãs de Jesus a quem os evangelhos se referem (Mt 13,55; Mc 6,4). A essa explicação tem-se objetado o seguinte: Paulo, o autor dos Atos, Marcos e João, que escreveram em grego e para um público helênico, na maior parte, empregaram a palavra "*adelfós*" para referirem-se a Tiago e aos outros irmãos de Jesus, dando-lhe um significado diferente do usual nessa língua, e quando contavam com termos mais específicos para designarem "primos" (*Anepsios* em Cl 4,10) ou "parentes" (*Synguenes ou synguenys* em Mc 6,4; Lc 1,58; 2,44; 14,12; 21,16; Jo 18,26; At 10,24; Rm 9,3; 16,7.11.21). Certamente, a identificação de "irmão" com "parente" ou "primo" foi tão pouco convincente para Jerônimo que, no séc. IV, interpretou os irmãos de Jesus — incluindo Tiago — como realmente seus irmãos, porém não nascidos de Maria e sim de um matrimônio anterior de José. Essa interpretação foi adotada posteriormente por algumas Igrejas orientais e salvava a crença na virgindade perpétua de Maria. A tese de Jerônimo é bem tardia, mesmo que parta de algum apócrifo judeu-cristão anterior e na qual não obstante parece ter pesado mais o elemento apologético — livrar Jesus da acusação de ilegitimidade — que o desejo de conservar uma tradição histórica. Certamente, por economia interpretativa, para o historiador que não está preocupado em defender um dogma previamente assumido, a solução mais natural é aceitar Tiago como irmão de Jesus e filho de Maria, embora as outras possibilidades — "irmão" = "parente" ou "irmão" = "filho anterior de José" — não sejam improváveis.

M. J. Lagrange, *Evangile selon Marc*, 1929, pp. 79-93; G. M. de la Garenne, *Le problème des Frères du Seigneur*, Paris 1928; M. Goguel, *Revue de l'histoire des religions*, 98, 1928, pp. 120-125; R. Brown, *El nacimiento del Mesías*, Madri 1982, pp. 527 e 531ss.; P. Bonnard, *El Evangelio*...; C. Vidal Manzanares, *Diccionario de las tres*...; Idem, *El Primer Evangelio*...; Idem, *El judeo-cristianismo*...; Idem "La figura de María en la literatura apócrifa judeo-cristiana de los dos primeros siglos", em *Ephemerides Mariologicae*, vol. 41, Madri 1991, pp. 191-205; D. Flusser, *o. c.*; J. Klausner, *o. c.*

Isabel

Mulher da linhagem de Aarão, esposa de *Zacarias e mãe de *João Batista. Era parente de *Maria, a quem acolheu em sua casa durante a gestação de Jesus (Lc 1,5ss.).

Israel

Nome que Jacó recebeu após lutar com *Deus — como *hipóstase — em Jaboc (Gn 32,29). Derivado da raiz *"sará"* (lutar, governar), contém o significado de vitória e pode ser traduzido como "aquele que lutou com Deus" ou "o adversário de Deus". Mais tarde o nome se estenderia aos descendentes de Jacó (Êx 1,9) e, com a divisão do povo de Israel após a morte de Salomão, passou a designar a monarquia do Reino do Norte, formada pela totalidade das tribos exceto a de Judá e Levi, e destruída pela Assíria em 721 a.C. A palavra designa também o território que Deus prometeu aos patriarcas e aos seus descendentes (Gn 13,14-17; 15,18; 17,18; 26,3-4; 28,13; 35,12; 48,3-4; 1Sm 13,19). Após a derrota de Bar Kojba em 135 d.C., os romanos passaram a chamar esse território de Palestina, com a intenção de ridicularizar os judeus, recordando-lhes os filisteus, desaparecidos há muito tempo. Pelos evangelhos, compreende-se que a *Igreja, formada por judeus e *gentios que creram em Jesus, é o Novo Israel.

Y. Kaufmann, *o. c.*; M. Noth, *Historia*...; J. Bright, *o. c.*; S. Hermann, *o. c.*; F. F. Bruce, *Israel y las naciones*, Madri 1979; C. Vidal Manzanares, *El judeo-cristianismo*...

Ituréia

Território ao norte da Palestina, cujo povo era *gentio. Fazia parte da *tetrarquia de *Filipe (Lc 3,1).

Jacó

1. Patriarca, filho de Isaac (Gn 25,50; Mt 1,2; 8,11; 22,32). 2. Pai de *José,* o esposo de *Maria* e pai legal de Jesus.

Jacó, Escada de

Manifestação de anjos contemplada em sonhos por Jacó quando fugia de seu irmão Esaú (Gn 28,12). Faz-se referência a ela em Jo 1,51, indicando que Jesus, como *Filho do homem*, é o ponto de união entre *Deus e os seres humanos.

Jacó, Poço de

Local onde o quarto evangelho situa o encontro de Jesus com a *samaritana* (Jo 4,5).

Jairo

Um dos chefes da *sinagoga de *Cafarnaum, cuja filha Jesus ressuscitou (Mc 5,22; Lc 8,41).

Jejum

Abstenção voluntária de alimentos por motivos espirituais. Jesus jejuou antes das tentações do *diabo (Mt 4,1-2; Lc 4,1ss.) e considerou imprescindível essa prática em relação à expulsão de certa espécie de *demônios (Mt 17,21; Mc 9,29). Entretanto, manteve uma postura nada rigorosa em relação ao jejum dos *fariseus e dos discípulos de *João Batista (Mt 9,14ss.;

Mc 2,18ss.) e censurou as atitudes *hipócritas* que podiam acompanhar essa prática (Mt 6,16; Lc 18,9-14).

J. Bonnard, *o. c.*; J. Driver, *o. c.*; *ERE* V; L. Poittevin e E. Charpentier, *El Evangelio según Mateo*, Estella ¹²1993.

Jericó

Cidade reconstruída por *Herodes, o Grande, nas imediações da cidade cananéia do mesmo nome, na depressão do *Jordão. Estava situada nas proximidades de *Jerusalém*, com a qual se comunicava pelo deserto de Judá, por uma estrada de uns 37 km e cujas condições a tornavam apropriada para a ação de ladrões. É essa circunstância que aparece refletida na *parábola* do bom samaritano (Lc 10,30). Os evangelhos indicam essa cidade como testemunha de alguns *milagres* de Jesus (Mt 20,29) e da *conversão* de Zaqueu (Lc 19,1ss.).

E. Hoare, *o. c.*; F. Díez, *o. c.*

Jerusalém

Tem-se interpretado o nome dessa cidade como "cidade da paz". Na Bíblia, aparece pela primeira vez como Salém (Gn 14,18), com a qual costuma ser identificada. A cidade foi tomada pelos israelitas que conquistaram Canaã após a saída do Egito, mas não a mantiveram em seu poder. Pelo ano 1000 a.C., Davi tomou-a das mãos dos jebuseus, transformando-a em capital (2Sm 5,6ss.; 1Cr 11,4ss.), pois ocupava um lugar central na geografia do seu reino. Salomão construiu nela o primeiro Templo, convertendo-a em centro religioso e local de peregrinação anual de todos os fiéis para as *festas* da Páscoa, das Semanas e das Tendas. Em 587-586 a.C., houve o primeiro Jurban ou destruição do Templo pelas tropas de Nabucodonosor. Ao regressarem do exílio em 537 a.C., os judeus empreenderam a recons-

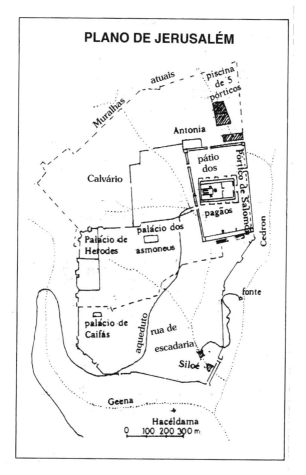

trução do Templo sob o incentivo dos profetas Ageu, Zacarias e Malaquias; mas a grande restauração do Templo só aconteceu, realmente, com *Herodes* e seus sucessores, que o ampliaram e o engrandeceram. Deve-se a Herodes a construção das muralhas e dos palácios-fortalezas Antônia e do Palácio, a ampliação do *Templo* com a nova esplanada, um teatro, um anfiteatro, um hipódromo e numerosas moradias. O fato de ser o centro da vida religiosa dos judeus levou os romanos a fixarem a residência dos governadores em *Cesaréia*, dirigindo-se a Jerusalém somente por ocasião de reuniões populares como nas *festas*. No ano 70 d.C., aconteceu o segundo Jurban ou destruição do Templo, desta vez pelas mãos das legiões romanas de Tito. Expulsos de Jerusalém após a rebelião de Bar Kojba (132-135 d.C.), os judeus do mundo inteiro jamais deixaram de esperar o regresso à cidade, de forma que, em meados do séc. XIX, a maioria da população hierosolimita era judia. Após a Guerra da Independência (1948-1949), a cidade foi proclamada capital do Estado de Israel, embora dividida em zonas árabe e judia até 1967.

Jesus visitou Jerusalém com freqüência. Lucas narra que, aos doze anos, Jesus se perdeu no Templo (Lc 2,41ss.) e várias foram as visitas que ele realizou a essa cidade durante seu ministério público (Lc 13,34ss.; Jo 2,13). A rejeição dos habitantes à sua mensagem fez Jesus chorar por Jerusalém, destinada à destruição junto com o Templo (Lc 13,31-35). Longe de ser um "vaticinium ex eventu", essa visão aparece em Q e deve ser anterior ao próprio Jesus. Em Jerusalém, Jesus foi preso e crucificado, depois de purificar o Templo. O fato de esses episódios terem Jerusalém por cenário e de nela acontecerem algumas aparições do Ressuscitado e igualmente a experiência do Espírito Santo em Pentecostes pesou muito na hora de os *apóstolos e a primeira comunidade judeu-cristã fixarem residência (At 1-11).

J. Jeremías, *Jerusalén en tiempos de Jesús*, Madri 1985; C. Vidal Manzanares, *El Judeo-cristianismo*...; Idem, *El Primer Evangelio*...; A. Edersheim, *Jerusalén*...; E. Hoare, *o. c.*; F. Díez, *o. c.*

Jesus

1. Vida. Não podemos entender os evangelhos como biografia no sentido historiográfico contemporâneo, mas eles se harmonizam — principalmente no caso de Lucas — com os padrões historiográficos de sua época e devem ser considerados como fontes históricas. No conjunto, apresentam um retrato coerente de Jesus e nos proporcionam um número considerável de dados que permitem reconstruir historicamente seu ensinamento e sua vida pública.

O nome de Jesus em aramaico e grego, escrito nas tumbas de Jerusalém

O nascimento de Jesus pode ser situado pouco antes da morte de *Herodes*, o Grande (4 a.C.) (Mt 2,1ss.). Jesus nasceu em Belém (alguns autores preferem apontar Nazaré como sua cidade natal) e os dados que os evangelhos oferecem em relação à sua ascendência davídica devem ser tomados como certos (D. Flusser, F. F. Bruce, R. E. Brown, J. Jeremias, C. Vidal Manzanares etc.), ainda que seja de um ramo secundário. Boa prova dessa afirmação: quando o imperador romano Domiciano decidiu acabar com os descendentes do rei Davi, prendeu também alguns familiares de Jesus. Exilada sua família para o Egito (um dado mencionado também no Talmude e em outras fontes judaicas), esta regressou à Palestina após a morte de Herodes, mas, temerosa de Arquelau, fixou residência em Nazaré, onde se manteria durante os anos seguintes (Mt 2,22-23). Exceto um breve relato em Lc 2,21ss., não existem referências a Jesus até os seus trinta anos. Nessa época, foi batizado por *João Batista* (Mt 3 e par.), que Lucas considera parente próximo de Jesus (Lc 1,39ss.). Durante seu Batismo, Jesus teve uma experiência que confirmou sua autoconsciência de filiação divina e messianidade (J. Klausner, D. Flusser, J. Jeremias, J. H. Charlesworth, M. Hengel etc.). De fato, no quadro atual das investigações (1995), a tendência majoritária dos investigadores é aceitar que, efetivamernte, Jesus viu a si mesmo como Filho de Deus — num sentido especial e diferente do de qualquer outro ser — e messias. Sustentada por alguns neobultmanianos e outros autores, a tese de que Jesus não empregou títulos para referir-se a si mesmo é — em termos meramente históricos — absolutamente indefendível e carente de base como têm manifestado os estudos mais recentes (R. Leivestadt, J. H. Charlesworth, M. Hengel, D. Guthrie, F. F. Bruce, I. H. Marshall, J. Jeremias, C. Vidal Manzanares etc.). Quanto à sua percepção de messianidade, pelo menos a partir dos estudos de T. W. Manson, pouca dúvida existe de que esta foi compreendida, vivida e expressada por Jesus na qualidade de *Servo de Yahveh (Mt 3,16 e par.) e de *Filho do homem (no mesmo sentido, F. F. Bruce, R. Leivestadt, M. Hengel, J. H. Charlesworth, J. Jeremias, I. H. Marshall, C. Vidal Manzanares etc.). É possível também que essa autoconsciência seja anterior ao batismo. Os sinóticos — e subentendido em João — fazem referência a um período de tentação diabólica que Jesus experimentou depois do batismo (Mt 4,1ss. e par.) e durante o qual se delineara plenamente seu perfil messiânico (J. Jeremias, D. Flusser, C. Vidal Manzanares, J. Driver etc.), rejeitando os padrões políticos (os reinos da terra), meramente sociais (as pedras convertidas em pão) ou espetaculares (lançar-se do alto do *Templo) desse messianismo. Esse período de tentação corresponde, sem dúvida, a uma experiência histórica — talvez relatada por Jesus a seus discípulos — que se repetiria, vez ou outra, depois do início de seu ministério. Após esse episódio, iniciou-se a primeira etapa do ministério de Jesus, que transcorreu principalmente na Galiléia, com breves incursões por território pagão e pela

Samaria. O centro da pregação consistiu em chamar "as ovelhas perdidas de Israel"; contudo, Jesus manteve contatos com pagãos e até mesmo chegou a afirmar não somente que a fé de um deles era a maior que encontrara em Israel, mas que também chegaria o dia em que muitos como ele se sentariam no Reino com os patriarcas (Mt 8,5-13; Lc 7,1-10). Durante esse período, Jesus realizou uma série de *milagres* (especialmente curas e expulsão de *demônios*), confirmados pelas fontes hostis do Talmude. Mais uma vez, a tendência generalizada entre os historiadores atualmente é a de considerar que pelo menos alguns deles relatados nos evangelhos aconteceram de fato (J. Klausner, M. Smith, J. H. Charlesworth, C. Vidal Manzanares etc.) e, naturalmente, o tipo de narrativa que os descreve aponta a sua autenticidade. Nessa mesma época, Jesus começou a pregar uma mensagem radical — muitas vezes expressa em *parábolas* — que chocava com as interpretações de alguns setores do judaísmo, mas não com a sua essência (Mt 5-7). No geral, o período concluiu com um fracasso (Mt 11,20ss.). Os *irmãos* de Jesus não creram nele (Jo 7,1-5) e, com sua mãe, pretendiam afastá-lo de sua missão (Mc 3,31ss. e par.). Pior ainda reagiram seus conterrâneos (Mt 13,55ss.) porque a sua pregação centrava-se na necessidade de *conversão* ou mudança de vida em razão do *Reino*, e Jesus pronunciava terríveis advertências às graves conseqüências que viriam por recusarem a mensagem divina, negando-se terminantemente em tornar-se um messias político (Mt 11,20ss.; Jo 6,15). O ministério na Galiléia — durante o qual subiu várias vezes a Jerusalém para as *festas* judaicas, narradas principalmente no evangelho de *João* — foi seguido por um ministério de passagem pela Peréia (narrado quase que exclusivamente por Lucas) e a última descida a Jerusalém (seguramente em 30 d.C.; menos possível em 33 ou 36 d.C.), onde aconteceu sua entrada em meio do entusiasmo de bom número de peregrinos que lá estavam para celebrar a Páscoa e que relacionaram o episódio com a profecia messiânica de

Zc 9,9ss. Pouco antes, Jesus vivera uma experiência — à qual convencionalmente se denomina Transfiguração — que lhe confirmou a idéia de descer a Jerusalém. Nos anos 30 do presente século, R. Bultmann pretendeu explicar esse acontecimento como uma projeção retroativa de uma experiência pós-pascal. O certo é que essa tese é inadmissível — hoje, poucos a sustentariam — e o mais lógico, é aceitar a historicidade do fato (D. Flusser, W. L. Liefeld, H. Baltensweiler, F. F. Bruce, C. Vidal Manzanares etc.) como um momento relevante na determinação da autoconsciência de Jesus. Neste, como em outros aspectos, as teses de R. Bultmann parecem confirmar as palavras de R. H. Charlesworth e outros autores, que o consideram um obstáculo na investigação sobre o Jesus histórico.

Contra o que às vezes se afirma, é impossível questionar o fato de Jesus saber que morreria violentamente. Realmente, quase todos os historiadores hoje consideram que Jesus esperava que assim aconteceria e assim o comunicou a seus discípulos mais próximos (M. Hengel, J. Jeremias, R. H. Charlesworth, H. Schürmann, D. Guthrie, D. Flusser, F. F. Bruce, C. Vidal Manzanares etc). Sua consciência de ser o Servo do Senhor, do qual se fala em Is 53 (Mc 10,43-45), ou a menção ao seu iminente sepultamento (Mt 26,12) são apenas alguns dos argumentos que nos obrigam a chegar a essa conclusão.

Quando Jesus entrou em Jerusalém durante a última semana de sua vida, já sabia da oposição que lhe faria um amplo setor das autoridades religiosas judias, que consideravam sua morte uma saída aceitável e até desejável (Jo 11,47ss.), e que não viram, com agrado, a popularidade de Jesus entre os presentes à festa. Durante alguns dias, Jesus foi examinado por diversas pessoas, com a intenção de pegá-lo em falta ou talvez somente para assegurar seu destino final (Mt 22,15ss. e par.) Nessa época — e possivelmente já o fizesse antes —, Jesus pronunciou profecias relativas à destruição do Templo de Jerusalém, cumpridas no ano 70 d.C. Durante a primeira metade deste século, alguns autores consideraram que Jesus jamais anunciara a destruição do Templo e que as mencionadas profecias não passavam de um "vaticinium ex eventu". Hoje em dia, ao contrário, existe um considerável número de pesquisadores que admite que essas profecias foram mesmo pronunciadas por Jesus (D. Aune, C. Rowland, R. H. Charlesworth, M. Hengel, F. F. Bruce, D. Guthrie, I. H. Marshall, C. Vidal Manzanares etc.) e que o relato delas apresentado pelos sinóticos — como já destacou C. H. Dodd no seu tempo — não pressupõe, em absoluto, que o Templo já tivesse sido destruído. Além disso, a profecia da destruição do Templo contida na fonte *Q, sem dúvida anterior ao ano 70 d.C., obriga-nos também a pensar que as referidas profecias foram pronunciadas por Jesus. De fato, quando Jesus purificou o Templo à sua entrada em Jerusalém, já apontava simbolicamente a futura destruição do recinto (E. P. Sanders), como ressaltaria a seus discípulos em particular (Mt 24-25; Mc 13; Lc 21).

Na noite de sua prisão e no decorrer da ceia pascal, Jesus declarou inaugurada a *Nova Aliança (Jr 31,27ss.), que se fundamentava em sua morte sacrifical e expiatória na *cruz. Depois de concluir a celebração, consciente de sua prisão que se aproximava, Jesus dirigiu-se ao Getsêmani para orar com alguns de seus *discípulos mais íntimos. Aproveitando a noite e valendo-se da traição de um dos *apóstolos, as autoridades do Templo — em sua maior parte *saduceus — apoderaram-se de Jesus, muito provavelmente com o auxílio de forças romanas. O interrogatório, cheio de irregularidades, perante o Sinédrio pretendeu esclarecer e até mesmo impor a tese da existência de causas para condená-lo à morte (Mt 26,57ss. e par.). O julgamento foi afirmativo, baseado em testemunhas que asseguraram ter Jesus anunciado a destruição do Templo (o que tinha uma clara base real, embora com um enfoque diverso) e sobre o próprio testemunho do acusado, que se identificou como o messias — Filho do homem de Dn 7,13. O problema fundamental para executar Jesus consistia na impossibilidade de as autoridades judias aplicarem a pena de morte. Quando o preso foi levado a Pilatos (Mt 27,11ss. e par.), este compreendeu tratar-se de uma questão meramente religiosa que não lhe dizia respeito e evitou, inicialmente, comprometer-se com o assunto. Convencidos os acusadores de que somente uma acusação de caráter político poderia acarretar a desejada condenação à morte, afirmaram a Pilatos que Jesus era um agitador subversivo (Lc 23,1ss.). Mas Pilatos, ao averiguar que Jesus era galileu e valendo-se de um procedimento legal, remeteu a causa a Herodes (Lc 23,6ss.), livrando-se momentaneamente de proferir a sentença. Sem dúvida alguma, o episódio do interrogatório de Jesus diante de *Herodes é histórico (D. Flusser, C. Vidal Manzanares, F. F. Bruce etc.) e parte de uma fonte muito primitiva. Ao que parece, Herodes não achou Jesus politicamente perigoso e, possivelmente, não desejando fazer um favor às autoridades do Templo, apoiando um ponto de vista contrário ao mantido até então por Pilatos, preferiu devolver Jesus a ele. O romano aplicou-lhe uma pena de flagelação (Lc 23,1ss.), provavelmente com a idéia de que seria punição suficiente (Sherwin-White), mas essa decisão em nada abrandou o desejo das autoridades judias de matar Jesus. Pilatos propôs-lhes, então, soltar Jesus, amparando-se num costume, em virtude do qual se podia libertar um preso por ocasião da Páscoa. Todavia, uma multidão, presumivelmente reunida pelos acusadores de Jesus, pediu que se libertasse um delinqüente chamado Barrabás em lugar daquele (Lc 23,13ss. e par.). Ante a ameaça de que a questão pudesse chegar aos ouvidos do imperador e o temor de envolver-se em problemas com este, Pilatos optou finalmente por condenar Jesus à morte na cruz. Este se encontrava tão extenuado que, para carregar o instrumento de suplício, precisou da ajuda de um estrangeiro (Lc 23,26ss. e par.), cujos filhos, mais tarde, seriam cristãos (Mc 15,21; Rm 16,13). Crucificado junto a dois delinqüentes comuns, Jesus morreu ao final de algumas horas. Então, seus discípulos fugiram — exceto o discípulo amado de Jo 19,25-26 e algumas mulheres, entre as quais se encontrava sua mãe — e um deles, *Pedro, até mesmo o negou em público várias vezes. Depositado no sepulcro de propriedade de *José de Arimatéia, um discípulo secreto que recolheu o corpo, valendo-se de um privilégio concedido pela lei romana relativa aos condenados à morte, ninguém tornou a ver Jesus morto.

No terceiro dia, algumas mulheres que tinham ido levar perfumes para o cadáver encontraram o sepulcro vazio (Lc 24,1ss. e par.). Ao ouvirem que Jesus ressuscitara, a primeira reação dos discípulos foi de incredulidade (Lc 24,11). Sem dúvida, Pedro convenceu-se de que era real o que as mulheres afirmavam após visitar o sepulcro (Lc 24,12; Jo 20,1ss.). No decorrer de poucas horas, vários discípulos afirmaram ter visto Jesus. Mas os que não compartilharam a experiência, negaram-se a crer nela, até passarem por uma semelhante (Jo 20,24ss.). O fenômeno não se limitou aos seguidores de Jesus, mas transcendeu os limites do grupo. Assim Tiago, o irmão de Jesus, que não aceitara antes suas afirmações, passou então a crer nele, em conseqüência de uma dessas aparições (1Cor 15,7). Naquele momento, segundo o testemunho de Paulo, Jesus aparecera a mais de quinhentos discípulos de uma só vez, dos quais muitos ainda viviam vinte anos depois (1Cor 15,6). Longe de ser uma mera vivência subjetiva (R. Bultmann) ou uma invenção posterior da comunidade que não podia aceitar que tudo terminara (D. F. Strauss), as fontes apontam a realidade das aparições assim como a antigüidade e veracidade da tradição relativa ao túmulo vazio (C. Rowland, J. P. Meier, C. Vidal Manzanares etc.). Uma interpretação existencialista do fenômeno não pôde fazer justiça a ele, embora o historiador não possa elucidar se as aparições foram objetivas ou subjetivas, por mais que esta última possibilidade seja altamente improvável (implicaria num estado de enfermidade mental em pessoas que, sabemos, eram equilibradas etc.).

O que se pode afirmar com certeza é que as aparições foram decisivas na vida ulterior dos seguidores de Jesus. De fato, aquelas experiências concretas provocaram uma mudança radical nos até então atemorizados discípulos que, apenas umas semanas depois, enfrentaram corajosamente as mesmas autoridades que maquinaram a morte de Jesus (At 4). As fontes narram que as aparições de Jesus se encerraram uns quarenta dias depois de sua ressurreição. Contudo, Paulo — um antigo perseguidor dos cristãos — teve mais tarde a mesma experiência, cuja conseqüência foi a sua conversão à fé em Jesus (1Cor 15,7ss.) (M. Hengel, F. F. Bruce, C. Vidal Manzanares etc.). Sem dúvida, aquela experiência foi decisiva e essencial para a continuidade do grupo de discípulos, para seu crescimento posterior, para que eles demonstrassem ânimo até mesmo para enfrentar a morte por sua fé em Jesus e fortalecer sua confiança em que Jesus retornaria como *messias* vitorioso. Não foi a fé que originou a crença nas aparições — como se informa em algumas ocasiões —, mas a sua experiência que foi determinante para a confirmação da quebrantada fé de alguns (Pedro, Tomé etc.), e para a manifestação da mesma fé em outros até então incrédulos (Tiago, o irmão de Jesus etc.) ou mesmo declaradamente inimigos (Paulo de Tarso).

2. Autoconsciência. Nas últimas décadas, tem-se dado enorme importância ao estudo sobre a autoconsciência de Jesus (que pensava Jesus de si mesmo?) e sobre o significado que viu em sua morte. O elemento fundamental da autoconsciência de Jesus deve ter sido sua convicção de ser *Filho de Deus* num sentido que não podia ser compartilhado com mais ninguém e que não coincidia com pontos de vista anteriores do tema (rei messiânico, homem justo etc.), embora pudesse também englobá-los. Sua originalidade em chamar a Deus de *Abba* (lit. papaizinho) (Mc 14,36) não encontra eco no judaísmo até a Idade Média e indica uma relação singular confirmada no *batismo*, pelas mãos de João Batista, e na Transfiguração. Partindo daí, podemos entender

o que pensava Jesus de si mesmo. Exatamente por ser o Filho de Deus — e dar a esse título o conteúdo que ele proporcionava (Jo 5,18) — nas fontes talmúdicas, Jesus é acusado de fazer-se Deus. A partir de então, manifesta-se nele a certeza de ser o messias; não, porém, um qualquer, mas um messias que se expressava com as qualidades teológicas próprias do *Filho do homem e do *Servo de YHVH. Como já temos assinalado, essa consciência de Jesus de ser o Filho de Deus é atualmente admitida pela maioria dos historiadores (F. F. Bruce, D. Flusser, M. Hengel, J. H. Charlesworth, D. Guthrie, M. Smith, I. H. Marshall, C. Rowland, C. Vidal Manzanares etc.), ainda que se discuta o seu conteúdo delimitado. O mesmo se pode afirmar quanto à sua messianidade.

Como já temos mostrado, evidentemente Jesus esperava sua morte. Que deu a ela um sentido plenamente expiatório, deduz-se das próprias afirmações de Jesus acerca de sua missão (Mc 10,45), assim como do fato de identificar-se com o Servo de YHVH (Is 52,13-53,12), cuja missão é levar sobre si o peso do pecado dos desencaminhados e morrer em seu lugar de forma expiatória (M. Hengel, H. Schürmann, F. F. Bruce, T. W. Manson, D. Guthrie, C. Vidal Manzanares etc.). É bem possível que sua crença na própria ressurreição também partia do Cântico do Servo em Is 53 já que, como se conservou na Septuaginta e no rolo de Isaías encontrado em *Qumrán, do Servo esperava-se que ressuscitasse depois de ser morto expiatoriamente. Quanto ao seu anúncio de retornar no final dos tempos como juiz da humanidade, longe de ser um recurso teológico articulado por seus seguidores para explicar o suposto fracasso do ministério de Jesus, conta com paralelos na literatura judaica que se refere ao messias que seria retirado por Deus e voltaria definitivamente para consumar sua missão (D. Flusser, C. Vidal Manzanares etc.).

3. Ensinamento. A partir desses dados seguros sobre a vida e a autoconsciência de Jesus, podemos reconstruir as linhas mestras fundamen-

tais de seu ensinamento. Em primeiro lugar, sua mensagem centralizava-se na crença de que todos os seres humanos achavam-se em uma situação de extravio ou perdição (Lc 15 e par. no Documento Q). Precisamente por isso, Jesus chamava ao *arrependimento* ou à *conversão*, porque com ele o Reino chegava (Mc 1,14-15). Essa conversão implicava uma transformação espiritual radical, cujos sinais característicos estão coletados tanto nos ensinamentos de Jesus como os contidos no *Sermão da Montanha* (Mt 5-7), e teria como marco a *Nova Aliança* profetizada por Jeremias e inaugurada com a morte expiatória do messias (Mc 14,12ss. e par.). Deus vinha, em Jesus, buscar os perdidos (Lc 15), e este dava sua vida inocente como resgate por eles (Mc 10,45), cumprindo assim sua missão como *Servo* de YHVH. Todos podiam agora — independente de seu presente ou de seu passado — acolher-se no seu chamado. Isto supunha reconhecer que todos eram pecadores e que ninguém podia apresentar-se como justo diante de Deus (Mt 16,23,35; Lc 18,9-14 etc.). Abria-se então um período da história — de duração indeterminada — durante o qual os povos seriam convidados a aceitar a mensagem da Boa Nova do Reino, enquanto o diabo se ocuparia de semear a cizânia (Mt 13,1-30.36-43 e par.) para sufocar a pregação do evangelho. Durante essa fase e apesar de todas as artimanhas demoníacas, o Reino cresceria a partir de seu insignificante início (Mt 13,31-33 e par.) e concluiria com o regresso do messias e o juízo final. Diante da mensagem de Jesus, a única atitude lógica consistiria em aceitar o Reino (Mt 13,44-46; 8,18-22), apesar das muitas renúncias que isso significasse. Não haveria possibilidade intermediária — "Quem não estiver comigo estará contra mim" (Mt 12,30ss. e par.) — e o destino dos que o rejeitaram, o final dos que não manisfestaram sua fé em Jesus não seria outro senão o castigo eterno, lançados às trevas exteriores, em meio de choro e ranger de dentes, independentemente de sua filiação religiosa (Mt 8,11-12 e par.).

À luz dos dados históricos de que dispomos — e que não se limitam às fontes cristãs, mas que incluem outras claramente hostis a Jesus e ao movimento que dele proveio —, pode-se observar o absolutamente insustentável de muitas das versões populares que sobre Jesus têm circulado. Nem a que o converte em um revolucionário ou em um dirigente político, nem a que faz dele um mestre de moral filantrópica, que chamava ao amor universal e que olhava todas as pessoas com benevolência (já não citamos aqueles que fazem de Jesus um guru oriental ou um extraterrestre) contam com qualquer base histórica. Jesus afirmou que tinha a Deus por Pai num sentido que nenhum ser humano poderia atrever-se a imitar, que era o de messias — entendido como Filho do homem e Servo do Senhor; que morreria para expiar os pecados humanos; e que, diante dessa demonstração do amor de Deus, somente caberia a cada um aceitar Jesus e converter-se ou rejeitá-lo e caminhar para a ruína eterna. Esse radicalismo sobre o destino final e eterno da humanidade exigia — e continua exigindo — uma resposta clara, definida e radical; serve também para dar-nos uma idéia das reações que esse radicalismo provocava (e ainda provoca) e das razões, muitas vezes inconscientes, que movem as pessoas a castrá-lo, com a intenção de obterem um resultado que não provoque tanto nem se dirija tão ao fundo da condição humana. A isso acrescentamos que a autoconsciência de Jesus é tão extraordinária em relação a outros personagens históricos que — como acertadamente ressaltou o escritor e professor britânico C. S. Lewis — dele só resta pensar que era um louco, um farsante ou, exatamente, quem dizia ser.

R. Dunkerley, *o. c.*; D. Flusser, *o. c.*; J. Klausner, *o.c.*; A. Edersheim, *o. c.*; C. Vidal Manzanares, *El judeo-cristianismo...*; Idem, *El Primer Evangelio*: o Documento Q, Barcelona 1993; Idem, *Diccionario de las tres...*; A. Kac (ed), *The Messiahship of Jesus*, Grand Rapids, 1986; J. Jeremias, *Abba*, Salamanca 1983; Idem *Teología...*; O. Cullmann, *Christology...*; F. F. Bruce, *New Testament...*; Idem, *Jesus and Christian Origins Outside the New Testament*, Londres 1974; A. J. Toynbee, *o. c.*; M. Hengel, *The Charismatic Leader and His Followers*, Edimburgo 1981.

Jesus nas fontes não-cristãs

1. *As fontes rabínicas.* Esse conjunto de fontes é especialmente negativo em relação a Jesus. No geral, nem mesmo indiretamente, confirmam bom número dos dados fornecidos acerca dele pelos autores cristãos. No Talmude, afirma-se que realizou milagres — embora frutos de feitiçaria — (Sanh. 107; Sota 47b; J. Hag. II, 2); que seduziu Israel (Sanh. 43a) e que por isso foi executado pelas autoridades judias que o "penduraram" na véspera da Páscoa (Sanh. 43a). Afirma também que Jesus proclamou-se Deus e anunciou que voltaria pela segunda vez (Yalkut Shimeoni 725). Por sua condição de falso mestre (é acusado, por exemplo, de relativizar o valor da *Lei)*, que o fizera merecedor da pena máxima, certa passagem do Talmude chega até a representar Jesus no outro mundo, condenado a estar entre excrementos em ebulição (Guit. 56b-57a). Todavia, esse juízo denegrido não é unânime e assim, por exemplo, citam-se com apreço alguns dos ensinamentos de Jesus (Av. Zar. 16b-17a; T. Julin II, 24) . O *Taledot Ieshu*, uma obra judia anticristã, cuja datação mais provável seja medieval, embora possa ser de origem anterior, insiste em todos esses aspectos denegridos da pessoa de Jesus, não negando os traços essenciais apresentados pelos evangelhos, mas interpretando-os sob uma luz diferente. Essa visão foi comum ao judaísmo até o séc. XIX e, nas últimas décadas, vem-se assistindo, junto a uma manutenção da opinião tradicional, a uma reinterpretação de Jesus como filho

Nome hebraico de "Jesus", encontrado num ossário do cemitério do Monte das Oliveiras

legítimo do judaísmo, ainda que negando sua messianidade (J. Klausner), sua divindade (H. Schonfield) ou moderando os aspectos mais difíceis de serem conciliados com o judaísmo clássico (D. Flusser). Da mesma forma, os nossos tempos têm testemunhado o surgimento de inúmeros movimentos que, compostos por judeus, optam por reconhecer Jesus como messias e Deus sem por isso renunciar às práticas habituais do judaísmo (*Jews for Jesus, Messianic Jews etc.*).

2. *Flávio Josefo*. Nascido em Jerusalém no primeiro ano do reinado de Calígula (37-38 d.C.) e pertencente a uma distinta família sacerdotal, cujos antepassados — segundo a informação que Josefo nos fornece — remontavam ao período de João Hircano, esse historiador foi protagonista de destaque da revolta judia contra Roma, iniciada no ano 66 d.C. Entre outras obras, foi autor de *Guerra dos judeus* e *Antigüidades dos judeus*. Nelas encontramos duas referências relacionadas a Jesus: a primeira encontra-se em Ant., XVIII 63, 64 e, a segunda, em XX, 200-3. Na versão grega, seu texto é como segue:

> "Viveu por essa época Jesus, um homem sábio, se é que pode ser chamado homem. Porque foi autor de feitos portentosos, mestre de homens que aceitam com prazer a verdade. Atraiu muitos judeus e muitos de origem grega. Era o messias. Quando Pilatos, após ouvir a acusação que contra ele formularam os principais dentre nós, condenou-o a ser crucificado, aqueles que a princípio o amaram, não desejaram fazê-lo. Porque, ao terceiro dia, manifestou-se a eles vivo novamente, havendo profetizado os divinos profetas estas e outras maravilhas acerca dele. E até o dia de hoje a tribo dos cristãos não desapareceu" (Ant. XVIII, 63-64).

> "O jovem Anã... pertencia à escola dos saduceus que são, como já tenho explicado, certamente os mais desprovidos de piedade entre os judeus na hora de aplicar justiça. Possuído de um caráter assim, Ananias considerou que tinha uma oportunidade favorável porque Festo estava morto e Albino encontrava-se ainda a caminho. De maneira que convenceu os juízes do Sinédrio e conduziu perante eles um chamado Tiago, irmão de Jesus, o chamado messias, e a alguns outros. Acusou-os de haver transgredido a Lei e ordenou que fossem apedrejados. Os habitantes da cidade que eram considerados de maior moderação e que eram rígidos na observância da Lei se ofenderam por aquilo. Portanto enviaram uma mensagem secreta ao rei Agripa, dado que Anã não se havia comportado correta-

mente em sua primeira atuação, instando para que lhe ordenasse desistir de semelhantes ações ulteriores. Alguns deles então foram ver com Albino, que vinha de Alexandria, e lhe informaram que Anã não tinha autoridade para convocar o Sinédrio sem seu consentimento. Convencido por essas palavras, Albino, cheio de ira, escreveu a Anã ameaçando-o vingar-se dele. O rei Agripa, por causa da ação de Anã, o depôs do Sumo Sacerdócio que havia ostentado durante três meses e o substituiu por Jesus, o filho de Damneo."

Nenhuma das duas passagens de *Antigüedades*, relativas ao objeto de nosso estudo, é aceita geralmente como autêntica, embora seja muito comum aceitar a autenticidade do segundo texto e rejeitar a do primeiro, no todo ou em parte. O fato de Josefo falar em Ant XX de Tiago como *"irmão de Jesus chamado messias"* — uma referência tão fraca e neutra que não podia ter surgido de um interpolador cristão — faz pensar que anteriormente fizera referência a Jesus. Essa referência anterior a respeito de Jesus seria a de Ant XVIII 3, 3. A autenticidade dessa passagem não foi praticamente questionada até o séc. XIX, já que todos os manuscritos que nos chegaram a contêm. Tanto a limitação de Jesus a uma simples condição humana como a ausência de outros apelativos tornam praticamente impossível que sua origem seja a de um interpolador cristão. Além disso, a expressão tem paralelos no próprio Josefo (Ant XVIII 2,7; X 11,2). Certamente também é autêntico o relato da morte de Jesus, no qual se menciona a responsabilidade dos *saduceus por ela e se descarrega a culpa sobre *Pilatos, o que nenhum evangelista (não digamos cristãos posteriores) estaria disposto a afirmar de maneira tão categórica, mas que seria lógico em um fariseu e, principalmente, se não simpatizava com os cristãos e se sentia inclinado a apresentá-los sob uma luz desfavorável perante um público romano.

Outros aspectos do texto apontam também uma procedência de Josefo: a referência aos saduceus como "os primeiros entre nós", a descrição dos cristãos como "tribo" (algo não necessariamente pejorativo) (Comp. com Guerra III, 8,3; VII, 8,6) etc. É, portanto, bem possível que

Jesus nas fontes não-cristãs / 177

Josefo incluíra nas *Antigüedades* uma referência a Jesus como um "homem sábio", cuja morte, instigada pelos saduceus, foi executada por Pilatos e cujos seguidores ainda existiam até a data em que Josefo escrevia. Mais duvidosa é a clara afirmação de que Jesus "era o messias" (Cristo); as palavras "se é que pode chamar-se homem"; a referência como "mestre de pessoas que aceitam a verdade com prazer" possivelmente seja também autêntica em sua origem, embora nela pudesse haver escapado um erro textual, quando o copista confundiu (intencionalmente ou não) a palavra TAAEZE com TALEZE; e a menção à ressurreição de Jesus. Em resumo, podemos ressaltar que o relato de Jesus que Josefo originalmente delineou pode ser muito semelhante ao que apresentamos a seguir: Jesus era um homem sábio, que atraiu muitas pessoas que o acompanhavam, guiadas, muitas vezes, mais pelo gosto da novidade (ou pelo extraordinário) do que por uma disposição profunda para a verdade. Dizia-se o messias e, talvez por isso, os membros da classe sacerdotal decidiram acabar com ele e, com essa intenção, entregaram-no a Pilatos, que o crucificou. Apesar de tudo, seus seguidores, chamados cristãos, por causa das pretensões messiânicas de seu mestre, DISSERAM que ele lhes aparecera. No ano 62, um irmão de Jesus, chamado Tiago, foi executado por Ananias; na ocasião, a morte não contou com o apoio dos ocupantes, mas ocorreu porque os judeus aproveitaram-se de um vazio de poder romano na região. Nem mesmo essa morte conseguiu acabar com o movimento.

Além dos textos mencionados, temos de fazer referência à existência do Josefo eslavo e da sua versão árabe. Esta última, recolhida por certo Agapio no séc. X, coincide em boa parte com a leitura que fizemos de Josefo nas páginas anteriores; sua autenticidade, porém, é problemática. Sua tradução para o português é esta:

> "Nesse tempo existiu um homem sábio de nome Jesus. Sua conduta era boa e era considerado virtuoso. Muitos judeus e pessoas de outras nações converteram-se em discípulos seus. Os que haviam se convertido em seus discípulos não o abando-

naram. Relataram que ele lhes aparecereu três dias depois de sua crucifixão e que estava vivo; de acordo com isso, foi talvez o messias do qual os profetas haviam contado maravilhas".

Quanto à versão eslava, trata-se de um conjunto de interpolações não apenas relativas a Jesus, mas também aos primeiros cristãos.

W. E. Barnes, *The Testimony of Josephus to Jesus Christ*, 1920 (a favor da autenticidade das referências flavianas sobre Jesus); C. G. Bretschneider, *Capita theologiae Iudaeorum dogmaticae e Flauii Iosephi scriptis collecta*, 1812, pp. 59-66 (a favor); B. Brüne, "Zeugnis des Josephus über Christus" em *Tsh St Kr*, 92, 1919, pp. 139-147 (a favor, mas um autor cristão eliminou parte do conteúdo do texto); F. F. Bruce, *¿Son fidedignos los documentos del Nuevo Testamento?*, Miami 1972, pp. 99ss. (a favor, mas sustentando que um copista cristão eliminou parte do conteúdo original); F. C. Burkitt, "Josephus and Christ" em *Th T*, 47, 1913, pp. 135-144 (a favor); A. von Harnack, *Der jüdische Geschichtsschreiber Josephus und Jesus Christus*, 1913, cols. 1037-1068 (a favor); R. Laqueur, *Der Jüdische Historiker Josephus*, Giessen, 1920, pp. 274-278 (o testemunho flaviano procede do próprio Josefo, mas em uma edição posterior das Antigüedades); L. Van Liempt, "De testimonio flaviano" em *Mnemosyne*, 55, 1927, pp. 109-116 (a favor); R. H. J. Shutt, *Studies in Josephus*, 1961, pp. 121; C. K. Barret, *The New Testament Background*, Nova York 1989, pp. 275ss. (o texto aparece em todos os manuscritos das *Antigüedades*, embora apresente omissões realizadas por copistas cristãos. Originalmente, assemelhar-se-ia às referências josefianas sobre João Batista); S. G. F. Brandon, *Jesus and the Zealots*, Manchester 1967, pp. 121,359-368 (a favor da autenticidade, mas com interpolações); Idem, *The Trial of Jesus of Nazareth*, Londres 1968, pp. 52-55; 151-152; L. H. Feldman, *Josephus, IX*, Cambridge e Londres 1965, pp. 49 (autêntico, porém interpolado); R. Götz, "Die urprüngliche Fassung der Stelle Josephus Antiquit. XVIII 3,3 und ihr Verhältnis zu Tácitus Annal. XV, 44" em *ZNW*, 1913, pp. 286-297 (o texto tem somente algumas partes autênticas que, além disso, são mínimas e, em seu conjunto, foi reelaborado profundamente por um copista cristão); J. Klausner, *Jesús de Nazaret*, Buenos Aires, 1971, pp. 53ss. (não há base para supor que toda a passagem é espúria, mas já estava interpolado na época de Eusébio de Cesaréa); T. W. Manson, *Studies in the Gospel and Epistles, Manchester*, 1962, pp. 18-19; H. St. J. Thackeray, *o. c.*, p. 148 (a passagem procede de Josefo ou de um secretário, porém o censor ou copista cristão realizou nele pequenas omissões ou alterações que mudaram seu sentido); G. Vermés, *Jesús el judío*, Barcelona 1977, pp. 85 (é improvável a interpolação por um autor cristão posterior); P. Winter, *On the trial of Jesus*, Berlim 1961, pp. 27,

165, n. 25 (sustenta a tese da interpolação); E. Schürer, "Josephus" em *Realenzyclopädie für die protestantische Theologie und Kirche*, IX, 1901, pp. 377-386 (é falso); W. Bauer, *New Testament Apocrypha*, I, 1963, pp. 436-437 (é falso); H. Conzelmann, "Jesus Christus" em *RGG*, III, 1959, cols. 619-653 e 662 (pretende, o que é muito discutível, que a passagem reflita o querigma de Lucas); F. Hahn. W. Lohff e G. Bornkamm, *Die Frage nach dem historischen Jesus*, 1966, pp. 17-40 (é falso); E. Meyer, *Ursprung und Anfäge des Christentums*, I, Sttutgart-Berlim 1921, pp. 206-211 (é falso).

3. *As fontes clássicas*. São muito limitadas todas as referências a Jesus nas fontes clássicas.

A) *Tácito*. — Nascido por volta de 56-57 d. C., desempenhou os cargos de pretor (88 d.C.) e cônsul (97 d.C.), falecendo, provavelmente, durante o reinado de Adriano (117-138 d.C.). Nos Anais XV, 44, escritos por volta de 115-117, aparece uma menção explícita do cristianismo. O texto ressalta que os cristãos eram originários da Judéia, que seu fundador tinha sido um tal Cristo (é mais difícil saber se Tácito considerou a mencionada palavra como título ou como nome próprio), executado por Pilatos e que, durante o reinado de Nero, seus seguidores já estavam estabelecidos em Roma, onde não eram exatamente populares.

B) *Suetônio*. — Jovem durante o reinado de Domiciano (81-96 d.C.), exerceu a função de tribuno durante o de Trajano (98-117 d.C.) e secretário *ab epistulis* no de Adriano (117-138), cargo que perdeu por sua má conduta. Em sua *Vida dos Doze Césares* (Cláudio XXV), menciona um decreto do imperador Cláudio para expulsar de Roma uns judeus que causavam tumultos por causa de um tal "Cresto". A passagem parece concordar com o relatado em At 18,2 e podia referir-se a uma expulsão que, segundo Orósio (VII, 6, 15), teve lugar no nono ano do reinado de Cláudio (49 d.C.). De qualquer forma, não pode ser posterior ao ano 52. É objeto de controvérsia se *Chrestus* é grafia semelhante a *Christus*. Esse sentido é defendido por Schürer, junto com outros autores. Graetz, ao contrário, sustenta que *Chrestus* não era Cristo, mas um mestre cristão contemporâneo ao alexandrino Apolo, que é mencionado em 1Cor 1,12, devendo-se ler "*Jréstu*" em vez de "*Jristu*". É um tanto inverossímil a idéia de Cresto ter sido um messias judeu que chegara a Roma para semear uma revolta.

C) *Plínio, o Jovem* (61-114 d.C.). Governador da Bitínia sob o governo de Trajano, menciona no décimo livro de suas cartas os cristãos (X, 96, 97). Por suas referências, sabemos que Cristo era considerado Deus e que a ele se dirigiam com hinos e orações. Apesar dos maus-tratos recebidos em determinadas ocasiões pelas autoridades romanas, eram pessoas pacíficas e não deixaram de contar com abandonos em suas fileiras.

3. *O Islamismo*. A fé islâmica tem Jesus em grande consideração. O Corão menciona-o em vinte e cinco ocasiões com o nome de Isa. Dele se diz que é o messias (al-Masiaj) — limitando, porém, essa messianidade aos judeus — o filho de Maria, servo, profeta, mensageiro, palavra, espírito, testemunha, justo, bendito, eminente, aquele que está próximo, superior a todos, exceto Maomé. Na formação dessa visão, intervieram fontes bíblicas (possivelmente conhecidas de maneira indireta) e apócrifas. Assim, fala da anunciação (3,37ss.; 19,16ss.), da concepção virginal (19,22ss.) e de diversos milagres de Jesus (3,43; 5,109ss.). Nega que Jesus seja Deus e até mesmo confessa que nem ele nem sua mãe são Deus (5,76; 5,116ss.), o que evidencia a confusão de Maomé em relação à doutrina da *Trindade*. Insiste também que Jesus anunciou a chegada de Maomé (61,6). A princípio, parece que o Corão ensinou que Jesus — como consta nos evangelhos — morreu e ressuscitou (19,34) e que essa morte e ressurreição estavam no propósito de Deus (3,48). Uma sura posterior, correspondente ao período medinense, mostra uma mudança no ensinamento de Maomé — talvez por influência gnóstica — ao indicar que Jesus não morreu e que outro foi executado em seu lugar (4,156ss.) e que popularmente foi identificado, em certa oca-

são, com *Judas*. A tradição ensina que, em sua segunda vinda, Jesus será o justo juiz que quebrará as cruzes (como símbolo da idolatria), matará os porcos e abolirá a jizya. Aparecerá no minarete branco, a leste de Damasco e matará o anticristo ou monstro de um só olho (*al-dajjal*) na porta de Ludd. Conforme outra tradição, casar-se-á, terá filhos e morrerá depois de viver quarenta e cinco anos na terra. Será sepultado no túmulo de Maomé e ressuscitará entre Abu Bakr e Omar. Na literatura islâmica posterior, Jesus vai-se assemelhando a um asceta rigoroso, o que, na verdade, contradiz as notícias evangélicas.

R. Dunkerlye, *o. c.*; M. Asín e Palacios, "Logia et Agrapha Domini Jesu apud Moslemicos Scriptores, asceticos praesertim, usitata" em *Patrologia Orientalis*, XIII e XIX; C. Vidal Manzanares, *El judeo-cristianismo...*

João, Evangelho de

1. *Autoria e datação*. O primeiro que relacionou o Quarto Evangelho a João, o filho de Zebedeu, parece ter sido Irineu (*Adv. Haer*, 3,1,1), citado por Eusébio (HE 5,8,4), o qual menciona Policarpo como fonte de sua opinião. Sem dúvida, o testamento reveste-se de certa importância, mas não deixa de apresentar inconvenientes. As-

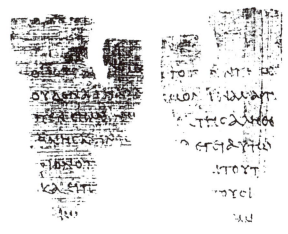

Um dos primeiros fragmentos do evangelho de João, por volta do ano 100 d.C.

sim, é estranho que outra literatura relacionada com Éfeso (a *Epístola de Inácio aos Efésios*, por exemplo) omita a suposta relação entre o apóstolo João e esta cidade. Também é possível que Ireneu tenha-se confundido quanto à notícia que recebeu de Policarpo, já que destaca que Papias foi ouvinte de João e companheiro de Policarpo (*Adv. Haer*, 5,33,4). No entanto, conforme o testemunho de Eusébio (HE 3,93,33), Papias foi, na realidade, ouvinte de João, o presbítero — que ainda vivia nos tempos de Papias (HE 3.39.4) — e não do apóstolo. Fica, pois, a possibilidade de que esse João foi o mesmo ao qual Policarpo se referiu.

Outras referências a uma autoria de João, o apóstolo, em fontes cristãs são muito tardias ou lendárias para serem questionadas, seja o caso de Clemente de Alexandria, transmitido por Eusébio (HE 6,14,17) ou o do Cânon de Muratori (c. 180-200). É certo que a tradição existia em meados do séc. II, mas não parece de todo concludente.

Quanto à evidência interna, o evangelho reúne referências que podemos dividir nas relativas à redação e nas relacionadas com o discípulo amado (13,23; 19,26-27; 20,1-10 e 21,7 e 20-4; possivelmente 18,15-16; 19,34-37 e talvez 1,35-36). As notícias recolhidas em 21,20 e 21,24 poderiam identificar o redator inicial com o discípulo amado ou talvez com a fonte principal das tradições recolhidas nele, porém, uma vez mais, fica obscuro se esta é uma referência a João, o apóstolo. Em nenhum momento o evangelho distingue o discípulo amado por nome nem tampouco o apóstolo João. E se na Última Ceia só estiveram presentes os Doze, obviamente o discípulo amado teria de ser um deles; tal dado, contudo, ainda não é seguro. Apesar de tudo, não se pode negar, de maneira dogmática, a possibilidade de o discípulo amado ser João, o apóstolo, e até mesmo existem alguns argumentos que favorecem essa possibilidade. Pode-se resumi-los da seguinte maneira:

1. A descrição do ministério galileu tem uma enorme importância em João, a ponto de a pró-

pria palavra "Galiléia" aparecer mais vezes neste evangelho do que nos outros (ver especialmente: 7,1-9).

2. Cafarnaum recebe uma ênfase muito especial (2,12; 4,12; 6,15), em contraste com o que os outros evangelhos designam o lugar de origem de Jesus (Mt 13,54; Lc 4,16). A própria sinagoga de Cafarnaum é mencionada mais vezes neste do que nos outros evangelhos.

3. O evangelho de João refere-se também ao ministério de Jesus na Samaria (c.4), o que é natural, levando-se em conta a relação de João, o de Zebedeu, com a evangelização judeu-cristã da Samaria (At 8,14-17).

4. João fazia parte do grupo de três (Pedro, Tiago e João) mais íntimo de Jesus. É, pois, um tanto estranho que um discípulo tão próximo a Jesus, como o discípulo amado — e não se tratando de João —, não apareça sequer mencionado em outras fontes.

5. As descrições da Jerusalém anterior ao ano 70 d.C. encaixam-se com o que sabemos da permanência de João nessa cidade, depois de Pentecostes. De fato, os dados fornecidos por At 1,13; 8,25 e por Paulo (Gl 2,1-10) indicam que João estava na cidade antes do ano 50 d.C.

6. João é um dos dirigentes judeu-cristãos que teve contato com a diáspora, assim como Pedro e Tiago (Tg 1,1; 1Pd 1,1; Jo 7,35 1Cor 9,5), o que se enquadraria com algumas das notícias contidas em fontes cristãs posteriores e em relação ao autor do Quarto Evangelho.

7. O evangelho de João procede de uma testemunha que se apresenta como ocular.

8. O vocabulário e o estilo do Quarto Evangelho destacam uma pessoa cuja primeira língua era o aramaico e que escrevia em grego correto, porém cheio de aramaísmo.

9. O pano de fundo social de João, o de Zebedeu, encaixa-se perfeitamente com o que se esperaria de um "conhecido do Sumo Sacerdote" (Jo 18,15). De fato, a mãe de João era uma das

mulheres que serviam Jesus "com seus bens" (Lc 8,3), como a mulher de Cuza, administrador das finanças de Herodes. Igualmente sabemos que contava com assalariados a seu cargo (Mc 1,20). Talvez alguns membros da aristocracia sacerdotal o vissem com menosprezo por ser um leigo (At 4,13), mas o personagem estava longe de ser medíocre, a julgar pela maneira tão rápida pela qual se tornou um dos primeiros dirigentes da comunidade hierosolimita, logo depois de Pedro (Gl 2,9; At 1,13; 3,1; 8,14 etc.).

Não sendo, pois, João, o de Zebedeu, o autor do evangelho (e pensamos que a evidência a favor dessa possibilidade não é pequena), teríamos de ligá-lo com algum discípulo mais próximo a Jesus (como os mencionados em At 1,21ss., por exemplo) e que contava com uma considerável importância dentro das comunidades judeu-cristãs da Palestina.

Em relação à datação do quarto evangelho, não se duvida porque o consenso tem sido quase unânime nas últimas décadas. Geralmente, os críticos conservadores datavam a obra em torno do final do séc. I ou início do séc. II, enquanto os radicais — como Baur — situavam-na por volta de 170 d.C. Um dos argumentos utilizados como justificativa dessa postura era ler em Jo 5,43 uma referência à rebelião de Bar Kojba. O fator determinante para refutar essa datação tão tardia foi o descobrimento, no Egito, do p 52, pertencente à última década do século I ou à primeira do século II, onde está escrito um fragmento de João. Isso situa a data da relação, no máximo, em torno de 90-100 d.C. Contudo, existem, em juízo de vários estudiosos, razões consideráveis para datar o evangelho em um período anterior. No ponto de partida dessa revisão da data, devem estar os estudos de C. H. Dodd sobre este evangelho. Este autor seguiu a corrente que data a obra entre 90 e 100, atribuindo-a a um autor estabelecido em Éfeso; reconheceu, sem dúvida, que o contexto do evangelho se refere a condições "presentes na Judéia antes do ano 70 d.C., e não mais tarde nem em outro lugar". De fato, a obra é descrita como "dificilmente inteligível" fora de um contexto puramente judeu anterior à destruição do Templo e até mesmo à rebelião de 66 d.C. Apesar dessas conclusões, C. H. Dodd sustentou a opinião em voga, alegando que Jo 4,53 era uma referência à missão pagã e que o testemunho de João recordava a situação em Éfeso em At 18,24-19,7. Ambas as teses são de difícil defesa para sustentar uma data tardia, já que a missão entre os pagãos foi anterior a 66 d.C., e At 18 e 19 narram acontecimentos também anteriores a 66 d.C. O certo é que atualmente se reconhece a existência de razões muito sólidas para defender uma datação da redação do evangelho anterior a 70 d.C. São elas: 1. A cristologia muito primitiva (ver Mensagem). 2. O pano de fundo que, como já advertiu Dodd, só se encaixa no mundo judeu-palestino anterior a 70 d.C. 3. A existência de medidas de pressão contra os cristãos antes do ano 70 d.C.: as referências contidas em Lc 4,29; At 7,58 e 13,50 mostram que não é necessário mencionar Jo 9,34ss.; 16,2 para episódios posteriores à destruição do Templo. 4. A ausência de referências aos pagãos. 5. A importância dos saduceus no evangelho. 6. A ausência de referências à destruição do templo. 7. A anterioridade ao ano 70 d.C. dos detalhes topográficos rigorosamente exatos.

2. *Estrutura e Mensagem*. O propósito do evangelho de João é claramente determinado em 20,31: levar a todos os povos a fé em Jesus como messias e Filho de Deus, a fim de que, por essa fé, obtenham a vida. O evangelho está dividido em duas partes principais, precedidas por um prólogo (1,1-18) e seguidas por um epílogo (c. 21). A primeira parte (1,19-12,50) ou o "Livro dos Sinais", segundo C. H. Dodd, apresenta uma seleção dos milagres — sinais ou signos — de Jesus. A segunda parte (13,1-20,31), também denominada "Livro da Paixão" (Dodd) ou da Glória (Brown), inicia-se com a Última Ceia e narra a paixão, morte e ressurreição de Jesus.

Três são os aspectos especialmente centrais na mensagem de João. Em primeiro lugar, a revelação de Deus através de seu Filho Jesus (1,18). Evidentemente, a cristologia desse evangelho é muito primitiva e assim Jesus aparece como "profeta e rei" (6,14ss.); "profeta e messias" (7,40-42); "profeta" (4,19; 9,17); "messias" (4,25); "Filho do homem" (5,27) e "Mestre da parte de Deus" (3,2). Sem súvida, do mesmo modo que *Q, onde Jesus se refere a si mesmo como a *Sabedoria, neste evangelho enfatiza-se que o Filho é, pela filiação, igual a Deus (Jo 5,18) e Deus (1,1; 20,28). De fato, o Logos joanino de Jo 1,1 não é senão a tradução grega do termo aramaico *Memrá, uma circunlocução para referir-se a YHVH no Targum. É o próprio Deus que se aproxima, revela e salva em Jesus, já que este é o *"Eu sou" que apareceu a Moisés (Êx 3,14; Jo 8,24; 8,48-58). Isso se evidencia, por exemplo, nas prerrogativas do Filho em julgar (5,22.27.30; 8,16.26; 9,39; 12,47-48), ressuscitar os mortos (5,21.25-26.28-29; 6,27; 35,39-40,50-51.54-58; 10,28; 11,25-26) e trabalhar no *sábado (5,9-18; 7,21-23).

O segundo aspecto essencial da mensagem joanina é que em Jesus não somente vemos Deus revelado, mas também encontramos a salvação. Todo aquele que crê em Jesus alcança a vida eterna (3,16), tem a salvação e passa da morte à vida (5,24). E a fé é uma condição tão essencial que os sinais pretendem, fundamentalmente, levar as pessoas a uma fé que as salve. De fato, crer em Jesus é a única "obra" que se espera que o ser humano realize para obter a salvação (Jo 6,29). Aceitar ou não Jesus como Filho de Deus, como "Eu sou", como messias, tem efeitos contudentes e imediatos. A resposta positiva — uma experiência que Jesus denomina "novo nascimento" (3,1ss.) — conduz à vida eterna (3,15) e a ser convertido em filho de Deus (1,12); a negativa leva à condenação (3,19) e ao castigo divino (3,36). Partindo-se dessas posturas existenciais, dessa separação entre incrédulos e fiéis, pode-se entender o terceiro aspecto essencial da mensagem joanina: a criação de uma nova comunidade espiritual em torno de Jesus e sob a direção do *Espírito Santo*, o Consolador. Só se pode chegar a Deus por um caminho, o único: Jesus (14,6). Só se pode dar frutos unido à videira verdadeira: Jesus (Jo 15,1ss.). Todos os que assim se unem a Jesus serão perseguidos por um mundo hostil (15,18ss.), todavia serão também objeto da ação do Espírito Santo (16,5ss.), viverão em uma alegria que humanamente não se pode entender (16,17ss.) e vencerão o mundo como Jesus (16,25ss.). Neles também se manifestará um amor semelhante ao de Jesus (Jo 13,34-35), o Filho que voltará, no final dos tempos, para recolher os seus e levá-los à casa de seu Pai (Jo 14,1ss.). É lógico que essa cosmovisão se expresse nesse conjunto de oposições que não são exclusivas de João, mas que são tão explícitas nesse evangelho: luz-trevas, mundo-discípulos, Cristo-Satanás etc. O ser humano vê-se dividido diante de sua realidade — a de que vive nas trevas — e a possibilidade de obter a vida eterna pela fé em Jesus (5,24). O que aceita a segunda opção não se baseia em especulações nem em uma fé cega, porém em fatos que aconteceram na história e dos quais existiram testemunhas oculares (19,35ss.; 21,24). Ao crer em Jesus, descobre-se nele — que na *Ressurreição* demonstrou a veracidade de suas pretensões — seu Senhor e seu Deus (Jo 20,28) e obtém-se, já nesta vida, a vida eterna (20,31), integrando-se numa comunidade assistida pelo Espírito Santo e que espera a segunda vinda de seu Salvador (Jo 14,1ss.; 21,22ss.).

C. H. Dodd, *Interpretation*...; Idem, *Historical tradition*...; R. E. Brown, *Evangelio según san Juan*, 2 vols., Madri 1975; Idem, *La comunidad del discípulo amado*, Salamanca 1983; F. Manns, *L'Evangile de Jean*, Jerusalém 1991; J. A. T. Robinson, *Redating*...; Idem, *The Priority*...; C. Vidal Manzanares, *El judeo-cristianismo*...; Idem, *El Primer Evangelio*...; R. Bultmann, *The Gospel of John*, Filadélfia 1971; C. K. Barrett, *The Gospel, according to St. John*, Filadélfia, 1978; R. Schnackenburg, *The Gospel According to St. John*, 3 vols., Nova York 1980-1982; F. F. Bruce, *The Gospel of John*, Grand Rapids 1983; G. R. Beasley-Murray, *John*, Waco 1987; J. Guillet, *Jesucristo en el Evangelio de Juan*, Estella [5]1990; A. Juabert, *El Evangelio según san Juan*, Estella [12]1995.

João, o Apóstolo

Pescador, filho de *Zebedeu, foi um dos primeiros a ser chamado por Jesus e, por este, constituído *apóstolo. Junto com seu irmão *Tiago e com *Pedro, formava o grupo mais íntimo de discípulos e é sempre mencionado no ínicio das listas apostólicas, junto a Tiago, Pedro e André. Com o seu irmão *Tiago, recebeu o apelido de Boanerges, o filho do trovão (Mc 3). Desempenhou um papel de enorme transcendência na Igreja judeu-cristã de Jerusalém (At 1-8; Gl 2,9). É possível que, no final de sua vida, tenha desenvolvido um ministério missionário na Ásia Menor. Tradicionalmente é identificado como *João, o Evangelista, autor do quarto evangelho, e como o autor do Apocalipse.

C. H. Dodd, *Interpretation*...; Idem, *Historical tradition*...; R. E. Brown, *Evangelio según san Juan*, 2 vols., Madri 1975; Idem, *La comunidad del discípulo amado*, Salamanca 1983; F. Manns, *L'Evangile de Jean*, Jerusalém 1991; J. A.T. Robinson, *Redating*...; Idem, *The Priority*...; C. Vidal Manzanares, *El judeo-cristianismo*...; Idem, *El Primer Evangelio*...

João, o Batista

Pregador e profeta judeu do séc. I d.C. e executado por *Herodes Antipas, por causa dos ataques que dirigiu a ele, chamando-o de adúltero. De família sacerdotal, tem-se discutido sua possível vinculação com a seita do Mar Morto. Sem dúvida, as diferenças entre ambos são consideráveis, o que dificulta aceitar a veracidade dessa hipótese. Os evangelhos apresentam-no como o precursor de Jesus, a quem batizou (Mt 3,1ss. e par.), e sobre cuja messianidade interrogou, ao saber que a mensagem de Jesus não previa um juízo imediato (Mt 11,1ss. e par.). O certo é que isso não provocou qualquer oposição de Jesus (Mt 11,7ss. e par.) e que alguns dos discípulos de João tornaram-se discípulos de Jesus (Jo 1,35ss.; At 19,1ss.).

C. Vidal Manzanares, *El judeo-cristianismo*...; Idem, *Los esenios*...

João, o Evangelista

Tradicionalmente (desde o séc. II), tem-se identificado o autor do Quarto Evangelho com o filho de Zebedeu: João. Embora um bom número de autores modernos recusem essa hipótese, razões têm sido reconsideradas — R. A. T. Robinson, por exemplo — para possibilitar esse ponto de vista. O autor do quarto evangelho conhece mais intimamente o ministério da Galiléia e até nos dá informações sobre ele que não conhecemos através de outros evangelhos. A situação abastada dos filhos de Zebedeu — cujo pai contava com vários assalariados — permite crer que era "conhecido" do Sumo Sacerdote. Além disso, descreve com impressionante rigor a Jerusalém anterior a 70 d.C., o que é lógico em uma pessoa que foi, segundo Paulo, uma das colunas da comunidade judeu-cristã daquela cidade (Gl 2,9). A tudo isso, acrescenta-se o testemunho unânime dos autores cristãos posteriores que atribuem essa autoria a João. Em todo caso, e seja

*Início do evangelho segundo João
(Códice Vaticano, séc. IV)*

qual for a identidade do quarto evangelista, o certo é que recolhe uma tradição sobre a vida de Jesus muito antiga, fidedigna e independente da sinótica. É bem possível que sua redação seja anterior a 70 d.C., embora alguns autores prefiram situá-la por volta de 90 d.C. O autor do quarto evangelho é o mesmo que o das três epístolas de João, que constam no Novo Testamento, constituindo a primeira um guia interpretativo do evangelho para evitar que este seja lido em clave gnóstica.

C. H. Dodd, *Interpretation*...; Idem, *Historical tradition*...; R. E. Brown, *Evangelio según san Juan*, 2 vols. Madri 1975; Idem, *La comunidad del discípulo amado*, Salamanca 1983; F. Manns, *L'Evangile de Jean*, Jerusalém 1991; J. A. T. Robinson, *Redating*...; Idem, *The Priority*...; C. Vidal Manzanares, *El judeo-cristianismo*...; Idem, *El Primer Evangelio*...; R. Bultmann, *The Gospel of John*, Filadélfia 1971; C. K. Barrett, *The Gospel according to St. John*, Filadélfia 1978; R. Schnackenburg, *El evangelio según san Juan*, 3 vols., Barcelona 1980-1982; F. F. Bruce, *The Gospel of John*, Grand Rapids 1983; G. R. Beasley-Murray, *John*, Waco 1987; J. Guillet, *Jesucristo en el Evangelio de Juan*, Estella [5]1990; A. Juabert, *El Evangelio según san Juan*, Estella [12]1995.

João, o Teólogo

Conforme alguns estudiosos, é o autor do *Apocalipse e cujo túmulo estava em Éfeso. Por ser um personagem distinto de João, o evangelista (seja ou não este o filho de Zebedeu), é possível que tenha emigrado para a Ásia Menor, ao eclodir a revolta de 66-73 d.C. contra Roma. Sua obra é, portanto, anterior a 70 d.C. e constitui uma valiosa fonte para estudo da teologia judeu-cristã da época.

K. Stendhal, *The Scrolls*...; C. Vidal Manzanares, *De Pentecostés*...; C. H. Dodd, *Interpretation*...; Idem, *Historical tradition*...; R.E. Brown, *Evangelio según san Juan*, 2 vols., Madri 1975; Idem, *La comunidad del discípulo amado*, Salamanca 1983; F. Manns, *L'Evangile de Jean*, Jerusalém 1991; J. A. T. Robinson, *Redating*...; Idem, *The Priority*...; F. F. Ramos, *Evangelio según San Juan*, Estella 1989.

Jonas

1. Pai de *Pedro* (Mt 16,17). 2. Profeta, filho de Amati e natural de Gat-Jefer, ao norte de *Nazaré*. Segundo 2Rs 14,25, profetizou antes de o reino de *Israel* estender-se até o norte da Síria, sob o reinado de Jeroboão II. O livro que leva seu nome faz parte da coleção dos profetas menores. Jesus refere-se a ele, comparando sua permanência no ventre do peixe com o tempo que mediaria entre sua morte e sua ressurreição (Mt 12,39-41; 16,4; Lc 11,29ss.).

Jordão

O rio mais importante da Palestina, embora não-navegável. Nasce na confluência dos rios das montanhas do Antilíbano, a 43 m acima do nível do mar, e flui para o sul, pelo lago Merom (2 m acima do nível do mar). Depois de percorrer 16 km, chega ao lago de *Genesaré* (212 m abaixo do nível do mar) e prossegue por 350 km (392 m abaixo do nível do mar) até a desembocadura no Mar Morto. Nas proximidades desse rio, *João Batista* pregou e batizou.

E. Hoare, *o. c.*; F. Díez, *o. c.*

José

Filho de Jacó ou Eli, esposo de *Maria* e pai legal de Jesus (Mt 1; Lc 3,23; 4,22; Jo 1,45; 6,42). Pertencia à família de *Davi*, mas com certeza de um ramo secundário. Sua ocupação foi a de *"tekton"* (carpinteiro, ou melhor, artesão) (Mt 13,55). Casado com Maria, descobriu que ela estava grávida e, inicialmente, pensou em repudiá-la em segredo, possivelmente para evitar que ela fosse morta como adúltera. Finalmente contraiu matrimônio com ela e, após o nascimento de Jesus, foi para o Egito para salvá-lo de *Herodes*. Depois que este morreu, regressou à Palestina, estabelecendo-se na *Galiléia*. Ainda vivia quando Jesus completou doze anos e se perdeu no *Templo,* porém sua morte deve ter antecedido o ministério público de Jesus, porque os evangelhos não mais o mencionaram. Jerônimo atribuiu-lhe a paternidade dos chamados *irmãos* de Jesus, aos quais se faz referência em Mt 13,54-55 e Mc 6,3, todavia considerando-os fruto de um matrimônio anterior ao contraído com Maria.

José de Arimatéia

Homem importante e de muitos bens, membro do *Sinédrio*, originário de Ramazaim (possivelmente a atual Rentis, perto de El-Loed, Lydda). Às escondidas, foi *discípulo* de Jesus, porque temia os preconceitos que a manifestação pública dessa circunstância poderia ocasionar. Apelando para um privilégio que a lei romana oferecia, solicitou e obteve de Pilatos o cadáver de Jesus para sepultá-lo em um sepulcro novo, escavado na rocha e de sua propriedade (Mt 27,57ss.; Jo 19,38-42).

Josefo, Flávio

Ver *Jesus nas fontes não-cristãs.*

Judaísmo

Sistema cultural, religioso e espiritual que recebe o nome de sua relação com os judeus. Convencionalmente descrito não tanto como uma religião, mas como uma forma de vida (com o que coincide o cristianismo primitivo), seus textos religiosos compreendem a *Lei* escrita — e a oral no caso dos *fariseus* —, assim como outras fontes antigas. Basicamente, o judaísmo crê em um só Deus, criador e administrador do universo, e na entrega de sua Lei a Israel no Monte Sinai, o que obriga o povo a viver de acordo com um conjunto concreto de normas. Para alguns autores, não se deveria falar de judaísmo antes do final do séc. I d.C., quando então os setores do povo de

Israel que não aceitavam a interpretação farisaica da Lei desapareceram (*essênios*, *saduceus* etc.) ou foram expulsos (judeu-cristãos), passando o monopólio da interpretação bíblica aos fariseus, essencialmente de influências helenísticas. É inegável, então, que o existente na época de Jesus estava longe de ser monolítico e se dividira não só entre diversas seitas como fariseus, saduceus, essênios, mas também grande parte da população não mais se identificava com nenhuma delas. A transformação ocorrida após a catástrofe do ano 70 d.C. explica por que o judaísmo posterior reelaborasse, em bom númerro de casos, seus pontos de vista, num processo de confronto dialético-bíblico com o cristianismo, cuja legitimidade queria negar.

Y. Kaufmann, *o. c.*; W. F. Albright, *De la Edad de piedra al cristianismo*, Santander 1959; L. Baeck, *Essence of judaism*, Nova York 1948; J. Bright, *o. c.*; S. Hermann, *o. c.*; R. de Vaux, *o. c.*; J. Neusner, *Judaism...*; A. Cohen, *o. c.*; R. Donin, *o. c.*; Y. Newman, *o. c.*; C. Vidal Manzanares, *Los esenios...*; Idem, *Los Documentos...*; Idem, *El judeo-cristianismo...*

Judas

1. Iscariotes. O discípulo que traiu Jesus, entregando-o ao Sinédrio por trinta moedas de prata (Mc 14,10ss. Comparar com Zc 11,12-13). Já se pretendeu identificar seu cognome com "sicário" e ligando-o assim com a seita dos *zelotes*. Atualmente, essa interpretação é impossível, porque esse grupo não existia na época de Jesus. É mais provável que o nome se relacionasse com um local chamado Cariot. Os evangelhos atribuem sua traição à avareza (Mt 27,15ss.; Jo 12,6) e à ação de Satanás (Lc 22,3; Jo 6,70ss.; 13,2.26ss.). Suicidou-se (Mt 27,3ss.; At 1,16ss.), após ter devolvido o dinheiro da traição aos sacerdotes judeus, que adquiriram com ele um campo, *Hacéldama*, provavelmente destinado para o sepultamento dos pobres. Foi venerado pela seita gnóstica dos cainitas. 2. Um dos *irmãos* de Jesus (Mc 6,3; Mt 13,54ss.), o qual provavelmente

pode ser identificado como o autor da carta neotestamentária que leva seu nome. 3. Tadeu (ou Lebeu). Um dos *apóstolos*. Temos apenas alguns dados sobre ele (Jo 14,22).

O. Cullmann, *El estado en el Nuevo Testamento*, Madri 1966; S. G. F. Brandon, *Jesus and the Zealots*, Manchester 1967; C. Vidal Manzanares, *El judeo-cristianismo...*; H. Guevara, *o. c.*

Judéia

Denominação greco-latina do território que antigamente formava o reino de Judá e foi utilizada somente durante o domínio romano (Lc 5,17; Jo 4,3). A partir de 44, a Galiléia fez parte da Judéia e o termo começou a designar toda a Palestina.

Judeus

1. Súdito do reino de Judá formado pelas tribos de Judá e Levi. 2. O nascido de pais judeus (especificamente de mãe judia), o que aceita o judaísmo através da conversão (*guiur*), conforme a Torá escrita e oral. Não é considerado judeu o nascido de matrimônio misto, em que só o pai é judeu.

Jugo

Símbolo da relação de Deus com Israel através da *Lei* divina. Jesus apresenta seu ensinamento como novo jugo — suave e leve —, pois é antecedido da ajuda que o próprio Jesus oferece aos fatigados e sobrecarregados (Mt 11,28-30).

Juízo final

A idéia de um juízo final em que os salvos receberão uma recompensa eterna e os condenados, um castigo eterno e consciente aparece já na *escatologia* do Antigo Testamento (Dn 12,2ss.)

e tem seu reflexo no judaísmo posterior, no *Talmude* e em outras fontes. Jesus pregou a existência de um juízo final de toda a humanidade (Mt 25,31ss.; Jo 5,28-29), mas falou também de um juízo particular que acontece no momento da morte e no qual já se recebe o castigo (Lc 16,19ss.) ou o prêmio (Lc 23,43).

Reprodução: tímpano do juízo final

A. Cohen, *o. c.*; J. Grau, Escatología...; C. Vidal Manzanares, *El judeo cristianismo*...; Idem, *El Primer Evangelio*...; M. Gourgues, *El más allá en el Nuevo Testamento*, Estella [4]1993.

Jumento

Animal doméstico sobre o qual o *messias — como príncipe da paz — faria sua entrada em *Jerusalém (Zc 9,9). A partir desse ponto de vista devem ser lidos os relatos da entrada de Jesus nessa cidade (Mt 21,2-7; Mc 11,2-7; Lc 19,30-35; Jo 12,14ss.).

Juramento

De acordo com a *Lei de *Moisés, o judaísmo contemporâneo de Jesus permitia o juramento desde que não fosse falso (Lv 19,12), mas insistia na gravidade de se fazer juramentos superficiais (Lv 5,4). Jesus opôs-se totalmente à prática de qualquer modalidade de juramento (Mt 5,33ss.), por não considerá-lo, na realidade, eficaz e porque somente denota a falta de veracidade no tratamento, o que leva a reforçar a palavra com fórmulas desse tipo.

J. Driver, *Militantes*...; C. Vidal Manzanares, *El judeo-cristianismo*...

Justiça

Nos evangelhos, o termo se reveste de vários significados: 1. A ação salvadora de Deus (Mt 3,15; 21,32), que se manifesta gratuita e imerecidamente (Mt 20ss.). 2. A justificação que Deus faz do pecador, em virtude da *fé em Jesus (Mt 9,13; Mc 2,17; Lc 5,32). 3. O comportamento justo de uma pessoa (Mt 6,1ss.), que não deve ter finalidades exibicionistas, que caracteriza os seguidores de Jesus (Mt 6,33) e é fruto do *arrependimento. Tal como a praticam certos religiosos — como os escribas e fariseus — é insuficiente para se entrar no Reino dos Céus (Mt 5,20). Ela parte realmente não do desejo de se ganhar a salvação pelos próprios méritos, mas da gratuidade porque nós já a recebemos.

K. Barth, *o. c.*; J. Driver, *Militantes*...; C. Vidal Manzanares, *De Pentecostés*...

"L"

Nome com o qual se designa o material específico do evangelho de *Lucas* e que corresponde a uma extensão situada entre a sua metade e a terceira parte. Os autores alemães preferem denominar esse material como "S" (Sondergut-Material Especial).

Conforme B. H. Streeter, Lucas recolhera essa informação, que originou L, nos anos em que esteve com *Paulo*, em *Cesaréia*. Segundo E. Schweizer, L teria sido um documento já escrito (citado em Lc 1,1), do qual Lucas extraíra seu material. B. Reicke prefere considerar L como um conjunto de material oral, o que se relaciona com as antigas opiniões de que Lucas se nutria dos testemunhos de personagens como *Maria*, a mãe de Jesus, o evangelista Filipe ou *Cléofas*. Não deixa de ser revelador o fato de Lucas coincidir com João — mas não com os sinóticos — em aspectos como a menção de *Lázaro* e suas irmãs *Marta* e *Maria*, o interesse pela *Judéia* e *Samaria*, as referências ao apóstolo *Judas*, a menção ao corte da orelha do criado do Sumo Sacerdote e alguns detalhes relacionados com o processo de Jesus. Já que não parece que nem João nem Lucas tomaram materiais emprestados de outro, chega-se à conclusão de que, possivelmente, utilizaram fontes coincidentes nos aspectos mencionados. No material específico de L, encontram-se catorze *parábolas*, entre as quais se destacam algumas mais famosas como a do bom samaritano (Lc 10,29-37), a do filho pródigo (Lc 15,11-31) e a do fariseu e o publicano (Lc 18,9-14); referências bastante positivas às *mulheres* e ao relacionamento delas com Jesus (Lc 10,38-42; 23,49; 8,1-3); uma insistência na ilusão das riquezas (Lc 12,13-15.16-21; 16,19-31 etc.); ensinamento adicional sobre os últimos tempos (Lc 12,54-56; 13,1-9; 17,20-21; 28-32 etc.) e relatos das aparições de Jesus ressuscitado.

B. Reicke, *The Roots of the Synoptic Gospels*, Filadélfia 1986; B. H. Streeter, *The Four Gospels: A. Study of Origins*, Londres 1924; E. Schweizer, *The Good News according to Luke*, Atlanta 1984.

Lábios

Meio pelo qual se louva a Deus e se pronuncia externamente a adesão a ele. Jesus condenou duramente a proclamação externa que não corresponde a um coração confiante e a uma disposição para obedecer-lhe (Mt 15,8; Mc 7,6).

Ladrão

1. Uma das palavras com a qual Jesus descreve os falsos profetas e *messias (Jo 10,8). 2. Pela característica própria da atividade dos ladrões — clandestina e inesperada — Jesus compara com ela sua *parusia e a vinda do *Dia do Senhor (Mt 24,43; Lc 12,39). 3. A conduta do ladrão é condenada por Jesus como um dos pecados mais graves (Mt 15,19; 19,18; Mc 7,21; 10,19; Lc 18,20).

Lamentação

Canção triste de dor (Lc 23,27). Jesus comparou-a à mensagem de juízo de *João Batista, que não foi ouvida por seus contemporâneos (Mt 11,17; Lc 7,32).

Lâmpada

Objeto de argila, redondo e plano, em cuja extremidade havia uma mecha que, embebida em azeite e acesa, servia para iluminar. Essas características explicam por que o artefato aparece em relação a conceitos como a luz espiritual que os *discípulos* devem proporcionar ao mundo (Mt 5,15; Mc 4,21), a profecia (Jo 5,35), clareza na observação da realidade (Mt 6,22; Lc 11,33-36).

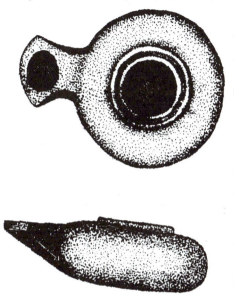

Lâmpada de azeite da época herodiana

Lavagem

1. De mãos. Ritual considerado obrigatório pelos fariseus como medida de purificação antes de uma refeição. Jesus não considerou obrigatório e criticou também que a pureza de coração fosse substituída por outra meramente ritualista (Mt 15,2-20). No caso de Pilatos (Mt 27,24), o ato simboliza a proclamação de sua inocência pela morte de Jesus e a atribuição dessa responsabilidade às autoridades judias. 2. De pés. Demonstração de cortesia que se tinha para com os convidados (Lc 7,38.44) e, na maioria, realizada por um escravo não-judeu. Era habitual que os *discípulos* dos rabinos realizassem esse serviço em atenção a seus mestres. Sem dúvida, Jesus inverteu o costume como símbolo de sua entrega até à morte pelos homens (Jo 13,4-15), apresentando assim um exemplo obrigatório para seus seguidores.

Lázaro

Abreviatura de Eleazar (Deus ajuda). 1. Nome do mendigo na narrativa de Lucas 16,19-31. O emprego de um nome próprio levou alguns autores a pensarem que a história não seria uma *parábola* e que com isso Jesus desejaria indicar a literalidade do episódio. 2. Irmão de *Marta* e *Maria*, ressuscitado por Jesus (Jo 11,1-44; 12,1-11.17). Em algum caso se tencionou identificá-lo (embora sem muito fundamento) com o *discípulo amado* (O. Cullmann).

Lebeu

Cognome de *Tadeu* (ou vice-versa), um dos *discípulos* de Jesus. Em alguns manuscritos, Lc 6,16 substitui esse nome pelo de Judas, filho de Tiago. Há a possibilidade de os três nomes designarem a mesma pessoa.

Legião

A unidade mais importante do exército romano. Contava com um total de 6.000 a 10.000 homens divididos em seis *coortes*. No caso do endemoninhado geraseno, essa palavra indicaria grande número de *demônios* que atormentavam o homem a quem Jesus curou (Mc 5,9-15; Lc 8,30).

Lei

Ver *Torá*.

Lei Oral

Em hebraico: *Torah shebeal peh*. O nome é aplicado às tradições supostamente entregues ao povo de Israel, de forma verbal, ao mesmo tempo que a lei escrita ou *Torá*. Tradicionalmente, afirma-se que essa lei oral tem sua origem no Sinai; historicamente, porém, não é assim, conforme se deduz não apenas de diferentes posturas diante dela nas escolas interpretativas existentes já um século antes de Cristo (*fariseu*, *saduceu*, *essênio* etc.), mas do fato de a tradição oral consagrada no *Talmude* ser quase exclusivamente a farisaica de influência helenística. Jesus manifestou-se contra a lei oral — à qual denomina *tradição* — porque considerava que ela corrompia, com hábeis subterfúgios, o espírito da *Lei* de *Moisés*.

P. Lenhardt e M. Collin, *La Torá oral de los fariseos*, Estella 1991; C. Vidal Manzanares, *El Primer Evangelio*...

Lenço

Tecido geralmente feito de linha ou lã, que era utilizado como vestimenta ou véu. Às vezes corresponde a lençol (Mc 14,51ss.).

Lepra

Entre os judeus, palavra que se referia a um bom número de enfermidades (moléstias) da pele. A *Lei* de *Moisés* considerava impuros os seres humanos, objetos e animais afetados por esse mal (Lv 13-14). Cada caso devia ser examinado por um *sacerdote*, que julgava se era contagioso e se o enfermo estava curado. Jesus realizou a *cura* de vários leprosos e respeitou a lei mosaica (Mt 10,8; 11,5; 26,6; Mc 1,40-44; Lc 4,27; 17,12-19).

Lepto

Moeda grega e romana de menor valor, equivalente à oitava parte de um *asse* e a um 1,55 g (Mc 12,42; Lc 12,59; 21,2). Em alguns casos, pode equivaler ao *óbolo*.

Levedura

Parte da massa que, uma vez fermentada, é acrescentada à massa fresca para deixar macio o *pão*. É, por isso, um símbolo perfeito da capacidade de fazer estimular a massa, apesar das condições desfavoráveis (Mt 13,33; Lc 13,20ss.). Porque a *Lei proibia o uso de levedura nas oferendas destinadas ao culto (Êx 23,18; Lc 2,11), a levedura simbolizava às vezes a corrupção moral (Mt 16,6.11ss.; Mc 8,15; Lc 12,1. Ver também: 1Cor 5,6-8; Gl 5,9).

Levi

Nome do *publicano *Mateus, um dos *apóstolos a quem se atribui o evangelho que leva seu nome (Mc 2,14; Lc 5,27-29; Mt 9,9).

Levirato

Em hebraico: *jalitzah*. O termo significa literalmente "*extração*" e se refere à sandália que se tira na cerimônia da qual participam uma viúva sem filhos e o irmão de seu marido falecido. Segundo a Bíblia (Dt 25,5-6), no caso de um homem morrer sem descendência, um de seus irmãos deve casar-se com a viúva para que o nome do falecido "não seja apagado de Israel". Portanto, são considerados do falecido os filhos desse segundo matrimônio (*yibum*). Em caso de nenhum irmão querer casar-se com a viúva, esta apresentava publicamente a reprovação, tirando a sandália (Dt 25,7-10). A mulher podia então casar-se com qualquer homem, exceto com um sacerdote (*cohen*). O livro bíblico de Rute (4,5-10) descreve uma clássica *jalitzah*. Os *saduceus recorreram à existência dessa lei para ridicularizar a crença na *ressurreição, defendida pelos fariseus e por Jesus (Mt 22,23-33; Mc 12,18-27; Lc 20,27-40).

Levitas

Descendentes de Levi, terceiro filho do patriarca Jacó, mas não de Aarão. Originalmente serviram no tabernáculo (Nm 3,5ss.). Durante a época de Jesus, realizavam tarefas de canto e música no templo e eram mantidos pelo dízimo ou *maaser* da comunidade. Jesus colocou um levita entre os protagonistas da *parábola do bom samaritano (Lc 10,25ss.), culpando-o pela falta de amor ao próximo, talvez por antepor o temor e/ou o cuidado pelas normas rituais (medo de contaminar-se com um cadáver) ao chamado da misericórdia.

Liberdade

Estado no qual uma pessoa se vê livre da escravidão ou da servidão. A expressão "liberdade" ou "libertação" só aparece uma vez em todos os evangelhos (Jo 8,31ss.). Longe de assumir uma visão política do termo em harmonia com alguns movimentos messiânicos do período do Segundo Templo (Jo 6,15), Jesus considerou que a escravidão real era a do *pecado e que o único caminho para libertar-se dela era crer nele. A identificação da escravidão com circunstâncias fundamentalmente raciais, nacionais ou políticas, longe de aclarar a visão espiritual, contribuiria — segundo Jesus — para obscurecê-la, já que, a menos que ele liberte a pessoa, esta não pode ser livre (Jo 8,31ss.).

E. "Cahiers Evangile", *Liberación humana y salvación en Jesucristo*, Estella [7]1991; C. Vidal Manzanares, *El judeo-cristianismo*...

Libertação

Ver *Liberdade*.

Libra

Medida romana de peso equivalente a 327,5 gramas (Jo 12,3; 19,39).

Linho

Planta da qual se extraía fibra destinada à fabricação de roupas luxuosas que ocasionalmente tinham uso litúrgico. Desse material eram as vestimentas usadas pelo protagonista abastado da *parábola* do homem rico e de *Lázaro* (Lc 16,19ss.).

Lírio

Termo que designa várias espécies de flores silvestres como a tulipa, o narciso, a íris, o cólquico e a que conhecemos, no sentido estrito, como lírio. Aponta-se a possibilidade de Jesus referir-se, no *Sermão da Montanha,* às anêmonas, cuja cor roxa recordava as vestes de Salomão (Mt 6,28; Lc 12,27. Comparar com Ct 2,1ss.16; 4,5; 6,2; Os 14,6). A lição extraída da beleza singela mas invejável dessas flores é que o *Pai* não demonstraria menos cuidado na hora de vestir seus *filhos* terrenos.

Liturgia

Conjunto de ritos inseridos no culto religioso. O início da liturgia judaica retrocede ao período do *Templo* em que os levitas interpretavam salmos. Existem alguns ritos de considerável antigüidade, como a recitação dos dez mandamentos (suprimida como reação diante do judeu-cristianismo), o *Shemá*, o *Hallel* (Sl 136,1), a oração conhecida como *Shmoné Shré* ou *amidah* e a bênção sacerdotal ou *birkat cohanim*. Durante o exílio babilônico, os judeus começaram a reunir-se em grupos aos *sábados* e em *festas*, circunstância que possivelmente encontra-se na origem da *sinagoga* e que assentaria as bases para o estabelecimento da liturgia.

R. Donin, *o. c.*; E. Barylko, *Celebraciones...;* L. Deiss, *La misa...*; Idem, *La Cena...*; C. Shepherd, *Jewish...*; C. Vidal Manzanares, *El judeo-cristianismo...*; Idem, *Diccionario de las tres...*; E. "F. Teológica Toulouse", *La Eucaristía en la Biblia*, Estella [6]1994.

Livro da vida

Livro em que se acham inscritos aqueles que receberão a *vida eterna* por serem *discípulos* de Jesus. Ter o nome escrito nesse livro é motivo de maior alegria do que ver os *demônios* submeterem-se à autoridade que os seguidores de Jesus têm sobre eles (Lc 10,19-20).

Ló

Sobrinho de Abraão (Gn 11,27-31; 13,1-13), que Deus livrou do castigo desencadeado sobre Sodoma e Gomorra (Gn 19). Jesus comparou a negligência espiritual dos habitantes dessas cidades, durante os dias de Ló, com a que sofrerão os homens antes de sua *Segunda Vinda* (Lc 17,28ss.).

Logos

Ver *Memrá*.

Loucura

Comportamento anormal oriundo de um transtorno psíquico. Jesus foi acusado de loucura, como conseqüência de suas pretensões pessoais (Jo 10,20). Ele considerava esses insultos de especial gravidade e indignos de seus *discípulos* (Mt 5,22). Na realidade, para Jesus a loucura mais perigosa não era a mental (de fato, curou alguns loucos, denominados *lunáticos)*, mas a moral, uma falta de juízo que considerava pecado (Mc 7,22) e que se evidenciava na incredulidade diante da *Escritura* (Lc 24,25), no apego às leis rituais sobre alimentos impuros que se sobrepunha à essência da *Lei* (Mt 15,16; Mc 7,18), na negativa de edificar a vida sobre o ensinamento de Jesus (expondo-se assim aos maiores desastres) (Mt 7,24ss.) e na negligência ante o *Juízo* final de Deus sobre os homens (Mt 25,2-8).

Lua

Satélite que gira em torno do planeta Terra. Na linguagem do *Apocalipse* sinótico, faz-se referência à perda de sua claridade antes do *Dia do Senhor* (Mt 24,29; Mc 13,24; Lc 21,15). Passagens como a de At 2,20 fazem pensar que essas expressões não contêm um sentido literal, mas um significado simbólico de mudança espiritual.

Lucas

Talvez diminutivo do nome latino Lucano (*Lucanus*). Médico de origem pagã que acompanhou *Paulo, conforme sugerem as passagens na 1ª pessoa do plural do Livro dos Atos (At 16,10-17; 20,5-15; 21,1-18; 27,1-28,16) e as próprias referências paulinas (Cl 4,14; 2Tm 4,11; Fm 24). Tradicionalmente, atribui-se a ele a redação do terceiro evangelho — que leva o seu nome — e do Livro dos Atos.

Lucas, Evangelho de

1. Autoria e datação. Esse evangelho forma um díptico com o Livro dos Atos dos Apóstolos. Atualmente, existe unanimidade quase total para se aceitar a opinião de que ambas as obras per-

*Início do evangelho segundo Lucas
(Códice Vaticano, séc. IV)*

tencem ao mesmo autor e que, evidentemente, Lucas foi escrito com anterioridade, conforme indicam os primeiros versículos do Livro dos Atos. Desde os finais do séc. I (I Clemente 13,2 e 48,4) atribui-se o evangelho — e, logicamente, Atos — a um certo Lucas, que é mencionado já no Novo Testamento (Cl 4,14; Fm 24; 2Tm 4,11). A língua e o estilo do evangelho, em si, não permitem rejeitar ou aceitar essa tradição, de maneira indiscutível. O britânico Hobart tentou demonstrar que no vocabulário do evangelho apareciam traços dos conhecimentos médicos do autor, como se percebe em 4,38; 5,18.31; 7,10; 13,11; 22,14 etc. Esses termos, porém, podem ser encontrados em autores de certa formação cultural como Josefo ou Plutarco. Por outro lado, o especial interesse do terceiro evangelho pelos pagãos encaixar-se-ia com a suposta origem pagã do médico Lucas. Embora, como salientou O. Cullmann, "não temos razão forte para negar que o autor pagão-cristão seja o mesmo Lucas, o companheiro de Paulo", tampouco existem razões para afirmá-lo com dogmatismo.

Quanto à datação, a maioria dos autores sustenta hoje uma data pouco anterior à da redação dos Atos, a qual se costuma fixar entre 80 e 90 d.C. Evidentemente, a datação que atribuímos a Atos repercutirá na que atribuímos a Lucas. Em relação àquele, N. Perrin aponta o ano de 85, com uma margem de cinco anos anteriores ou posteriores; E. Lohse indica 90 d.C.; P. Vielhauer, uma data próxima a 90 e O. Cullmann defende uma entre 80 e 90. O "terminus ad quem" da data de redação da obra é fácil de ser fixado porque o primeiro testemunho externo que temos dela encontra-se na *Epistula Apostolorum*, datada da primeira metade do séc II. Quanto ao "terminus ad quo", tem sido objeto de maior controvérsia. Para alguns autores, seria 95 d.C., baseando-se na idéia de que At 5,36ss. depende de Josefo (Ant XX, 97ss.). Mas essa dependência destacada por E. Schürer é muito discutida e, hoje em dia, geralmente abandonada. Tampouco são de maior utilidade as teorias que partem da não-utilização das cartas de *Paulo*, ainda mais se levarmos em conta que é comum essas formulações chegarem a conclusões diametralmente opostas. A opinião de que não existia uma coleção das cartas de Paulo (mediante o que o livro teria sido escrito no século I, possivelmente em data muito tardia) opõe-se à de que o autor ignorou conscientemente as cartas, o que dataria a obra entre 115 e 130 d.C. No entanto, a aceitação da segunda tese suporia uma tendência do autor a subestimar as cartas paulinas em favor de um elogio ao apóstolo, o que — conforme destacou P. Vielhauer — é improvável e, contrariamente, torna mais verossímil a primeira tese.

Não devem ser menosprezados os argumentos que apontam a possibilidade de que tanto Lucas como Atos foram escritos antes do ano 70 d.C. Atos termina com a chegada de Paulo a Roma. Não aparecem menções de seu processo nem da perseguição de Nero, nem muito menos de seu martírio. A isso se acrescente o fato de que o poder romano foi tratado com apreço (mas não com adulação) nos Atos, e a atmosfera que se respira na obra não pressagia nenhuma perseguição futura nem mesmo o que se vivera na mesma umas décadas antes. Como afirma B. Reicke, "a única explicação razoável para o abrupto final dos Atos é aceitar que Lucas nada sabia dos acontecimentos posteriores ao ano 62, quando escreveu seus dois livros". Em segundo lugar, embora *Tiago*, o *irmão* do Senhor, fosse martirizado no ano 62 por seus compatriotas judeus, o fato não está registrado nos Atos. Sabe-se que Lucas dá considerável importância a Tiago (At 15) e que não omite as referências negativas à classe sacerdotal e religiosa judaica, tal como se deduz de relatos como o da morte de Estêvão, a execução do outro Tiago, a perseguição a *Pedro* ou as dificuldades ocasionadas a Paulo por seus antigos correligionários. O silêncio de Atos quanto ao martírio de Tiago é, pois, algo que só pode ser explicado, de maneira lógica, se aceitarmos que Lucas escreveu antes de acontecer o mencionado fato, isto é, antes de 62 d.C. Em terceiro lugar, os Atos não mencionam absolutamente a destruição de Jerusalém e do Segundo Templo. Esse acontecimento serviu para confirmar boa parte das opiniões sustentadas pela Igreja primitiva e, efetivamente, foi empregado repetidas vezes por autores cristãos em suas controvérsias com judeus. Exatamente por isso, é muito difícil admitir que Lucas omitira o fato, ainda mais se levamos em conta que Lucas costumava mencionar o cumprimento das profecias cristãs (At 11,28). Portanto, se Atos foi escrito antes de 62 d.C. e os argumentos em favor dessa tese são bastante consideráveis, ainda mais antiga deve ser a data de redação do evangelho de Lucas. A única objeção aparentemente importante para opôr-se a essa opinião é que, supostamente, a descrição da destruição do Templo em Lc 21 deve ter sido escrita posteriormente ao fato, sendo assim um "vaticinium ex eventu". Essa afirmação é, contudo, escassamente sólida pelas seguintes razões: 1. Os antecedentes judeus veterotestamentários em relação à destruição do Templo (Ez 40-48; Jeremias etc.). 2. A coincidência com prognósticos contemporâneos no judaísmo anterior a 70 d.C. (por exemplo: Jesus, filho de Ananias, em *Guerra VI*, 300-309). 3. A simplicidade das descrições nos sinóticos, que deveriam ser mais prolixas, se fossem escritas após a destruição de Jerusalém. 4. A origem terminológica das descrições no Antigo Testamento. 5. A acusação formulada contra Jesus em relação à destruição do Templo (Mc 14,55ss.). 6. As referências em *Q — escritas antes de 70 d.C. — a uma destruição do Templo. De tudo que se afirmou, deduz-se que não há razões de solidez que obriguem a datar Lucas em 70 d.C. e que, o mais possível, é ele ter escrito antes de 62 d.C. De fato, já no seu tempo, C. H. Dodd ("The Fall of Jerusalem and the Abomination of Desolation" em *Journal of Roman Studies*, 37, 1947, pp. 47-54) salientou que o relato dos sinóticos não partia da destruição realizada por Tito, mas da invasão de Nabucodonosor em 586 a.C.; também afirmou que "não existe um só traço da predição que não possa ser documentado diretamente a partir do

Antigo Testamento". Antes, C. C. Torrey (*Documents of the Primitive Church*, 1941, pp. 20ss.) indicara também a influência de Zc 14,2 e outras passagens do relato lucano sobre a futura destruição do Templo. Igualmente, N. Geldenhuys (*The Gospel of Luke*, Londres 1977, pp. 531ss.) destacou a possibilidade de Lucas utilizar uma versão anteriormente escrita do Apocalipse sinótico, que recebeu especial atualidade com a intenção — no ano 40 d.C. — de se colocar uma estátua imperial no Templo e da qual haveria ecos em 2Ts 2.

Concluindo, podemos destacar que, embora a maioria coloque a datação de Lucas e Atos entre 80 e 90, existem argumentos fundamentalmente históricos que obrigam a questionar esse ponto de vista e a formular seriamente a possibilidade de a obra ter sido escrita em um período anterior ao ano 62, quando aconteceu a morte de Tiago, autêntico "terminus ad quem" da obra. Semelhante é o ponto de vista defendido nos últimos anos por bom número de autores tanto em relação ao evangelho de Lucas (alguns, como D. Flusser ou R. L. Lindsay, consideram até que foi o primeiro a ser redigido) como também ao conjunto dos *sinóticos*.

2. Estrutura e mensagem. O evangelho de Lucas pode ser dividido em cinco partes específicas: 1. A introdução e os relatos da concepção e nascimento de João Batista e de Jesus (1,1-2,52); 2. A missão de João Batista e a preparação para o ministério de Jesus (3,1-4,13); 3. O ministério galileu de Jesus (4,14-9,50); 4. A viagem a Jerusalém e o ministério na Peréia (9,51-19,44); 5. A entrada em Jerusalém e a paixão, morte e ressurreição de Jesus (19,45-24,53).

Cristologicamente, Lucas identifica Jesus com o *messias* — *Servo* de YHVH de Isaías 42 e 53 (Lc 9,20ss.), o redentor de Israel (24,21), o *Filho do homem* (5,24; 22,69), *o Senhor* (20,41-44; 21,27; 22,69) — um dos títulos mais usados por este evangelho em relação com Jesus: aquele que salva (2,11; 1,70-75; 2,30-32); o Filho de *Davi* (1,27.32.69; 2,4.11; 18,38-39); o Rei

(18,38); o Mestre (7,40; 8,49; 9,38; 10,25; 11,45; 12,13; 18,18; 19,39; 20,21.28.39; 21,7; 22,11) e, de maneira muito especial, o *Filho de Deus* (1,35; 2,49; 3,21; 3,38; 4,3.9.41; 9,35; 10,21-22) que se relaciona com o *Pai*, de uma forma que não admite paralelo com ninguém mais, o que implica sua divindade. Nesse sentido, são de especial interesse a identificação entre Jesus e a *Hipóstase* divina da *Sabedoria* (7,35; 11,49-51) assim como a aplicação a Jesus de passagens que originalmente se referem a YHVH no Antigo Testamento (Is 40,3 com Lc 3,3-4).

É precisamente Jesus — que se apresenta com essas prerrogativas — que traz o *Reino* (4,18.43; 7,22; 8,1; 9,6; 10,11), determinando assim um marco sem comparação na história da humanidade. Com seu ministério, deu início a um novo tempo (17,20-21), em que as forças demoníacas serão derrotadas um dia (10,18-20) e em que se questiona radicalmente a religiosidade sem misericórdia (11,43-46); o monopólio de Deus por uma classe religiosa (11,52); a obediência a normas externas sem pureza de coração (11,37-39a); a negligência do essencial na *Lei* de Deus (11,42) e a perseguição dos que se opõem a essa forma de vida (11,43-54).

O mundo não se divide em bons e maus como queria crer o *fariseu* da *parábola* (18,9-14). Pelo contrário, todos os seres humanos estão perdidos e necessitam do perdão gratuito do Pai para salvar-se e da ação salvadora de Jesus, que vem buscá-los (5,31-32; parábolas do capítulo 15). Para poder receber essa salvação, basta reconhecer humildemente a situação de extravio espiritual (18,9-14) e converter-se (13,1ss.). O fundamento para esse novo pacto entre Deus e a humanidade, para essa *Nova Aliança*, não é outra senão a morte expiatória de Jesus na cruz (24,25-27; 22,19-20). A transcendência de ambas as situações — a perdição do ser humano e a iniciativa redentora de Deus — explica a importância de tomar uma decisão e de tomá-la já (14,15ss.), porque aqueles que não optarem por ouvir a mensagem só podem esperar a condenação eterna

(10,15; 12,5). Nada pode ser apresentado como desculpa para evitar a *conversão, porque sem ela todos perecerão (13,1ss.). O próprio povo de Israel — impenitente em sua maioria — teria de reconhecer a causa de sua recusa em escutar Jesus e os profetas (11,49-51), a destruição do Templo (13,34-35) e da cidade santa (21,1ss.).

A perspectiva para os que decidem converter-se em seguidores de Jesus é bem diferente. A partir desse momento, sua vida é movida pela presença do *Espírito Santo (11,13; 12,11-12), sob os cuidados da Providência Divina (12,22ss.) e no amor ao próximo (10,25ss.; 6,27). Com essa atitude, demonstram que já se iniciou o período da história que se encerrará com o retorno de Jesus (21,34ss.), com o juízo de Israel (22,28-30), com o prêmio dos discípulos (6,23; 10,20; 12,33) e com o castigo dos incrédulos (10,13-15; 12,4-6; 17,22ss.). Essa é, na totalidade, a mensagem que Jesus pregou. Não se trata de uma especulação filosófica ou de um relato simbólico, mas de uma verdade histórica que pode ser provada por testemunhas que ainda viviam quando se redigiu o evangelho que Lucas enviou a *Teófilo (1,1-4) e, por ele, às gerações vindouras.

F. Bovon, *Das Evangelium nach Lukas*, Zurique 1989; F. Danker, *Jesus and the New Age*, Filadélfia 1988; E. E. Ellis, *The Gospel of Luke*, Grand Rapids 1974; C. F. Evans, *Saint Luke*, Filadélfia 1990; I. H. Marshall, *Commentary on Luke*, Grand Rapids 1978; R. L. Lindsay, *A Hebrew Translation of the Gospel of Mark*, Jerusalém 1969; Idem, *A New Approach to the Synoptic Gospels*, Jerusalém 1971; H. Schürmann, *Das Lukasevangelium*, Friburgo 1969; C. Vidal Manzanares, *El Primer Evangelio...*; Idem, *El judeo-cristianismo...*; J. Wenham, *Redating Matthew, Mark and Luke*, Downers Grove 1992; B. H. Young, *Jesus and His Jewish Parables*, Nova York 1989; J. B. Orchard, "Thessalonians and the Synoptic Gospels" em *Bb*, 19, 1938, pp. 19-42 (data Mateus entre 40 e 50, pois Mt 23,32-25.46 parece ser conhecido por Paulo); Idem, *Why Three Synoptic Gospels*, 1975 (data Lucas e Marcos nos inícios dos anos 60 d.C.); B. Reicke, *o. c.*, p. 227 (situa também os três sinóticos antes do ano 60); J. A. T. Robinson, *Redating the New Testament*, Filadélfia 1976, pp. 86ss.; A. George, *El Evangelio según san Lucas*, Estella [13]1; M. Laconi, *San Lucas y su iglesia*, Estella 1987; L. F. García Viana, *Evangelio según San Lucas*, Estella 1988.

Lúcifer

Um dos nomes atribuídos ao *diabo, a partir de Is 14,12 e Lc 10,18.

Lunático

Doentes mentais que recebiam esse nome porque se supunha que seu estado piorava ou melhorava conforme as fases da lua. Jesus curou pessoas que padeciam dessa moléstia (Mt 4,24), que aparece claramente diferenciada dos fenômenos de possessão demoníaca.

Luz

Símbolo da claridade espiritual, que procede do *Evangelho de Jesus (Mt 4,16; Lc 1,79) e não se restringe aos judeus, mas que chega até aos *gentios (Lc 2,32). Acompanha algumas manifestações gloriosas de Jesus como a da sua *Transfiguração (Mt 17,2-5). Os *discípulos devem ser canais dessa luz (Mt 5,14-16; Lc 12,35), evangelizar e atuar na transparência própria da luz (Mt 10,27; Lc 12,3).

"M"

Nome técnico que se costuma dar ao material próprio de *Mateus que não tem paralelo em *Lucas ou *Marcos. Diversos autores (Streeter, Manson etc.) consideram que esse material é uma fonte escrita prévia de Mateus, judeu-cristã e bastante polêmica com *escribas e *fariseus. "M" enfatiza a visão de Jesus como autêntico intérprete da *Lei (5,21-48), fundador da *Igreja (16,18-19) e enviado para a salvação de Israel (10,5-7). Seu ensinamento é a expressão real da vontade de Deus (11,28-30), que é seu *Pai, de uma forma muito distinta (6,1-8.16-18; 18,19) e, a partir da qual, os *discípulos também se tornam *filhos de Deus (comparar com Jo 1,12).

S. H. Brooks, *Matthew's Community*, Sheffield 1987; T. W. Manson, *The Sayings of Jesus*, Londres 1957; B. H. Streeter, *The Four Gospels*, Londres 1930.

Madalena

Ver *Maria Madalena.

Mãe

Os evangelhos reúnem numerosas referências à mãe relacionadas com a concepção (Lc 1,24.31.36; 2,21), a gravidez (Mt 1,18-23; Lc 2,5), o parto (Lc 1,13.57; 23,29), com a preocupação pelo futuro dos filhos (Mt 20,20) ou com sua dor pela morte deles (Mt 2,18). A atitude de Jesus com as mães foi muito positiva e as considerava — como o judaísmo de sua época — dignas de receber os benefícios oferecidos pela *Lei de Deus e que eram, muitas vezes, omitidos, recorrendo-se a subterfúgios legalistas (Mt 15,4ss.; Mc 7,10-12). É compreensível, pois, que Jesus expressasse sua compaixão pelas mães que estivessem amamentando quando acontecesse a destruição de *Jerusalém (Mt 24,19; Mc 13,17; Lc 21,23). Mesmo tendo a maternidade em tão grande estima, não deixa de ser relevante que destacasse como mais importante do que sua mãe *Maria tê-lo dado à luz cumprir a Palavra de Deus (Lc 11,27ss.). Jesus a manteve discretamente à parte de seu ministério (Lc 2,48; Jo 2,4) e afirmou que "sua Mãe" era aquela que punha em prática a vontade do Pai (Mt 12,46-50; Mc 3,31-35; Lc 8,19-21).

Em seu ensinamento, Jesus recorreu freqüentemente a símbolos extraídos da função materna. Assim, Deus é como uma mãe que deseja proteger e reunir seus filhos (Lc 19,41-44) e as dores do parto são símbolo da presente era, durante a qual os *discípulos sofrem tribulação, mas que terminará com o triunfo do *messias (Jo 16,21).

Magadã

Região situada próxima ao mar da *Galiléia (Mt 15,39) e para onde Jesus se dirigiu após a segunda multiplicação dos pães e dos peixes. Mc 8,10 denomina-a *Dalmanuta.

Mágdala

Cidade situada às margens do mar da *Galiléia, ao norte de *Tiberíades. Às vezes é identificada com *Dalmanuta e com *Magadã.

"Magnificat"

"Exalta" (latim). Na tradução da Vulgata da Bíblia, primeira palavra do hino que *Maria entoa em Lc 1,46ss. Claramente divisível em duas seções (46-49.50-55), Maria dedica a primeira para exaltar a Deus, partindo de sua própria experiência subjetiva. Deus é seu Senhor, a quem engrandece (*"magnificat"*) (v. 46), seu Salvador em quem se alegra (v. 47), porque ele olhou para ela (v. 48a). Aquele a quem ela serve (v. 48a) colocou-a numa circunstância tal que as gerações futuras considerá-la-ão bem-aventurada (v. 48b), porque o Poderoso nela realizou grandes coisas (v. 49). Essa vivência pessoal de Maria não é isolada no tempo e no espaço, mas, ao contrário, une-se ao propósito salvífico e multissecular de Deus. Prova disso é que, no passado, ele manifestou sua misericórdia àqueles que o temiam (v. 50), humilhou os soberbos (v. 51), interveio na história política e social, alterando-a (v. 52a.53b), exaltou os humildes (v. 52a), saciou os famintos (v. 53a). Mas agora, no presente, essa manifestação salvífica de Deus chegou ao seu cume, ao recordar a promessa realizada — a vinda do *messias — a Abraão e à sua descendência (v. 53-55).

Embora seja evidente que o Magnificat inspira-se claramente em tradições messiânicas judaicas e tem uma especial influência do cântico de Ana, contido em 1Sm 2,7-10, é certo que apresenta uma diferença essencial: a sensação de excepcionalidade e de cumprimento presente. Maria não é a única abençoada por Deus no decorrer da história, mas a única abençoada nesse sentido e grau; muitos refletiram sobre as intervenções divinas; contudo, até então, ninguém o fez com essa percepção de estar presenciando a maior intervenção da história; muitos esperavam a promessa feita a Abraão e a Israel; entretanto, Maria é a que leva a encarnação dessa mesma promessa em suas entranhas. Em todos esses sentidos, o Magnificat constitui uma ponte real entre o antigo e o novo, entre a esperança messiânica e a sua realização.

Magos

Originalmente, de acordo com os dados apresentados por Heródoto, membros de uma tribo persa, que se caracterizava pelo estudo dos fenômenos celestes. Os mencionados em Mt 2,1ss. parecem ser personagens que se enquadram nessa descrição. O texto não informa como se tornaram tradições populares posteriores, nem seus nomes ou condição real, nem que foram três. Essa última informação origina-se, possivelmente, do número de oferendas apresentadas ao Menino.

Mal

O oposto ao bem. Ao contrário de outras cosmovisões, não procede de Deus nem é um princípio necessário à constituição do cosmos. Origina-se no coração do homem (Mt 9,4; 12,34; 22,18; Mc 7,22; Lc 11,39), embora para ele contribuem também decisivamente *Satanás* e seus *demônios* (Mt 5,37; 12,45; 13,19.38; Lc 7,21; Jo 17,15). De ambas as circunstâncias provêm problemas físicos (Mt 15,22; Lc 16,25) e morais (Mt 22,18).

Jesus venceu o mal (Mt 12,28) e orou ao *Pai para que protegesse seus *discípulos do mal (Jo 17,15).

Malco

Nome do criado do Sumo Sacerdote a quem *Pedro cortou uma orelha, no seu esforço para defender Jesus (Jo 18,10). A ocasião permitiu a Jesus pronunciar um de seus ensinamentos contra o uso da *violência (Mt 26,52. Comp. Jo 18,36).

Maldição

Pronunciamento de um juízo cuja condenação é a separação, isto é, o inverso da bênção (Mt 25,41; Jo 7,49). Nesse sentido, a única maldição pronunciada por Jesus foi a que dirigiu simbolicamente à *figueira estéril (Mc 11,21) e a que proferirá aos condenados ao *inferno no *juízo final (Mt 25,41). Proíbe expressamente seus *discípulos de maldizer e até hão de bendizer aqueles que os maldizem (Lc 6,28).

Mamona/Mamón

Termo aramaico que, possivelmente, esteja relacionado com a raiz *"mn"* e contenha a idéia de "segurança, aquilo com o que se pode contar, o que dura". A partir daí, foi utilizado para referir-se aos bens (não somente econômicos) e às vantagens. Na literatura judaica, não faltam os exemplos do emprego do termo já com um sentido negativo (Eclo 31,8). Jesus usou-o para explicar uma cosmovisão oposta ao desprendimento, à confiança absoluta em Deus no suprimento das necessidades e centrada na primazia dos bens materiais (Mt 6,19-24). Seria a daqueles que, em lugar de confiar em Deus, confiam nos elementos materiais. Essa atitude vital é absolutamente incompatível com a *fé anunciada por *Jesus* e, dada a impossibilidade de conciliar ambos, provoca no ser humano a decisão de lealdade em um ou outro sentido.

Maná

Alimento dado por Deus ao povo de Israel enquanto vagava pelo deserto (Êx 16). Jesus apresenta-se como o verdadeiro alimento espiritual que procede do Pai e, nesse sentido, muito superior ao maná, que não conduzia à vida eterna, mas à simples manutenção física (Jo 6,31-49).

Mandamentos

Ver *Dez Mandamentos.

Manhã

Expressão que se refere à quarta *vigília da noite — de 3 a 6 horas — (Mt 16,3; 20,1; 21,18; 27,1; Mc 1,35; 11,20; 13,35; 15,1; 16,2.9; Jo 18,28; 20,1; 21,4).

Mansidão

Uma das qualidades específicas que se percebem na personalidade de Jesus (Mt 11,29). Essa palavra não deve ser identificada com o fatalismo, nem com a resignação, nem com a passividade. Pelo contrário: implica uma atitude positiva diante de Deus e dos seres humanos, como a manifestada por Jesus como Rei manso e humilde (Mt 21,5. Comp. com Zc 9,9ss.).

Manto

Nos evangelhos, a palavra refere-se a uma peça retangular de *linho ou de lã, sem costuras, com duas aberturas para deixar passar os braços e que se jogava nos ombros ou se enrolava ao redor do corpo. Consistia na indumentária externa, em contraposição à interna ou *túnica (Mt 24,18; Mc 13,16; Lc 22,36). Costumava ser levantada para dar maior liberdade de movimentos (Mt 24,18; Mc 10,50). À noite, podia desempenhar as funções de uma manta (Mt 24,12ss.; Mt 5,40; Lc 6,29). No plural, corresponde simplesmente a roupas (Mt 17,2; 21,7ss.; 26,65; 27,31; Mc 5,28-30; 9,3; 11,7ss.; 15,20; 15,24; Lc 7,25; 9,29; 19,35ss.; 23,34; 24,4; Jo 13,4.12; 19,2; 19,23ss.).

Mão

Símbolo do poder de Deus, digno de confiança (Mt 4,6). O *Pai* colocou tudo nas mãos de Jesus (Mt 3,12; Lc 3,17; Jo 3,45; 13,3), do qual provém a onipotência do Filho (Jo 10,28ss).

Em Jesus, o uso das mãos está ligado à *bênção* (Mt 19,13-15; Mc 10,16; Lc 24,50) e à *cura* (Mc 6,5; 8,23-25; Lc 4,40; 13,13); o mesmo pode ser observado em seus *discípulos* (Mt 9,18; Mc 7,32; 16,18).

Mar

Designação que se dá ao lago de *Tiberíades* (Mt 4,13). Os evangelhos relatam episódios de Jesus caminhando sobre suas águas e dando ordens às suas ondas (Mt 8,24-27; 14,24-27; Mc 4,37-41; 6,47-50; Lc 8,23-25; Jo 6,17-20), como o fez YHVH em tempos passados (Sl 89,9ss.; Jn 1; Na 1,4).

Mar Morto, Manuscritos do

Ver *Qumrán*.

Marcos

Também João Marcos. Judeu-cristão, primo de Barnabé e filho de uma mulher em cuja casa se reunia a Igreja hierosolimita. Tradicionalmente, atribui-se a ele a redação do evangelho que leva seu nome. Participou do início da Igreja antioquena e acompanhou *Paulo*, junto com seu primo Barnabé, em sua primeira viagem missionária. O fato de decidir abandonar seus acompanhantes em Perge levá-lo-ia a uma ruptura temporal com Paulo. Em 1Pd 5,13 aparece como companheiro do *apóstolo *Paulo, que coincide com informações extrabíblicas (Papias etc.) e o convertem em companheiro e intérprete do apóstolo no mundo romano. Essas circunstâncias enquadram-se também com a visão peculiar do segundo evangelho, expressamente redigido para os romanos, com claras reminiscências de uma testemunha ocular (Pedro?) e dotado de uma estrutura breve e simples, adequado para a obra missionária. Uma tradição tardia liga Marcos com o episcopado de Alexandria, mas, nesse caso, encontramo-nos ante uma notícia muito menos segura do que as já assinaladas.

Marcos, Evangelho de

1. Autoria e datação. O evangelho de Marcos — que, muito possivelmente, reúne a pregação petrina — é um evangelho dirigido fundamentalmente aos *gentios e, quase com toda a segurança, forjado em um meio pagão. Tradicionalmente, tem sido identificado com Roma (o que combinaria com a missão petrina) (Eusébio, HE 2,15; 6,14.16) ou, secundariamente, com Alexandria, em harmonia com uma tradição que situa Marcos nessa cidade (João Crisóstomo, *Hom. Mat* 1,3). É bem possível que o autor possa ser identificado com João *Marcos. Quanto à sua datação, costuma-se admitir, quase que unicamente, que foi escrito antes do ano 70 d.C. e pouco antes ou pouco depois da perseguição de Nero, embora alguns autores o considerem ainda mais antigo. As mesmas fontes antigas manifestam essa duplicidade de opiniões. Para Eusébio (HE 6,14.5-7), Marcos teria escrito seu evangelho por volta de 64-65. Clemente de Alexandria, ao contrário, fixou-o em uma data cujo termo "a quo" seria o ano de 45. Mais duvidosa é a afirmação de que Marcos é o primeiro escrito entre os quatro que o Novo Testamento contém. Certamente é o mais breve, mas não é menos verdade que, por exemplo, os mes-

mos episódios em Marcos e em Mateus apresentem-se mais elaborados no primeiro do que no segundo.

2. Estrutura e mensagem. A estrutura de Marcos é muito simples. Após um breve prólogo (1,1-15), que tem início com a pregação de *João Batista*, Marcos descreve o ministério galileu de Jesus (1,6-8,26) e, como sua consumação, a paixão, morte e *ressurreição* de Jesus (8,27-16,8).

Mesmo que Marcos não pretenda fazer teologia, mas narrar uma história, é inegável que em sua obra estão presentes motivos teológicos bem definidos. O primeiro deles é o anúncio do *Reino* ao qual Marcos faz quinze referências em contraposição às cinquenta de Mateus e às quarenta de Lucas. Esse Reino já se encontra presente e pode ser recebido quando se tem o coração puro e simples de uma criança (10,14-15). Sem dúvida, sua manifestação total será futura (10,23-25; 14,25; 14,3-20.26-29,30-32), relacionada com o *Filho do homem* — o próprio Jesus — (8,38; 13,26-32; 14,62). Exatamente por isso, os *discípulos* devem vigiar diligentemente (13,33-37).

*Início do evangelho segundo Marcos
(Códice Vaticano, séc. IV)*

Nessa situação dupla de presente e futuro, de "já" e ainda "não", reside precisamente o mistério do Reino ao qual fazem referências as *parábolas (4,3-20; 26-29,30-32). A vitória sobre os *demônios (1,21-27), a *cura dos enfermos (2,1-12), o relacionamento direto com os *pecadores (2,13-17), a alimentação dos famintos (6,34-44) e, evidentemente, o chamado dos *Doze são sinais do Reino.

O segundo aspecto central da teologia de Marcos é sua visão de Jesus. Este é o *messias — que se vê como *Servo de Is 42,1; 53, 1ss.; 61,1ss. — e assim o reconhecem seus discípulos (8,29), confirmado pela experiência da *Transfiguração (9,2-9) e entendido através de acontecimentos como a entrada de Jerusalém (11,1-11) nos moldes messiânicos de Zc 9,9. Prudente no uso do título para evitar que este fosse mal interpretado por seus ouvintes, Jesus reconhecerá também sua messianidade durante seu processo (14,61-62) e assim constará no título de sua condenação (15,6-20.26). Jesus é o messias, mas não um guerreiro. Ele é o que veio para servir e dar a sua vida em resgate por todos como Filho do homem (Mc 10,45). Jesus emprega esse segundo título como referência a si mesmo tanto para ressaltar seu poder para perdoar pecados (2,10), como sua autoridade de Senhor do *sábado (2,28) e, naturalmente, em relação à sua visão do messias sofredor (8,31; 9,9.12.31; 10,33.45; 14,21.41). Embora este seja o título preferido por Jesus para referir-se a si mesmo, Marcos enfatiza especialmente o de *Filho de Deus, com o qual até mesmo inicia seu evangelho (1,1). Assim é reconhecido pelo *Pai no *batismo, conferindo-lhe um significado messiânico (comp. com Sl 2,7). O título "Filho de Deus" transcende o de simples messianismo. As referências em Mc 1,23-27; 3,11; 5,7; 9,7 supõem uma relação com Deus que supera o simplesmente humano, e isso é o que se deduz da própria afirmação de Jesus contida em 14,62. Atribuiu a si mesmo um lugar à direita de Deus, e a sua função julgadora incorre no que seus juízes consideram uma evidente blasfêmia (14,63-64).

Certamente a relação de Jesus com seu Pai é radicalmente distinta da de qualquer outro ser (1,11; 9,7; 12,6; 13,32; 14,36) e transcende a simples humanidade.

Finalmente, e como acontece nos relatos dos outros evangelhos, Marcos também formula ao homem a necessidade de responder à chegada do Reino em Jesus. Na realidade, só existe uma resposta possível: a *conversão (1,16), porque o tempo já chegou. Será um tempo marcado pela morte expiatória do Filho do homem (10,45) e a espera da consumação do Reino anunciado na Ceia do Senhor (14,25). Agora já é possível entrar no Reino todo aquele que se aproxime com a fé de uma criança (10,14-15). Para quem crê e é batizado existe salvação, mas a condenação é o destino de quem não o aceita (Mc 16,15-16). Essa decisão — obrigatoriamente presente — não é senão a antecipação, no hoje, da separação que o Filho do homem fará no final dos tempos (13,33-37).

V. Taylor, *The Gospel of Mark*, Nova York 1966 (há edição em espanhol na Cristiandad, Madri 1980, *Evangelio según san Marcos*); H. Anderson, *The Gospel of Mark*, 1981; E. Best, *Mark: The Gospel as Story*, Filadélfia 1983; L. Hurtado, *Mark*, Peabody 1983; M. Hengel, *Studies in the Gospel of Mark*, Minneapolis 1985; D. Lührmann, *Das Markusevangelium*, Tubinga 1987; R. A. Guelich, *Mark 1-8: 26*, Waco 1989; J. D. Kingsbury, *Conflict in Mark*, Minneapolis 1989; J. Delorme, *El Evangelio según san Marcos*, Estella [13]1995; P. Grelot, *Los Evangelios*, Estella[5] 1993; J. M. Gonzáles-Ruiz, *Evangelio según Marcos*, Estella 1988; Xabier Pikaza, *Para vivir el Evangelio. Lectura de Marcos*, Estella 1995.

Maria

Forma greco-latina do hebraico Miryam e do aramaico Maryam. Não é exato seu significado. 2. A *mãe de Jesus de Nazaré. Mateus e Lucas apresentam-na como mãe virgem de Jesus (Mt 1,18ss.; Lc 1,26ss.), que engravidou antes de contrair matrimônio, mas já comprometida com *José. Essa circunstância específica — a de sua maternidade messiânica — converte-a numa pessoa cuja bem-aventurança será contada pelas gerações futuras (Lc 1,48) e sobre quem a graça de Deus manifestou-se de uma maneira absolutamente especial (Lc 1,28). Desde o século XVIII, criticam-se os relatos da Natividade de serem um transcrito de lendas mitológicas referentes a partos virginais. O certo é que Mateus vê o episódio como um cumprimento da profecia de Is 7,14, considerada messiânica em várias fontes judias da época. Tem-se objetado também que Mateus deturpou o sentido do texto original ao interpretar a palavra hebraica "*almah*" como virgem. Na realidade, esse argumento não tem base fatual real. No Antigo Testamento, a palavra "*almah*" aparece sete vezes, sempre se referindo a uma virgem, de forma explícita ou implícita (mulher solteira de boa reputação). Disso temos exemplo em Gn 24,43; Êx 2,8; Sl 68,25; Pr 30,19; Ct 1,3; 6,8. De fato, não deixa de ser bastante revelador que a Bíblia judaica dos LXX traduzisse o termo hebraico pela palavra grega "*parzenos*" (virgem). Não menos significativo é que o comentarista judeu medieval Rabi Shlomo Yitsjaki, "Rashi", (1040-1105), ao realizar a exegese da passagem de Is 7,14, escrevesse: "Este é o sinal: a que conceberá é uma jovem (*na-arah*), que jamais tivera, em sua vida, relações sexuais com algum homem. Sobre ela o Espírito Santo terá poder" (*Mikra'ot Guedolot* sobre Is 7,14). Longe, portanto, de deturpar o texto de Isaías e de mostrar influências pagãs e antijudaicas, a passagem mateana — que afirma a condição virginal da mãe de Jesus — apóia-se categoricamente no texto hebraico literal de Is 7,14, na sua tradução para a Bíblia dos LXX e até mesmo na interpretação de exegetas judeus de renome como o medieval Rashi. Do encontro com sua parenta *Isabel, a mãe de *João Batista, procede-se o *Magnificat, um belo cântico de gratidão ao Deus salvador, impregnado de espiritualidade judaica. Lucas demonstra um interesse especial por Maria no período do nascimento e infância de Jesus. Assim, afirmanos que as várias circunstâncias que cercaram o nascimento de seu Filho foram guardadas em seu coração (Lc 2,19) ou que durante a apresentação do Menino no *Templo, *Simeão profetizou que uma espada transpassaria sua alma (Lc 2,34-39). Junto com José e Jesus, Maria exilou-se no *Egito, fugindo de *Herodes, regressando mais tarde e fixando sua residência em *Nazaré (Mt 2,13-23). Quando Jesus tinha 12 anos, perdeu-se no Templo de Jerusalém, onde o encontraram Maria e seu pai (Lc 2,41-50). São muito escassas as referências a Maria durante o ministério público de Jesus. Em primeiro lugar, vemos sua intervenção nas bodas de *Caná (Jo 2,1-11), um episódio muitas vezes empregado para apoiar o poder intercessor de Maria mas que, na realidade, manifesta a disposição de Jesus em não permitir orientações em seu ministério. Depois, encontramos Maria com os *irmãos de Jesus, tentando dissuadi-lo de continuar seu ministério (o que motivou o ensinamento de Jesus acerca da supremacia do relacionamento espiritual sobre o carnal) (Mc 3,31-35 e par.) e finalmente (Jo 19,25ss.) ao pé da *cruz, em companhia do *Discípulo amado, numa cena profundamente comovedora. O Novo Testamento não faz referências a alguma aparição do Ressuscitado à sua mãe, a não ser que a consideremos incluída anonimamente na lista coletiva de 1Cor 15,1ss. (D. Flusser). Já se estabeleceu, porém, que fazia parte, junto com os irmãos de Jesus, da comunidade de Jerusalém (At 1,14). Nada mais sabemos de sua vida posterior, e o mais possível — se aceitamos alguns restos arqueológicos do século I — é que foi sepultada em Jerusalém, tendo seu túmulo sido profanado no início do século II, d.C. A história de sua estada em Éfeso, acompanhando *João, o filho de *Zebedeu, carece realmente de base histórica.

Essa falta de dados históricos sobre Maria, sua família, sua vida anterior e posterior ao ministério de Jesus foi suprida pelo surgimento de lendas piedosas que teriam uma enorme influência na arte e no pensamento posteriores — principalmente durante a Idade Média —, mas cuja autenticidade histórica é extremamente duvidosa. Uma carência de veracidade bem semelhante a essa, mesmo de significado diametralmente oposto, é a que encontramos na visão de Maria que aparece em algumas fontes judaicas. No início do século II, no mínimo, já era acusada de adúltera e de ter tido Jesus como fruto das relações sexuais mantidas com um soldado estrangeiro chamado Pantera ou Pandera (Tosefta Hul.lin II 22-3; TJ Aboda Zara 40d e Sabbat 14d). A *Mishnah Yebanot* 4,13 contém a informação de um rabino do início do século II, Simeón ben Azzai, de que Jesus era "ilegítimo, nascido de uma mulher casada". Tal tradição persistiu no período amoraítico e nas lendas medievais judaicas do *Toledot Yeshú*. Fica a possibilidade de que semelhantes acusações já surgissem durante a vida de Jesus (Jo 8,41), embora os autores judeus contemporâneos (J. Klausner etc.) reconheçam que não existe nenhuma base histórica para elas e atribuem a origem dessas afirmações à controvérsia teológica. Esses ataques judeus tiveram, presumivelmente, uma enorme relevância na hora de serem redigidos os escritos apócrifos em que se afirmava a virgindade perpétua de Maria (Proto-Evangelho de Tiago). De fato, é nessa literatura que encontramos, pela primeira vez, referências a crenças como as da Assunção.

Maria não aparece mencionada apenas nas fontes cristãs (neotestamentárias ou apócrifas) ou judaicas. O Corão refere-se a ela, em repetidas ocasiões, como mãe de Jesus (3,33-63; 4,156.171; 5,17-72.116; 19,16-40; 21,91; 23,50; 66,12) e defende ardorosamente sua concepção virginal diante de seus detratores (4,156). Opõe-se a seu culto — dentro de uma lógica própria do monoteísmo — e manifesta-se contrário à sua inclusão no seio da Trindade, detalhe que evidencia a errônea compreensão que tinha Maomé dessa doutrina e, ao mesmo tempo, aspecto idolátrico que o profeta percebia na veneração que os cristãos, conhecidos por ele, tributavam a Maria.

2. Maria de Betânia. Irmã de *Marta* e de *Lázaro*. Os evangelhos apresentam-na especialmente voltada para o ensinamento de Jesus (Lc 10,38-40), em contraste com sua irmã. É de

especial relevância sua conversa com Jesus, antes de ele ressuscitar Lázaro (Jo 11,1-44), assim como a maneira com que ungiu os pés de Jesus (Jo 12,1-11). Este último episódio não deve ser confundido — como às vezes acontece — com o relatado em Lc 7,36-50.

3. Maria de *Cléofas*. Personagem citada em Jo 19,25. O texto é obscuro e não é fácil saber, com certeza, se se refere a ela como "Maria, a mulher de Cléofas" ou simplesmente como "a mulher de Cléofas". Alguns autores identificam-na com a mãe de *Tiago* e de *José* (Mt 27,55ss.; Mc 15,40) e com a "outra Maria" de Mt 27,61, a que comunicou a *Ressurreição* de Jesus em companhia de Maria Madalena (Mt 28,1ss.). Todos os extremos dessa identificação não são, contudo, totalmente seguros.

4. Maria Madalena. Possivelmente assim denominada por proceder da região de *Mágdala*, uma pequena cidade às margens do mar da *Galiléia*. Jesus libertou-a de vários *demônios* (Lc 8,2-3), o que a levou a segui-lo e a servi-lo com seus bens. Provavelmente, essa referência a uma possessão demoníaca contribuiu nos séculos seguintes para identificá-la com uma prostituta e até mesmo com a personagem citada em Lc 7,36-50, mas não existe base real para essa teoria. Foi testemunha da crucifixão (Mt 27,56) e sepultamento de Jesus (Mt 27,61). Também recebeu o anúncio da ressurreição de Jesus dado pelo *anjo* (Mt 28,1ss.) e para quem, possivelmente, foi a primeira aparição de Jesus ressuscitado (Jo 20,1-18).

5. Maria, mãe de *João Marcos*. Provavelmente, mulher abastada, em cuja casa reunia-se a comunidade judeu-cristã de *Jerusalém*.

C. Vidal Manzanares, "La figura de María en la literatura apócrifa judeo-cristiana de los dos primeros siglos" em *Ephemerides mariologicae*, vol. 41, Madri 1991, pp. 191-205; Idem, "Maria en la arqueología judeo-cristiana de los tres primeros siglos" em *Ephemerides mariologicae*, vol. 41, Madri 1991, pp. 353-364; Idem, "La influencia del judeo-cristianismo de los dos primeros siglos en la liturgia mariana" em *Ephemerides mariologicae*, vol. 42, Madri 1992, pp. 115-

126; Idem, *El judeo-cristianismo*...; Idem, *El Primer Evangelio*...; M. Warner, *o. c.*; R. E. Brown e outros, *o. c.*; A. T. Khoury, *o. c.*; J. P. Michaud, *María de los Evangelios*, Estella ²1993; C. Perrot, *Los relatos de la infancia de Jesús*, Estella ⁷1993; J. Zumstein, *Mateo el teólogo*, Estella ³1993; C. Bernabé, *Las tradiciones de María Magdalena en el cristianismo primitivo*, Estella 1989.

Marta

Em aramaico: dona, senhora da casa. Irmã de *Lázaro* e de *Maria* de *Betânia*. De acordo com Lc 10,38ss., tratava-se de uma pessoa absorvida pela atividade doméstica, em contraste com sua irmã Maria. Jo 11,22-27 afirma sua *fé* em Jesus, por ocasião da morte de Lázaro.

Mártir

Nos evangelhos, a palavra tem o significado original de "testemunha" (Mt 10,18; 10,32ss.; Mc 13,9; Lc 12,8ss.; Jo 15,13).

Mateus

Ver *Levi*.

Mateus, Evangelho de

1. Autoria e datação. Papias (m. 130 d.C) ressaltou que o *apóstolo* Mateus recolhera os oráculos (*logia*) de Jesus em hebraico (ou aramaico) e que depois o texto foi traduzido (Eusébio, HE 3,39,16). Irineu (*Haer* 3,1,1) datou o texto na época em que *Pedro* e *Paulo* estavam em Roma, o que situaria a redação no início dos anos 60 do século I. Essas notícias — repetidas com matizes por outros autores cristãos dos primeiros séculos — prestam-se a diversas interpretações. Uma seria a de identificar o texto de *logia* de Mateus com o evangelho que leva seu nome (Guthrie, Zahn, Lagrange, Tasker, Maier, Wenham). Conforme outra, os logia escritos por Mateus seriam *Q* (Mayer, Hill, Allen, Plummer, Manson, Moule

etc.). Para outros autores, a declaração de Papias, Irineu e outros carecia de base histórica (Kümmel, Marxsen). Atualmente, abre-se caminho progressivamente para a tese de que o Mateus atual em grego é o mesmo a que se referiu Papias e que a expressão "em hebraico" faria referência não tanto à língua de redação, mas ao seu estilo.

Quanto ao autor do evangelho, continua sendo hoje em dia uma questão aberta. Certamente, não existem argumentos de peso para negar a identificação tradicional do autor com o apóstolo e sim algumas razões que encaixariam neste como o enfoque judeu, a crítica dos escribas e *fariseus* — lógica em um antigo *publicano* (Mt 23 etc.). É bem possível que as primeiras cópias da obra não contivessem referência à autoria de Mateus, e isso obriga a evitar as explicações dogmáticas. Quanto à datação, costuma situar-se em alguma data por volta de 80 d.C. (o que, indiretamente, dificultaria aceitar Mateus como o autor do evangelho). Sem dúvida, a base fundamental para se chegar a essa afirmação é — como no caso de *Lucas* — a pressuposição, difícil de ser susten-

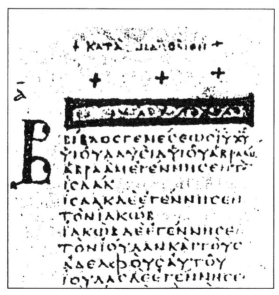

*Início do evangelho segundo Mateus
(Códice Vaticano, séc. IV)*

tada, de que a pregação de Jesus sobre a destruição do Templo é um "vaticinium ex eventu". Como Lucas, Mateus utilizou Q e não se pode descartar uma datação anterior a 70 d.C. pelas mesmas razões já aduzidas em relação a Lucas, exceto a relacionada com o Livro dos Atos (ver: *Lucas*).

2. Estrutura e conteúdo. Possivelmente, a estrutura de Mateus é a que tem originado mais discussões por parte dos especialistas. B. W. Bacon (1918 e 1930) assinalou que Mateus ordenara seu evangelho sobre a base de cinco discursos alternados com material narrativo. Essa ordem seria: 1. Discipulato (3,1-7,29). 2. Apostolado (8,1-11,1). 3. Revelação desconhecida (11,2-13,53). 4. Ordem eclesial (13,54-19,1a). 5. Juízo (19,1b-26,2) e Epílogo (26,3-28,20). Outros autores (Lagrange, Plummer, Zahn) encontraram no texto uma ordenação geográfica (nascimento e infância, preparação para o ministério, ministérios na Galiléia e nas proximidades da Galiléia, em Jerusalém, últimos dias). A essas opiniões, somam-se as que encontram na obra uma estrutura concêntrica (C. H. Lohr, D. Gooding etc.), biográfico-teológica (N. B. Stonehouse, J. D. Kingsbury etc.) ou cronológica.

A mensagem de Mateus apresenta notáveis coincidências com o esquema que se encontra presente em outros evangelhos, quanto a seus temas principais: Jesus, o Reino, a salvação e os discípulos. Em Mateus, Jesus aparece como o *messias*, dando a esse título um significado de *preexistência* (2,4; 22,41-46), não isento de paralelos no judaísmo da época. Como messias, supõe o cumprimento da *Lei* e dos *profetas* (3,15; 5,17-48; 12,17-21; 13,35; 21,5; 16,42; 22,44; 23,39; 26,31; 27,9; 35,46) e os realiza ao agir como o *Servo* de YHVH (3,17; 8,17; 10,35; 12,17-21; 13,14-15; 21,5.42; 23,39; 26,31.38; 27,9.35.46 etc.). Além de messias, Jesus é o *Filho de Deus*, o título mais importante no evangelho (3,17; 4,3-6; 11,27; 14,33; 16,16; 17,5 etc.), num sentido sem paralelo com o de qualquer outro ser (11,27). De menor importância são os títulos de *mestre* — que se encarna em seu ensinamento (c. 5-7; 13,18) e do qual Jesus se apropria (10,24-25; 23,8; 26,18) e outros lhe atribuem (8,19; 9,11; 12,38; 17,24; 19,16; 22,16; 24,36) — e de pregador (4,17.23; 9,35 etc.).

Jesus, o messias, inaugura o *Reino* de Deus que, como nos outros evangelhos, já está presente (6,33; 11,12; 12,28; 13,24-30.36-43; 16,19; 23,13), mas aguarda a sua plena realização futura (4,17; 5,19; 8,12; 16,28; 25,1-13; 26,29). E, porque o Reino já foi inaugurado, inicia-se uma era de salvação ante a qual nenhum ser humano pode ficar indiferente. Embora sofra oposição (11,12; 13,24-30; 23,13), triunfará e já agora se abre até para os rejeitados e marginalizados (5,3.10; 8,11-12; 13,31-32; 19,14; 21,31.43; 22,1-14; 23,13; 24,14), e, para aquele que nele não entra, só existe uma alternativa: a condenação (16,19; 21,43). Finalmente, o *Filho do homem* consumará o Reino (13,24-30.36-43.47-50; 16,28; 25,1-13) e terá lugar o *juízo* de Deus (8,12; 18,3; 19,23-24; 20,1-16; 22,1-14 etc), quando aqueles que estão unidos a Jesus alcançarão a *salvação* (10,32-33; 25,31-46).

Para aqueles — a *Igreja* — que já entraram no Reino, abre-se desde já a perspectiva, a possibilidade e a obrigação de viver conforme seus valores (4,17; 5,20; 6,33; 7,21; 13,44-45; 18,3.23; 19,12.23-24; 21,31-32; 24,14). A pregação de Jesus, ao menos temporariamente, será rejeitada por Israel (Mt 21,33-46), e a Igreja, centrada na *Nova Aliança* inaugurada pelo derramamento sacrifical do sangue de Jesus (26,26-29), abrir-se-á aos não-judeus (2,1-12; 8,5-13; 15,21-28; 28,16-20 etc.). *Gentios* que, junto com os israelitas que creram, esperam para o presente o cuidado material de Deus (6,33; 19,29), o descanso para o espírito (11,29), a presença companheira e contínua de Jesus (28,20) e, para o futuro, a aprovação de Deus (6,1; 10,40-42; 16,27; 20,1-16), a vida eterna (19,29) e a comunhão com o Pai e o Filho (26,27-29).

P. Bonnard, *o. c.*; D. A. Carson, *Matthew*, Grand Rapids 1984; R. T. France, *Matthew*, Grand Rapids 1986; Idem, *Matthew: Evangelist and Teacher*, Grand Rapids 1989; W. D. Davies e D. C. Allison, Jr. A. *Critical and Exegetical Commentary on the Gospel According to Saint Matthew*, Edimburgo 1988; U. Luz, *Matthew 1-7,* Minneapolis 1989; C. Vidal Manzanares, *El Primer Evangelio*...; L. Poittevin e E. Charpentier, *El Evangelio*...; J. Zumstein, *Mateo, el teólogo*, Estella ³1993; Resenha Bíblica nº 2, *Mateo, el escriba cristiano*, Estella 1994.

Matrimônio

No judaísmo, considerava-se que o matrimônio fora instituído por Deus, a partir do primeiro casal (Gn 2). Contraí-lo constituía — e constitui —, portanto, uma das obrigações religiosas de todo o ser humano. Essa visão explica o fato excepcional do celibato na cultura judaica. Os textos sagrados do judaísmo consideram o matrimônio o único estado correto para o homem e para a mulher e afirmam que a família é o marco ideal para o ser humano. No início do período rabínico, o matrimônio incluía a cerimônia de compromisso *(erusín ou kidushín)* e o casamento *(nisuín ou jupáh),* que era celebrado até um ano mais tarde. Essa estrutura cerimonial é a que se encontra presente no relato de Mt 1, onde se narra a gravidez de *Maria,* que estava comprometida com *José*.

Jesus viu o matrimônio positivamente, como se evidencia na narrativa das bodas de *Caná* (Jo 2,1ss.), mas optou pelo celibato que, se não era excepcional em seu tempo — recordemos o exemplo dos *essênios* de *Qumrán* —, não era também muito comum. Pelo seu respeito ao matrimônio — tal como é descrito em Gn 2 — fez oposição ao *divórcio* e apoiou a monogamia. Apesar disso, Jesus elogiou a atitude daqueles que optaram pelo celibato por sua entrega à causa do *Reino* (Mt 19,12).

Mediação

Ver *Intercessão*.

Médico

Um dos termos que Jesus emprega para definir sua missão. Ele — o médico espiritual — é o único que pode curar as moléstias provenientes do *pecado (Mt 9,11-13; Mc 2,17; Lc 5,31) e até mesmo as enfermidades que os médicos humanos são incapazes de curar (Mc 5,26; Lc 8,43). Por usar simbolicamente o termo referindo-se a si mesmo, Jesus foi objeto de algumas zombarias da parte de seus adversários (Lc 4,23).

Medida

Essa palavra traduz vários termos que aparecem nos evangelhos. 1. A *metreta* (hebraico: *efa* e *bat*). Medida grega de capacidade para líquidos de 1/10 de coro ou 36,44 litros (Jo 2,6). 2. O *saton* (hebraico *sea*). Medida de capacidade para sólidos, equivalente a 3/4 de efá ou 12,13 litros (Mt 13,33; Lc 13,21). 3. O coro (hebraico *kor*). Medida de capacidade para sólidos e líquidos, equivalente a 10 efás ou 364 litros. Equivale a *homer*, que geralmente designava a carga apropriada para um jumento (Lc 16,7). 4. O *xestes* ou sextário. Equivalente a uma jarra (0,46 litros) (Mc 7,4).

Além dessas, os judeus usavam medidas de comprimento que eram determinadas pelas partes do corpo humano: o côvado (desde o cotovelo até a ponta do dedo médio), o palmo, quarta ou meio côvado (a mão aberta, do polegar ao dedo mínimo), o palmo menor (um terço de palma ou quarta, que correspondia à largura da mão); o dedo ou polegada (equivalente a um quarto do palmo menor). Para as distâncias, os judeus utilizavam a vara (seis codos) e o caminho do sábado (entre 1.100 e 1.250 m).

Meia-noite

Fim da segunda *vigília (Mc 13,35; Lc 11,5; Mt 25,6).

Meio-dia

1. Metade do dia ou hora sexta. 2. O país do Sul (Mt 12,42; Lc 11,31; 13,29). 3. Também o vento do sul ou austral (Lc 12,55).

Mel

Produto comestível procedente das abelhas. Era abundante no deserto da Judéia e um dos componentes básicos da alimentação de *João Batista* (Mt 3,4; Mc 1,6).

Memória

Recordação, impulsionada pela *fé*, que o *discípulo* faz da pessoa e obra de Jesus. A comemoração dessa pessoa e obra é a finalidade do partir do pão (Lc 22,19). Nesse empenho, desfruta da ajuda do *Espírito Santo* (Jo 14,26).

Memrá

Termo aramaico que pode ser traduzido por "palavra" ou "verbo". Os targuns utilizaram-no como circunlóquio substitutivo do nome de YHVH. É bem possível que o qualificativo de Palavra ou *Verbo* (em grego, *Logos*), que João atribuiu ao Filho em seu evangelho (1,1), provenha dessa idéia. Desde o início, é evidente que para João o Filho é Deus (Jo 1,1; 20,28) e usar esse título é torná-lo igual a Deus (Jo 5,18).

R. Longenecker, *o. c.*; C. Vidal Manzanares, *El judeo-cristianismo...*; D. Muñoz Alonso, *Dios-Palabra: Menrá en los targumim del Pentateuco*, Estella 1974.

Mendigo

Parte da população *pobre* da Palestina, que tinha de pedir para viver. Socialmente era vergonhoso, principalmente se ocasionado pela perda de fortuna (Lc 16,3). Em algumas ocasiões, a mendicância provinha de uma deficiência física como a cegueira. Os evangelhos relatam *curas* relacionadas com pessoas que se encontravam nessa situação (Mc 10,46; Lc 18,35).

Mentira

Uma das armas utilizadas pelos adversários contra os discípulos de Jesus (Mt 5,11). A gravidade dessa ação é lógica, se temos em conta que procede do *Diabo*, que bloqueia a verdade ao homem e até mesmo lhe inspira propósitos homicidas (Jo 8,40-47).

Mês

1. Mês lunar de, alternativamente, vinte e nove e trinta dias. Era designado por seu nome (os evangelhos não citam seus nomes) e por seu número, começando por nisã (março-abril). 2. Festa religiosa.

Mesa

1. Móvel, geralmente com pés, utilizado para comer (Mt 15,27; Mc 7,28) ou para trabalhar (Mt 21,12; Mc 11,15; Jo 2,15). 2. Banco (Lc 19,23; comp. com Mt 25,27).

Mesa de três pés "cabriolé" para as refeições. Relevo romano (Avignon)

Messias

Literalmente, ungido. Primitivamente, a pessoa consagrada com óleo para uma tarefa divina. O termo era, pois, aplicado ao monarca e ao Sumo Sacerdote. Mais tarde, o termo referir-se-á a um rei da casa de Davi (2Sm 22,51), que estabelecerá a justiça e o juízo, obterá a salvação de Israel e das nações e até mesmo terá características divinas (Is 9,5-6; 11,1-10 etc). O fato de o Antigo Testamento apresentar esse messias ora como *Servo sofredor (Is 52,13-53,12) ora como rei triunfante levou alguns setores judeus — como a seita do Mar Morto — a crer na vinda de dois messias, um dos quais morreria pelos pecados do povo. Obviamente, foi esta última categoria messiânica a proclamada por Jesus (Mc 10,45) e seus discípulos (At 2,22ss.), transferindo seu triunfo para uma futura vinda. A idéia de um messias sofredor, que expiaria com sua morte os pecados de todos, aparece em inúmeras fontes do judaísmo (Midraxe de Rute 2,14; Sanhedrín 98b; Yoma 5a; Lukot Habberit 242a etc.), mas sua semelhança com os detalhes da morte de Jesus e as vantagens de que tal fato tiravam os judeu-cristãos explicam que o judaísmo posterior fosse rejeitando as interpretações messiânicas tradicionais de passagens como Is 53 ou Zc 12,10. Assim, ou Is 53 foi reconhecido como texto messiânico, mas se lhe tirou o conteúdo sofredor (Targum de Is 53), ou se acentuou o seu caráter messiânico, mas foi substituído por uma aplicação ao povo de Israel para evitar favorecimentos aos cristãos (Rashi, Maimônides etc.). Portanto, as fontes deixam de apresentar que o conceito messiânico do cristianismo se enraíza claramente no judaísmo bíblico e do Segundo Templo. Jesus partiu da identificação do messias com o *Servo de YHVH, unindo-se assim a outras correntes exegéticas da época. No entanto, esse Servo — e nisso também acompanhou correntes judaicas — é também o *Filho do homem e o *Filho de Deus, historicamente identificado com ele próprio: Jesus.

S. Mowinckel, *He*...; J. Kausner, *The Messianic idea*...; C. Vidal Manzanares, *El judeo-cristianismo*...; Idem, *El Primer Evangelio*...; Idem, *Los esenios*...; Idem, *Los Documentos*...; A. Kac, *The Messiahship*...; Idem, *The Messianic Hope*, Grand Rapids 1985; D. Juel, *o. c.*; O. Cullmann, *Christology*...; R. Longenecker, *o. c.*; T. W. Manson, *The Servant-Messiah*, Cambridge 1953; M. Pérez Fernández, *Tradiciones mesiánicas en el Targum palestinense*, Estella 1981; J. L. Sicre, *De David al Mesías*, Estella 1995.

Mestre

1. "*Epistates*" (o que está por cima). No evangelho de *Lucas*, é equivalente a *rabie*, por definição, um título apropriado para Jesus (Lc 5,5; 8,24.45; 9,33.49; 17,13). 2. "*Didaskalos*" (o que ensina). Por antonomásia, Jesus, o único que merece receber esse tratamento (Mt 8,19; Mc 4,38; Lc 7,40; Jo 1,38), proibido até mesmo a seus *discípulos* (Mt 23,8).

Mestre da Lei

Ver *Mestre*.

Mestre de Justiça

Ver *Qumrán*.

Metempsicose

Ver *Reencarnação*.

Midraxe

Literalmente, estudo, interpretação. A palavra tanto denomina o método de interpretação da Torá como a literatura de importância. A raiz etimológica da palavra é *darash*, que siginifica inquirir, investigar, expor, pregar, interpretar etc., e todos esses sentidos estão relacionados com midraxe. Historicamente, a literatura midráxica estende-se do século I até o século XIV. O midraxe haláchico é aquele que se ocupa fundamentalmente dos aspectos legais, como por exemplo: Mejilta de Êxodo, Sifrá de Levítico, Sifre de Números e Deuteronômio. O midraxe hagádico centra-se mais nos aspectos homiléticos e narrativos, como: Midraxe Rabá sobre o Pentateuco e os cinco rolos, Tanjúmah ou Yelamedenu, Midraxe Tehillim sobre os salmos e Yalkut Shimoní.

ERE, VIII; Strack e Billerbeck, *o. c.*; A. del Agua, *o. c.*; C. Vidal Manzanares, *El judeo-cristianismo...*

Milagres

Os evangelhos referem-se a trinta e sete milagres específicos de *Jesus, além de incluir alguns resumos de milagres nos quais se fala de *cura — *febre (Mt 8,14ss.; Mc 1,29-31; Lc 4,38ss.); *surdo-mudez (Mt 9,32-34; Mc 7,31-37); cegueira (Mt 9,27-31; 20,29-34); enfermidades ósseas (Lc 13,10-17); fluxo de sangue (Mt 9,20-22); hidropisia (Lc 14,1-6); feridas (Lc 22,50); *lepra (Mt 8,1-4; Lc 17,11-19); *paralisia (Mt 8,5-13; 9,1-8; 12,9-14; Jo 4,46-54; 5,1-9) — e libertação da possessão de *demônios. Acrescente-se a isso os milagres relacionados com fenômenos da natureza (Mt 8,18-27; 14,13-21; 14,22-33; 15,32-39; 17,24-27; 21,18-22; Lc 5,1-11; Jo 2,1-11; 6,1-15; 21,1-14) e as ressurreições de mortos (Mt 9,18-26; Lc 7,11-17; Jo 11). Atualmente não se duvida que nesses milagres existe uma base histórica — e assim o reconhecem a maioria dos his-

Jesus cura o paralítico de Cafarnaum (manuscrito do séc. XII)

toriadores, independentemente de sua crença religiosa (J. Klausner) ou da sua ausência (M. Smith). De fato, os milagres são mencionados, de maneira geral, também em fontes hostis como as que o *Talmude* contém. Como era de se esperar, nesse caso os milagres não são atribuídos à ação de Deus, mas à prática da feitiçaria.

Diferentemente de outros, Jesus negou-se a utilizar o poder de fazer milagres para atrair a atenção das pessoas (Lc 23,8) ou facilmente granjear simpatias (Mt 12,8ss.; 16,3ss.). Os milagres, ao contrário, são uma manifestação do poder de Deus (Mt 11,2-6; Lc 7,18-23) e da derrota do *Diabo (Mt 12,28). Por isso, não supõem a *conversão automática dos que os vêem (Mt 11,21). Embora nascidos da compaixão de Jesus (Mt 9,36; 14,14; 15,32; 20,34), a condição indispensável para se receber o milagre — na maioria dos casos e especialmente nas curas — é a *fé do solicitante; por isso, a falta desta pode causar a ausência daquele (Mc 6,5). No final do segundo evangelho (Mc 16,1ss.), os milagres estão associados à tarefa de evangelização futura dos *discípulos de Jesus.

C. Vidal Manzanares, *El judeo-cristianismo...*; Idem, *El Primer Evangelio...*; A. Richardson, *Las narraciones evangélicas sobre milagros*, Madri 1974; ERE, VIII; J. Peláez del Rosal, *Los milagros de Jesús en los Evangelios sinópticos*, Estella 1984.

Milha

Medida romana de distância, equivalente a 7,5 estádios ou 1,5 km (Mt 5,41).

Mina

Moeda grega de prata (436 g), equivalente ao salário de uma quinzena (Lc 19,13-25).

Mirra

Resina viscosa que, misturada com óleos, servia para fabricar perfumes. É um dos presentes que os *magos ofereceram a Jesus (Mt 2,11). Misturada com vinho, podia aliviar as dores dos condenados à morte. Jesus negou-se a beber essa mistura quando estava na *cruz (Mc 15,23). Essa substância fez parte do material com o qual o corpo de Jesus foi embalsamado (Jo 19,39).

Misericórdia

O termo reúne em si o sentimento de compaixão (Mt 9,36; 14,14; 15,32; 20,34; Mc 9,22; Lc 10,33; 7,13; 15,20) e, ocasionalmente, a fidelidade à Aliança. É este último sentido que explica, pelo menos em parte (comp. Jo 3, 16), a busca do *pecador por parte de Deus (Lc 1,54.72; Mt 5,7; 23,23). Deus é um Deus de misericórdia (Lc 1,50) e essa virtude deve ser encontrada também nos *discípulos de Jesus (Mt 9,13; 12,7; 18,23-35; Lc 6,36; 10,37).

Mito

Num sentido original, palavra, narrativa ou fábula. Na linguagem corrente, "lenda" carente de base (comp. 1Tm 1,4; 4,7; Tt 1,4). Neste sentido, contrapõe-se ao relato verdadeiro a respeito de Jesus e apresentado por testemunhas oculares (2Tm 4,4; 2Pd 1,16). Desde o século XIX, com D. F. Strauss (1808-1874), "mito" converteu-se em uma palavra usada para descrever os *milagres citados nos evangelhos. A partir dela, perdeu-se o caráter histórico que os evangelhos pretendem ter (vid. infra) e insistiu-se em sua suposta explicação histórica ou, em menor parte, no seu significado simbólico. Com R. Bultmann (1884-1976), o "mito" passa a ser uma categoria interpretativa, embora muito imprecisa. O mito seria uma forma primitiva e pré-científica de conceber a realidade. Para Bultmann, a tarefa de desmitologização era imperativa na medida em que permitia chegar à experiência da realidade reunida nos evangelhos. Não se tratava tanto de encontrar o núcleo histórico, mas de experimentar o evangelho e reexpressá-lo. As teses de Bultmann chocam-se com obstáculos de grande importância. Para começar, Bultmann — que acusava de primitiva a visão do cosmo evangélico — partia também de pressuposições que são atualmente defasadas por serem anteriores à física antes de Einstein e considerar o cosmo como um circuito fechado de causa e efeito. Chocam-se também com uma visão da realidade que não se assemelha, em absoluto, à pretendida pelos evangelistas. De fato, os evangelhos, longe de serem considerados tributários da forma mútua de se pensar e expressar-se, insistem que relatam fatos históricos (Lc 1,1-3; Jo 20,30-31), presenciados por pessoas que mais tarde os narrariam (Jo 19,34-37). Longe de admitir a opinião de uma "verdade histórica" e de outra "verdade teológica", ou a de que é necessária uma "desmitologização" que retire dos evangelhos seus elementos sobrenaturais e mostre a realidade subjacente à experiência, a visão dos seus autores é que, se existe "verdade teológica", esta foi antecedida por uma "verdade histórica" inserida no tempo e no espaço (Lc 2,1ss.; 3,1ss.); que os fatos miraculosos realmente aconteceram e, desta maneira, confirmam e respaldam as pretensões de Jesus. Finalmente, o afã desmitologizador de Bultmann e seus seguidores implica num desenvolvimento existencialista — mas não histórico — do estudo dos evangelhos e que tem sido desmentido pelas descobertas arqueológicas e históricas das últimas décadas. Nesse sentido, como em seu tempo salientou Charlesworth, a escola de Bultmann não se aproxima do Jesus histórico e tem sido obstáculo fatal na hora de concordar com o conhecimento sobre ele.

Moedas

Os evangelhos não fazem referência a nenhuma moeda judaica (talvez com exceção da "peça de prata"). Existem, porém, referências a moedas romanas como o *denário* de prata, dividido em

4 sestércios de latão de 16 *asses* de bronze. O asse dividia-se em 4 *quadrantes*. Aparecem também indicações das moedas gregas como a *dracma* de prata (dividida em 6 óbolos de prata e 48 calcos de bronze). Duas dracmas equivaliam a uma didracma e 4 a um tetradracma ou *estáter*. O *lepto* ou lepton equivalia a 1/7 de calco. Para quantidades elevadas, utilizava-se o *talento* (6.000) e a *mina* (100 dracmas).

Moisés

Levita da casa de Amram (Êx 6,18.20), filho de Jocabed. Conforme o Antigo Testamento, deveria ser morto como conseqüência do decreto genocida do faraó (provavelmente Tutmósis III, embora outros apontem Ramsés II) que ordenara a morte dos meninos israelitas. Deixado nas águas do Nilo por sua mãe, foi recolhido por uma irmã do faraó, que o educou (Êx 2). Após matar um egípcio que maltratava alguns israelitas, precisou exilar-se, indo viver na terra de Madiã (Êx 2,11-15). Nesse local foi pastor, teve esposa e filhos e recebeu uma revelação de Deus, que o enviava ao Egito para libertar Israel (Êx 3). Retornou então e, em companhia de seu irmão Aarão, tentou convencer o faraó (possivelmente Amenotep II, Menreptá, segundo outros) para que deixasse o povo sair. O fato aconteceu somente depois de uma série de pragas, especialmente após a última em que morreu seu primogênito (Êx 5-13). A perseguição que o monarca egípcio empreendeu teve um final desastroso no mar dos Juncos. A marcha de Israel pelo deserto levou-o até o Sinai, onde Moisés recebeu os *Dez* mandamentos, assim como um código de leis para regerem a vida do povo (Êx 20,32-34). Conforme o *Talmude*, foi também quando receberam a *lei* oral. A falta de fé do povo — manifestada na adoração de uma imagem em forma de bezerro enquanto Moisés estava no monte — malograria logo mais a entrada na Terra Prometida. Moisés morreu sem entrar nela e o mesmo sucedeu com a geração libertada do Egito, exceto Josué e Caleb. A figura de

Moisés é de uma enorme importância e a ele se atribui a formação de um povo cuja vida centrar-se-ia no futuro, certamente com altos e baixos, mas em torno do monoteísmo.

O judaísmo da época de Jesus considerava-o autor da *Torá* (Mt 22,24; Mc 7,10; 10,3ss.) e *mestre* de *Israel* (Mt 8,4; 23,2; Jo 7,22ss.).

Jesus atribui-lhe uma clara importância quando se apresentou como *messias* (Jo 5,39-47). Lamentou que seu papel tivesse sido usurpado pelos escribas (Mt 23,2ss.) e que muitos citassem Moisés como excusa para sua incredulidade (Jo 7,28ss.). Jesus considerou-se superior a Moisés, a cuja *Lei* deu uma nova interpretação (Mt 5,17-48). Essa visão — confirmada pela narrativa da Transfiguração (Mt 17,3) — aparece também no cristianismo posterior (Jo 1,17.45).

J. Bright, *o. c.*; S. Hermann, *o. c.*; F. F. Bruce, *Israel y...*; F. F. Bruce, *Acts...*; C. Vidal Manzanares, *El Hijo de Ra*, Barcelona 1992; Idem, *El judeo-cristianismo...*

Montes

Os evangelhos mencionam explicitamente os conhecidos como Garizim (Jo 4,20ss.), *Nazaré* (Lc 4,29) e o das *Oliveiras*. Embora seja difícil identificar os montes com os acontecimentos, podemos relacionar episódios como as tentações de Jesus (Mt 4,8), sua *Transfiguração* (Mt 17,1.9 comp. com 2Pd 1,18), o Sermão da Montanha (Mt 5,1; 8,1), a escolha dos *discípulos* (Mc 3,13; Lc 6,12) ou a ascensão (Mt 28,16). Jesus também empregou o símbolo da cidade sobre o monte para referir-se a seus discípulos (Mt 5,14) e mover um monte para simbolizar o resultado do exercício da *fé* (Mt 17,20; 21,21; Mc 11,23).

Mortalha

Peça grande de tecido fino destinada a envolver os cadáveres antes de sepultá-los (Mt 27,59; Mc 15,46; Lc 23,53).

Morte

Ver *Alma, *Céu, *Geena, *Hades, *Juízo final, *Ressurreição.

Morte de Jesus

Ver *Servo de Javé.

Mostarda

Planta de até 3 a 4 m de altura, cujas diminutas sementes serviam para preparar a substância do mesmo nome. Jesus usou-as como símbolo do início do *Reino e de seu crescimento ulterior (Mt 13,31; Mc 4,31; Lc 13,29) e também da *fé mínima que se deve ter para alcançar grandes resultados (Mt 17,20; Lc 17,6).

Mudo

Pessoa privada da fala (Mc 7,7; 9,17.25). Às vezes pode ter causas sobrenaturais, como o castigo de Deus (Lc 1,20.22.64) ou a possessão por um *demônio (Mt 9,33; Lc 11,14). Jesus realizou diversos *milagres para a *cura de surdos e apresentou-os como sinal de ser ele o *messias (Mt 11,5).

Mulher

Jesus tratou as mulheres com uma proximidade e uma familiaridade que chamou a atenção até de seus *discípulos (Jo 4,27). São diversas as ocasiões em que falou com elas em público e mesmo em situações bastante delicadas (Mt 26,7; Lc 7,35-50; 10,38ss.; Jo 8,3-11). Apresentou-as como exemplo (Mt 13,33; 25,1-13; Lc 15,8) e elogiou sua *fé (Mt 15,28). Várias mulheres foram objeto de *milagres de Jesus (Mt 8,14; 9,20; 15,22; Lc 8,2; 13,11) e se tornaram discípulas dele (Lc 8,1-3; 23,55). Nada conduziu Jesus a um idealismo feminista nem o impediu de considerar que elas podiam pecar exatamente como os homens (Mc 10,12). Também não estão ausentes dos evangelhos as narrativas referentes a mulheres de conduta perversa como *Herodíades.

Não são poucos os simbolismos que Jesus emprega partindo de circunstâncias próprias da condição feminina, como a de ser *mãe. Os evangelhos reúnem ainda referências muito positivas ao papel das mulheres em episódios como a *crucifixão (Mt 27,55; Mc 15,40; Lc 23,49; Jo 19,25), o sepultamento de Jesus (Mt 27,61) e a descoberta do túmulo vazio (Mt 28,1-8).

Ver *Herodíades, *Isabel, *Maria, *Marta, *Salomé.

A. Cole, *o. c.*; D. Guthrie, *o. c.*; C. Vidal Manzanares, *El judeo-cristianismo...*

Mundo

1. O universo, o cosmo (Jo 1,10; 17,5; 21,25). 2. O lugar onde o ser humano habita (Mt 4,8; 16,26; 26,13; Lc 12,30). 3. O gênero humano que está perdido e é mau (Jo 12,31; 14,30), mas a quem Deus ama e manifesta seu amor ao enviar seu Filho, para que todo aquele que nele crê não se perca, mas tenha vida *eterna (Jo 3,16; 1,29; 6,51). Jesus vence o mundo entendido como humanidade má e decaída, oposta a Deus e a seus desígnios (Jo 3,17; 4,42; 12,47; 16,11.33). Os *discípulos estão neste mundo, todavia não participam dele (Jo 8,23; 9,5; 17,11.15ss.). Sinal disso é que se negam a combater (Jo 18,36). 4. O mundo vindouro é o *Olam havah* hebraico, o novo tempo, a nova era que se inaugurará após o triunfo definitivo do *messias (Mt 12,32; Mc 10,30; Lc 20,35).

Naamã

General sírio, curado da lepra por Eliseu (2Rs 5). Jesus utiliza seu exemplo para mostrar que Deus concede sua misericórdia não pela identidade racial da pessoa, mas por causa de sua *fé (Lc 4,27).

Nações

Ver *Gentios.

Nag Hammadi

Vila egípcia onde, em 1947, foram encontrados manuscritos de conteúdo impregnado de *gnosticismo. Entre eles, achavam-se alguns evangelhos como o de Tomé, o de Filipe, o de Maria, o da Verdade e o dos Egípcios.

C. Vidal Manzanares, *Los Evangelios gnósticos*, Barcelona 1991; Idem, *Diccionario de Patrística*, Estella 1993.

Naim

Vila ao sul de *Nazaré e onde Jesus ressuscitou o filho de uma viúva (Lc 7,11-17).

Não-violência

Ver *Guerra.

Nardo

Óleo perfumado muito caro por causa de sua escassez (Jo 12,3).

Natal

Data em que se celebra o nascimento de Jesus e que corresponde ao dia 25 de dezembro. A primeira menção a ela aparece no calendário filocaliano, o que indica que já era festejada em Roma, por volta de 336. Nas Igrejas orientais, a data não foi adotada até o século V. É bem possível que a escolha do dia pretendesse acabar com a celebração pagã do sol invicto, substituindo-a.

ERE, III, pp. 601-610; J. M. Bernal, *Introducción al año litúrgico*, Madri 1984.

Natanael

Um dos primeiros *discípulos* de Jesus (Jo 1,45-49), natural de *Caná* da *Galiléia* (Jo 21,2). Costuma-se identificá-lo com *Bartolomeu*, um dos doze *apóstolos*.

Nazaré

Pequena vila da *Galiléia*, onde Jesus passou sua infância (Lc 1,26ss.) e inaugurou seu ministério messiânico (Lc 4,16ss.). Nela viviam *Maria* e os *irmãos de Jesus* (Mt 13,54-55; Mc 6,3ss.). No geral, seus habitantes não creram em Jesus, o que os privou de receber as bênçãos dele (Mc 6,1-6).

São consideráveis as descobertas arqueológicas relacionadas às origens do cristianismo nesta cidade. Destacam-se, especialmente, a casa de Maria em Nazaré (descoberta em 1953, ao se encomendar à Custódia da Terra Santa a tarefa de demolir a igreja da Anunciação em Nazaré e iniciar a construção de uma nova), a sinagoga judeu-cristã anterior ao templo bizantino que dificilmente pode ser datado antes do séc. II, a casa de *José* em Nazaré (no lugar da igreja de São José, na mesma localidade, com abundantes descobertas judeu-cristãs) e o denominado decreto de Nazaré.

C. Vidal Manzanares, *El judeo-cristianismo*...; B. Bagatti, *The Church*...; J. Briand, *L' Église*...

Nazaré, Decreto de

Talvez seja esta uma das fontes epigráficas mais controvertidas em relação ao cristianismo primitivo. Trata-se de uma peça inscrita em mármore e que está no Cabinet des Medailles de Paris desde 1879. Fazia parte da coleção Froehner, e o único dado acerca de sua origem é a nota que figura no inventário manuscrito do próprio Froehner, designado como "Dalle de marbre envoyée de Nazareth en 1878" ("Laje de mármore enviada de Nazaré em 1878"). A primeira pessoa que demonstrou interesse pela peça foi M. Rostovtzeff, uns cinqüenta anos depois que ela chegou, provavelmente, a Paris. O mencionado historiador chamou a atenção de F. Cumont sobre a descoberta e este decidiu torná-la pública em 1930. A inscrição está em grego, embora haja a possibilidade de ter sido escrita originalmente em latim, iniciada pela expressão "Diátagma Kaísaros" (decreto de César). Traduzido do grego, seu texto é o que segue:

> "É meu desejo que os sepulcros e as tumbas que foram erigidos como memorial solene de antepassados ou filhos ou parentes permaneçam perpetuamente sem ser molestados. Fique de manifesto que, em relação com qualquer um que os tenha destruído ou que tenha retirado de alguma forma os corpos que ali estavam enterrados ou os tenha levado, com intenção de enganar, a outro lugar, cometendo assim um crime contra os enterrados ali, ou tenha retirado as lajes ou outras pedras, ordeno que, contra a tal pessoa, seja executada a mesma pena em relação com os solenes memoriais dos homens que a estabelecida por respeito aos deuses. Pois muito mais respeito se há de dar aos que estão enterrados. Que nada os moleste de forma alguma. De outra maneira, é minha vontade que se condene à morte tal pessoa pelo crime de expoliar tumbas".

Para alguns autores, essa fonte seria a versão grega do edito latino de Augusto, publicado no ano 8 do procurador Copônio, por ocasião de uma profanação do Templo ocasionada por *samaritanos que jogaram ossos em seu recinto. Essa interpretação é inadmissível por diversas razões. Em primeiro lugar, a análise paleográfica da escrita da inscrição revela que a mesma pertence à primeira metade do séc. I d.C. Além disso, Nazaré — com o restante da Galiléia — caiu sob o domínio imperial em 44 a.C. Portanto, o imperador ao qual se refere o decreto deve ser, forçosamente, Cláudio. Infelizmente, nem todos os detalhes relacionados com o decreto são fáceis de ser resolvidos. Assim, deve-se perguntar se a mesma — que foi enviada de Nazaré a Paris — foi encontrada na mesma Nazaré e, se assim foi, se esteve fixada em Nazaré e por que motivo. Não menos difícil de determinar é a "ratio legis" do decreto e a explicação relativa à severidade da pena. Não era novidade o saque de túmulos, mas essa é uma disposição emanada diretamente do imperador e que, além disso, pretende ser sancionada com o exercício da pena capital. Uma explicação plausível é que Cláudio já poderia conhecer o caráter expansivo do cristianismo. Se tivesse investigado um pouco o assunto, saberia que a base do impulso do cristianismo residia, em boa parte, na afirmação de que seu fundador — um condenado judeu — agora estava vivo. Já que a explicação mais simples era que o corpo fora roubado pelos *discípulos* para enganar o povo com o relato da *ressurreição* de seu *mestre* (cf. Mt 28,13), o imperador poderia ter determinado a imposição de uma pena severíssima para evitar a repetição de tal crime na Palestina. A ordem — segundo essa linha de suposição — poderia ter tomado a forma de um rescrito dirigido ao procurador da Judéia ou ao legado na Síria e, presumivelmente, ter-se-iam distribuído cópias nos lugares da Palestina associados de maneira especial com o movimento cristão, o que implicaria Nazaré e, possivelmente, Jerusalém e Belém. Num sentido bem semelhante ao aqui exposto, manifestou-se A. Momigliano e, mais tarde, autores como F. F. Bruce.

M. P. Charlesworth, *Documents illustrating the Reigns of Claudius and Nero*, Cambridge 1939, p. 15, n. 17; C. Vidal Manzanares, *El judeo-cristianismo...*

Nazareno

1. Cognome de Jesus, oriundo talvez de sua procedência de *Nazaré* (Mc 1,24; Mt 2,23), em-

bora também pudesse conter um jogo de palavras que o relacionassem com o "nazir" ou descendente de Davi que seria o *messias (Is 11,1). 2. Cognome que designava os judeu-cristãos (At 24,5). 3. Denominação dos cristãos no Corão. 4. Uma das denominações dos cristãos no *Talmude e outras fontes judaicas.

Nazireu

No judaísmo, pessoa que faz voto de abster-se de uvas, vinho, álcool e de cortar o cabelo por um período de tempo determinado (Nm 6,1-21). Concluído esse período, realizavam-se oferendas de sacrifício. As instruções dadas a *Zacarias em relação a *João Batista recordam em parte as normas desse voto (Lc 1,15).

ERE, IX; Y. Newman, *o. c.*

Nicodemos

*Fariseu e membro do *Sinédrio. Após uma entrevista secreta com Jesus (Jo 3,1ss.), defendeu-o diante das pretensões de se acabar com ele (Jo 7,50-51). Depois que Jesus morreu, junto com *José de Arimatéia, Nicodemos cuidou do seu sepultamento (Jo 19,39). Relacionam-se com ele — mas sem fundamento histórico — as *Acta Pilati* do séc. IV e o *Evangelho de Nicodemos* (séc. IX). Identificável com o Naqdemón das fontes rabínicas, sabe-se que uma de suas filhas sofreu extrema necessidade durante a guerra judaica de 66 d.C.

Nisã

O mês da primavera judaica, correspondente a março-abril. Era o primeiro do ano na época de Jesus.

Noé

No Antigo Testamento (Gn 5,29-9,28), homem justo e vigilante que não foi atingido pelo juízo divino desencadeado no dilúvio. Seus dias são comparados aos que precederão a *Parusia* (Mt 24,37-39; Lc 17,26ss.), já que em ambos os casos somente uns poucos se encontram preparados e uns poucos se salvam.

Noite

Dividido em *vigílias*, o período que se estendia do pôr-do-sol ao amanhecer. Nos evangelhos, aparece como um tempo especialmente propício para a *oração* (Mc 1,35; Lc 6,12).

Nova Aliança

Pacto profetizado por Jeremias (Jr 31,31) e que Deus assumiu fundamentado na morte sacrifical de Jesus na *cruz* (Lc 22,20ss. e par.).

Novo mandamento

O mandamento do amor mútuo dado por Jesus (Jo 13,34-35), que servirá como sinal para identificar seus *discípulos*.

Novo nascimento

Transformação espiritual equivalente à *conversão* que uma pessoa deve experimentar para poder entrar no *Reino* (Jo 3,1ss.). Sua origem não está no esforço humano, mas na água e no Espírito. Possivelmente a referência à água não é uma referência ao batismo como às vezes se indica: é a ruptura do invólucro fetal, o rompimento de águas — como se vê em alguma fonte judaica, como Pirqe Abot 3,1. É mais provável ainda que seja uma reminiscência da água como vida renovada como se encontra em Is 55,1-3; Jr 2,13; 17,13; Ez 37,1-14; 47,9; Zc 14,8, passagens que um mestre da lei como *Nicodemos* deveria entender (Jo 3,10).

Novo Testamento

Conjunto de escritos cristãos pertencentes à era apostólica e redigidos durante o séc. I, que os cristãos consideram inspirados por Deus e que fazem parte do *cânon da Bíblia, como o *Antigo Testamento. Seu nome provém do fato de se considerar que a *Nova Aliança (testamento), selada pelo *sacrifício de *expiação de Jesus é a profetizada por Jr 31,27ss. É composto por quatro *evangelhos (Mateus, Marcos, Lucas e João), o livro dos Atos dos Apóstolos, as Cartas de *Paulo (Romanos, 1 e 2 Coríntios, Gálatas, Efésios, Filipenses, Colossenses, 1 e 2 Tessalonicenses, 1 e 2 Timóteo, Tito, Filêmon), Hebreus, as epístolas católicas (Tiago, 1 e 2 Pedro, 1, 2 e 3 João, Judas) e o Apocalipse.

F. F. Bruce, *The canon*...; C. Vidal Manzanares, *El judeo-cristianismo*...; Robinson, *Redating*...

Novo vinho

O que se consumirá na Nova Era, após o triunfo total do *Reino (Mt 26,29).

"Nunc dimittis"

Palavras com as quais se inicia na tradução latina — e com as quais é nomeado — o cântico de *Simeão registrado em Lc 2,28-32.

Obediência

Nos evangelhos, a obediência não se identifica com o cumprimento exterior de alguns *mandamentos*, mas com a adesão de *fé* a Jesus (Mt 8,27; Mc 4,41). Em contraposição, a rejeição (Mt 18,7; Mc 5,36) e a resistência a ele (Lc 1,17) são desobediências.

Objeção de consciência

Ver *Guerra*.

Óbolo

Moeda grega de pouco valor, equivalente à sexta parte de uma *dracma* e a 8 moedas de cobre.

Obras

A obra fundamental de Jesus é sua morte na *cruz* em favor dos homens (Jo 17,4) e através da qual o *Pai* se revela (Jo 14,9ss.). Jesus deixa bem claro quais são as boas obras e quais não são (Jo 3,19-21). A obra de Deus — que exige de cada pessoa para sua salvação — é que creia em Jesus (Jo 6,29. Comp. com Jo 12,36ss.; 3,16-17; 5,24 etc.).

Odre

Pele de cabra costurada em forma de saco e que era utilizada para guardar e transportar líquidos. Se o odre já contivera vinho novo, não se podia repetir a experiência, porque a fermentação arrebentá-lo-ia (Mt 9,17; Mc 2,22; Lc 5,37).

Oferenda

Jesus reconheceu a vigência do sistema sacrifical do *Templo,* mas o subordinou a valores como a reconciliação (Mt 5,23), o amor aos pais (Mt 15,3ss.) ou a compaixão (Mt 9,9-13). Anunciou ainda que o sistema de oferendas do Templo em breve se encerraria (Mc 13,2), ao ser inaugurada a *Nova Aliança,* cujo fundamento é seu sacrifício expiatório como *Servo* de YHVH (Mc 10,45; Lc 22,19-20).

Olho

Junto com o ouvido, designa a totalidade do ser humano em ação (Mt 13,14ss.; Mc 8,18) e o interior da pessoa (Mt 6,22ss.). Por isso, é tão empregado em expressões de conteúdo espiritual como abrir os olhos (Mt 9,30; Jo 9,10-14), ter os olhos abertos (Lc 24,31), levantar os olhos (Mt 17,8; Lc 16,23; Jo 4,35; 6,5), existir um olho bom (Lc 11,34) e um olho mau (Mt 20,15). E, finalmente: os olhos mais felizes são os que vêem — isto é, recebem e aceitam com *fé* — Jesus e sua pregação (Mt 13,16; Lc 10,23).

Oliveiras, Monte das

Também chamado Monte do Olivedo (Mt 21,1; 24,3; 26,30; Jo 8,1). Colina de uns 3 km a leste de *Jerusalém,* distante dela menos de 1 km e do outro lado do Vale do *Cedron.* Próximo a ele se encontra o *Getsêmani.* A estrada romana de *Jericó* a Jerusalém passava pelo Monte das Oliveiras. Na época de Jesus, o lugar estava coberto por um bosque de oliveiras e era especialmente agradável para a meditação a sós (Lc 19,29; 21,37). Nesse lugar, Jesus pregou a seus *discípulos* as profecias referentes à destruição de Jerusalém e a *Parusia* (Mt 24,30; Mc 13,3) e foi para onde se dirigiu depois da *Última Ceia* (Mt 26,30; Mc 14,26; Lc 22,39).

Oração

Comunicação verbal ou simplesmente mental com Deus. Nos evangelhos, a oração é considerada como algo espontâneo e o próprio "Pai-nosso" de Mt 6 não parece ter sido concebido como uma fórmula. A oração permite — e também exige — a *intercessão* de Jesus (Jo 14,13). A postura e o tempo não têm especial importância na oração, pois orações são feitas de pé (Mc 11,25), de joelhos (Lc 22,41), prostrado por terra (Mc 14,35), continuamente (Lc 18,1) e nas refeições (Mt 15,36). Jesus não indicou um lugar específico para orar, podendo-se orar ao ar livre (Mc 1,35) ou em casa (Mt 6,6). Evite-se, naturalmente, o exibicionismo (Mt 6,5-15) e a repetição contínua de fórmulas (Mt 6,7). Essa oração — que deve ser estendida aos inimigos (Mt 5,44) — sustenta-se na *fé* pela qual Deus provê o necessário para atender todas as necessidades materiais (Mt 6,25-34). Na oração, existe a segurança de ser ouvido (Mt 7,7; Mc 11,23ss.; Jo 14,13; 15,16; 16,23-26) e, especialmente, a relação paterno-filial com Deus (Mt 6,6).

J. Driver, *o. c.*; C. Vidal Manzanares, *El judeu-cristianismo*...; Idem, *Diccionario de las tres*...

Oração sacerdotal de Jesus

Nome com o qual se denomina a oração dirigida por Jesus ao *Pai*, em favor dos seus discípulos, e reunida em Jo 17. A razão fundamental desse nome parte de uma relação entre a referida passagem e a descrição de Cristo como Sumo Sacerdote em Hb 8-10.

Orgulho

O oposto à *humildade*. Atitude que consiste em elevar a si mesmo (Mt 23,12) ou em cair na sofisticação exibicionista (Mc 7,22). Todo aquele que opta por essa conduta será humilhado pelo próprio Deus (Lc 20,46-47).

Oriente

1. O mundo situado do outro lado do *Jordão (Mt 2,1; 8,11; 24,27). 2. Em sentido simbólico, a luz que vem depois da escuridão (Mt 4,16) e o astro ou sol de *justiça (Lc 1,78).

Ouro

Metal precioso que Israel conhecia desde a Antiguidade. *Mateus incluiu-o entre os presentes ofertados ao Menino pelos *magos (Mt 2,11). Jesus ordena a seus *discípulos que não o levem consigo (Mt 10,9) e censura os que o sobrepõem — por seu valor material — às coisas espirituais, pois só estas podem acompanhá-los (Mt 23,16ss.).

Ouvido

Ver *Escutar.

Ovelhas

Jesus empregou essa palavra de maneira simbólica para expressar sua compaixão e amor aos seres humanos desprovidos de bons *pastores (Mt 9,36; 10,6) e à humanidade perdida que ele — o Bom Pastor que cuida realmente de suas ovelhas (Jo 10,1-27) — vem para redimir (Mt 18,12; Lc 15,4-6). Sua *mansidão pode ser imitada pelos falsos profetas (Mt 7,15). Em sua missão evangelizadora, os discípulos assemelham-se às ovelhas em meio aos lobos (Mt 10,16; 26,31); em alguns casos, como o de *Pedro, são chamados a ser pastores das outras ovelhas (Jo 21,16ss.).

Paciência

Essa palavra portuguesa traduz dois termos gregos distintos. O primeiro, *makrozymia*, refere-se à longanimidade, à contenção da cólera, mesmo que ela seja justificada. Essa virtude se encontra em Deus, que suporta os seus (Lc 18,7), e também os *discípulos devem tê-la em relação aos outros (Mt 18,26-29). O segundo termo, *anejomai*, está mais ligado à idéia de sustentar ou manter-se firme. Essa foi uma das atitudes que caracterizou Jesus (Mt 17,17; Mc 9,19; Lc 9,41).

Pacifismo

Ver *Guerra*.

Pagãos

Ver *Gentios*.

Pai

Ver *Abba, *Deus, *Família, *Jesus, *Trindade*.

Paixão de Jesus

Ver *Cruz, *Crucifixão, *Flagelação, *Jesus, *Servo de Javé*.

Palavra

Esse conceito tem uma importância fundamental nos evangelhos. Jesus não menciona a palavra de Deus; apenas afirma "porém eu vos digo" (Mt 5,22.28). Essa palavra (*logos*) é a primeira causa de surpresa e de espanto entre seus contemporâneos (Lc 4,36). Com ela, Jesus faz *milagres*

(Mt 8,8.16), frutos da *fé nessa palavra (Jo 4,50-53). É também verbalmente que perdoa os *pecados (Mt 9,1-7) e transmite autoridade (Mt 18,18; Jo 20,23). Diante dela, as pessoas devem tomar uma decisão (Mt 7,24-27; 13,23) e isso faz com que se dividam (Mc 8,38).

Para *João, o evangelista, Jesus é a Palavra (Logos — *Memrá) que é Deus (Jo 1,1) e que se fez carne (Jo 1,11.14) para revelar o *Pai e salvar o homem (Jo 1,18; 3,34; 12,50; 17,8.14).

Palestina

Em seus primórdios, o país dos filisteus — dos quais procede a denominação, embora eles ocupassem apenas uma parte da terra. No ano 65 d. C., foi incorporada à província romana da Síria.

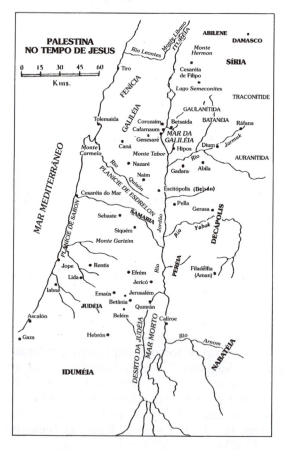

Palmeira

Na época de Jesus, essa árvore era muito abundante no Vale do *Jordão*. Era comum ser utilizada na ornamentação e também considerada símbolo do bem. Em sua entrada em *Jerusalém*, Jesus foi recebido com ramos de palmeira (Jo 12,13).

Pão

Alimento feito com farinha de *cevada* ou *trigo* e *levedura*. Às vezes, sua forma recordava a de uma pedra (Mt 4,3; 7,9; Lc 4,3; 11,11) e constituía o alimento básico da população judaica na época de Jesus (Mc 3,20; Lc 11,5; 14,15; 15,17). Compartilhar o pão significava a união dos que o comiam e, precisamente por isso, tinha conotações religiosas (Mt 14,19; 26,26; Mc 6,41; 14,22; Lc 9,16; 22,19; Jo 6,11; 13,18).

Deus provê seus *filhos* do necessário pão cotidiano (Mt 6,11; Lc 11,3) e nesse sentido devem ser entendidos os *milagres* da multiplicação dos pães (Mt 14,13-21; 15,32-38). Também lhes proporciona o pão espiritual (Mt 14,20; Lc 22,16) — o próprio Jesus (Jo 6,35-47). A tendência é interpretar historicamente esta última passagem e à luz tanto da instituição da *Nova Aliança* (Mt 26,26 e par.) como da *Eucaristia*. O contexto parece indicar melhor que Jesus se refere a ele próprio e ao seu ensinamento que deve aceitar quem deseja ser seu *discípulo* (Jo 6,60ss.).

Parábola

Este termo encerra diversos significados: pode ser uma comparação desenvolvida (daí "parábola" ou colocar em paralelo) e também designar formas literárias como a alegoria ou o enigma. Nos evangelhos, a parábola é uma expressão de estilo proverbial (Mt 15,15; Lc 4,23; 5,36); é também uma narração comparativa em que todos os elementos são comuns e reais na vida cotidiana, mas que adquirem no texto um conteúdo simbólico. O evangelho de João emprega mais o termo *paroimia* ou comparação (Jo 16,25.29), que costuma ter forma alegórica (Jo 10,6; 15,1ss.).

C. H. Dodd, *Las parábolas del Reino*, Madri 1974; D. Flusser, *Die rabbinischen Gleichnisse und der Gleichniserzähler Jesus*, Berna 1981; J. Jeremias, *Las parábolas*...; Idem, *Interpretación*...; R. H. Stein, *An Introduction to the Parables of Jesus*, Filadélfia 1981; B. H. Young, *Jesus and His Jewish Parables*, Nova York 1989; D. Marguerat, *Parábola*, Estella ²1994.

Paráclito

Título dado ao *Espírito Santo* em Jo 14,16-26; 15,26; 11,7. O termo tem vários sentidos: assistente, intercessor e consolador. Indica que Jesus faz-se presente (Jo 14,15-17), mesmo que se tenha ido após concluir seu ministério terreno. O Espírito Santo dá testemunho de Jesus (Jo 15,26; 16,7) e recorda os ensinamentos deste aos seus *discípulos* (Jo 14,26).

Paraíso

No judaísmo, o lugar de bênção no mundo que há de vir. Nos evangelhos, corresponde ao *céu* (Lc 23,43. Comp. com 2Cor 12,1-4; Ap 2,7 e 22,2), e nele entram, logo após a morte, os que têm *fé* em Jesus.

J. Grau, *Escatología*...; C. Vidal Manzanares, *El judeocristianismo*...

Parto virginal

Propriamente falando, as fontes não fazem referência a parto virginal, mas a uma concepção virginal. A primeira encontra-se em Is 7,14. Em hebraico, a palavra usada (*almah*) equivale a donzela e tem, como em português, a conotação de virgindade. De fato, assim o entenderam os tradutores judeus da Septuaginta, que verteram a palavra para o grego *"parzenos"* (virgem). Assim também entendeu *Mateus*, que interpretou a profecia como uma referência à concepção virginal de *Jesus*, o *messias* (Mt 1,22ss.). A idéia não é estranha ao *judaísmo* e conta com paralelos no judaísmo do Segundo Templo (Henoc 106; Gênesis apócrifo do Qumrán, coluna 2; Filón, *De los querubines* 40-47; o Melquisedec do Henoc eslavo etc.) e até mesmo na exegese de Rashi sobre Is 7,14.

A. Toynbee, *o. c.*; J. Klausner, *Jesús...*; A. Kac, *The Messianic...*; C. Vidal Manzanares, *El judeo-cristianismo...*

Parusia

Termo grego que significa "presença" ou "vinda". Nos evangelhos, como no restante do Novo Testamento, refere-se à segunda vinda de *Cristo*. A idéia aparece nos apocalipses sinóticos — nos quais se prediz também a destruição de Jerusalém (Mt 24-25; Mc 13; Lc 21) — e em *parábolas* que prevêem um período intermediário de tempo entre o início da pregação de Jesus e a realização plena do Reino (Mt 13,24-43). Essa doutrina tem sido explicada como um desejo cristão de suavizar o aparente fracasso da *cruz*. Mas, sem dúvida, sua origem encontra-se no judaísmo, no qual existem paralelos na idéia de um *messias* que aparece, desaparece e permanece no céu até ser assim reconhecido por Israel (Midraxe Kabbah Lamentações, 41; Midraxe Rute, 5,6 etc.) E ainda: a crença na *parusia* seria já de enorme importância nos primeiros anos do cristianismo, como se deduz dos escritos tanto de *Paulo* (1 e 2 Coríntios, 1 e 2 Tessalonicenses etc.) como de judeu-cristãos (Tiago, Hebreus etc.). A parusia será precedida pela pregação universal do *evangelho* e por uma grande tribulação que sofrerão os seguidores de Jesus. A seguir, Jesus retornará para vencer os inimigos de Deus, acontecendo então a *ressurreição* dos mortos e o *juízo final*.

J. Grau, *Escatología...*; C. Rowland, *The Open...*; C. Vidal Manzanares, *El judeo-cristianismo...*; Idem, *Diccionario de las tres...*; G. E. Ladd, *Theology of the New Testament...*; M. Gourgues, *El más allá en el Nuevo Testamento*, Estella [4]1993.

Páscoa

A primeira das três *festas de peregrinação que os judeus celebravam anualmente. Começava na véspera do dia 15 de Nisã e durava sete dias. Comemorava — e ainda comemora — o êxodo ou saída de Israel da escravidão do Egito, com ritos especiais como a proibição de se consumir pão fermentado no decorrer da festa. Também se celebrava a refeição pascal conhecida como *seder pesah*. Na sua celebração, está o fundamento da *Eucaristia cristã.

Y. Kaufmann, *o. c.*; L. Deiss, *La Cena*...; C. Shepherd, *Jewish*...; J. Barylko, *Celebraciones*...

Pastor

Ver *Ovelhas*.

Paulo de Tarso

Nascido com o nome de Saulo ou Saul (10 d. C.?) em Tarso, cidadão romano e membro da tribo de Benjamim, estudou em Jerusalém com o rabino Gamaliel e pertenceu ao rígido grupo dos *fariseus (Fl 3). Próximo ao ano 33, participou do linchamento do judeu-cristão Estêvão (At 7). A caminho de Damasco para prender os cristãos desta cidade, teve uma visão de Jesus ressuscitado que o converteu à nova fé (1Cor 15,7ss.). Por volta do ano 35, dirigiu-se a Jerusalém, onde pôde comprovar que sua compreensão do cristianismo era semelhante à dos dirigentes judeu-cristãos desta cidade (Gl 1,18ss.). Entre 35 e 46 esteve na Síria e na Cilícia (Gl 1). Estabelecido na comunidade cristã de Antioquia até o ano 46, retornou a Jerusalém (At 11,29-30; Gl 2,1ss.), onde tanto ele como Barnabé receberam a aprovação dos judeu-cristãos para ocuparem-se da evangelização entre os *gentios. Isso daria origem à primeira viagem missionária de Paulo (47-48) por Chipre (Barnabé era cipriota) e Galácia. Por volta do ano 48, Paulo escreveu a Epístola aos Gálatas, na qual deixa claro que: 1. a salvação vem pela fé, sem as obras da Lei, e os cristãos gentios não estão submetidos a esta; 2. essa afirmação é compartilhada pelos judeu-cristãos da Palestina; 3. o próprio *Pedro* aceitava esse ponto de vista, embora, em certa ocasião, não tivesse sido coerente com ele, mesmo por razões de estratégia missionária, o que provocou uma discussão com Paulo em Antioquia (Gl 2,11ss.). Em torno do ano 49, Paulo participou do Concílio de Jerusalém, no qual se afirmou que a salvação vinha pela graça e não pelas obras da Lei (At 15,8-11). Os pagãos, portanto, não estavam obrigados a guardar a Lei de Moisés, mas seria conveniente que as Igrejas de Antioquia,

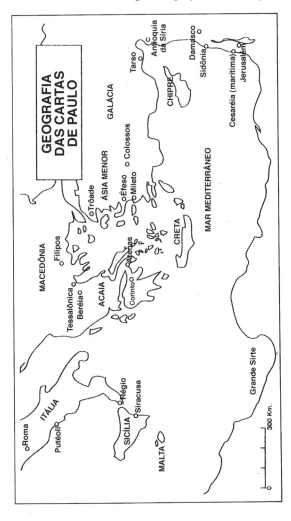

Síria e Cilícia adotassem determinadas medidas para evitar o escândalo dos convertidos do judaísmo (At 15,22-31). Nesse mesmo ano, Paulo iniciou sua segunda viagem missionária, desta vez acompanhado de Silas, pela Ásia Menor, Macedônia e Acaia (At 16-17). No ano 50, escreveu as duas Epístolas aos Tessalonicenses e, de 50 a 52, esteve em Corinto (At 18). Ainda em 52, foi a Jerusalém e, a seguir, iniciou sua terceira viagem missionária: Éfeso, Macedônia, Ilíria e Acaia (At 19-20). Nessa época, escreveu as Epístolas aos Coríntios (55-56) e aos Romanos (inícios de 57). Em maio desse ano, visitou — pela quarta e última vez — a Igreja judeu-cristã de Jerusalém, levando donativos das Igrejas fundadas por ele. Foi calorosamente recebido por *Tiago*, o irmão de Jesus, o qual lhe rogou que, para silenciar os ataques que se faziam por ele levar os judeus a apostatar a Lei, concordasse em pagar os votos de uns jovens *nazireus* (At 21,1-16). Paulo aceitou a sugestão, porém em sua visita ao Templo foi atacado pela multidão que o acusava de ali introduzir pagãos (At 21,17ss.). A intervenção dos romanos e sua transferência para *Cesaréia* salvaram a vida de Paulo (At 22,23); contudo, permaneceu encarcerado até 59 (At 24). Vista sua causa pelo procurador Festo, na presença do rei Agripa, apelou para *César*, que decidiu transferi-lo para Roma, para onde partiu em setembro de 59 (At 25,6). Após uma viagem acidentadíssima (At 27,1-28,10) — que incluiu um naufrágio —, Paulo chegou a Roma em fevereiro de 60 (At 28,11ss.). Até o ano 62, submeteu-se à prisão domiciliar, durante a qual escreveu as cartas da prisão (Efésios, Filipenses, Colossenses e Filêmon). Mais tarde, segundo alguns autores, foi executado depois de escrever as epístolas pastorais (1 e 2 Timóteo, Tito), supondo que as mesmas sejam de sua autoria. Outra hipótese é que fora libertado por volta de 62, por prescrição da causa, e tenha visitado a Espanha em torno de 65. Detido durante esse período (em 64 foi o incêndio de Roma), teria sido transferido para Roma, onde sofreu o martírio. A datação das cartas pastorais fixar-se-ia, então, por volta de 65, a não ser que se aceite o seu caráter deuteropaulino.

A partir dos estudos da escola de Tubinga no século XIX, a figura de Paulo vem-se contrapondo à de Pedro e demais dirigentes judeu-cristãos, assim como à de Jesus. Paulo não teria mostrado nenhum interesse pelo Jesus histórico; teria paganizado o cristianismo, adotando a divindade de Cristo e sua morte expiatória como eco das religiões mistéricas, e negado o valor da Lei. Apesar de tudo, Paulo seria o verdadeiro fundador do cristianismo posterior. Esse ponto de vista — bastante condicionado pelo hegelianismo por ver Pedro como tese, Paulo como antítese e o cristianismo como síntese — é, historicamente falando, totalmente insustentável, e sua repetição só pode ser explicada por um descaso absoluto pelo estudo das fontes, acompanhado da adoção de apriorismos procedentes da filosofia e não da ciência histórica. Em muitos aspectos, Paulo foi um pensador original — e brilhante —, contudo sua originalidade relaciona-se mais com a forma do que com o pensamento, mais com a expressão do que com o conteúdo. Ambos são profundamente judeus e nada devem às religiões mistéricas: entre outras coisas, porque essas religiões não têm importância no império antes do século II d. C., porque também a idéia da vinda de um redentor a este mundo não está documentada nessas formas de espiritualidade antes do século II d. C. Por outro lado, Paulo não menospreza o Jesus histórico, mas o considera fundamento de sua pregação. Cita as suas palavras na *Última *Ceia* (1Cor 11,23-26) conforme o que lhe ensinaram; insiste tanto na humanidade de Jesus (Gl 4,4), em sua ascendência davídica quanto na sua filiação divina (Rm 1,3-4). A própria idéia de culpa universal da humanidade e da necessidade da *expiação não é originalmente paulina; relaciona-se com o próprio Jesus, que chamou todos à *conversão (Lc 13,1ss.) e se apresentou como o *messias-Servo de YHVH — *Filho do homem, que assumiu essa mesma visão e insistiu que se entregava à morte em resgate por muitos (Mc 10,45); insistiu que a *Nova Aliança baseava-se em seu sangue derramado pelos homens (Mt 26,26-29 e par.). Paulo afirmou a divindade do Filho (Fl 2,5ss.; Cl 2,9; Tt 2,13 etc.), mas o próprio Jesus já se identificara com *hipóstase como a Sabedoria e aplicou a si mesmo títulos impregnados do conceito de divindade como o de *Senhor ou de *Filho de Deus. Nos evangelhos também são aplicados a Jesus textos relacionados originalmente com YHVH (por exemplo, *pedra de tropeço) ou títulos hipostáticos como Logos (ver também *Memrá). E ainda: a escatologia paulina (como se encontra, por exemplo, nas Epístolas aos Tessalonicenses) é descrita em termos que têm claríssimos paralelos com a *apocalíptica judaica (e até não-cristã) do período. Em seu conjunto pode-se afirmar, com F. F. Bruce, que Paulo, embora difira no estilo do ensinamento de Jesus, repete suas ênfases fundamentais.

F. F. Bruce, *Paul*...; Idem, *Acts*...; Idem, *Paul and Jesus*, Grand Rapids 1982; W. D. Davies, *Paul*...; C. Vidal Manzanares, *El judeo-cristianismo*...; J. A. Fitzmyer, *Teología de san Pablo*, Madri 1975; E. P. Sanders, *Paul*...; Idem, *Paul, the Law*...; M. Hengel, *The Pre-Christian Paul*, Filadélfia 1991; E. Cothenet, *San Pablo en su tiempo*, Estella 1995; Resenha Bíblica n. 5, *San Pablo*, Estella 1995.

Paz

Estado de tranqüilidade e harmonia que não se limita à ausência de guerra (Lc 14,32), mas que procede, fundamentalmente, da ação do *messias de Deus (Lc 1,79; 2,14). Precisamente por essas características, a paz de Jesus é muito diferente da oferecida pelo *mundo (Mt 10,34; Jo 14,27). Está alicerçada na *ressurreição de Jesus (Jo 20,19-23); *Senhor e Deus (Jo 20,28) e, por isso, suporta até mesmo a *perseguição (Jo 16,33). É essa paz concreta que os *filhos de Deus (Mt 5,9) difundem e anunciam ao mundo (Lc 7,50; 10,5).

Pecado

No judaísmo da época de Jesus — e no pensamento deste — é qualquer ofensa contra Deus, ação contrária à sua vontade ou violação a algum de seus mandamentos. Transgredir um preceito da *Torá é pecado e tem também conseqüências negativas sobre a pessoa, afastando-a de Deus (Mt 9,13; 19,17-19). Jesus enfatiza, principalmente, a necessidade de se eliminar as raízes profundas do pecado (Mt 5,27ss.; 6,22ss.; 15,1-20) e chama o pecador à *conversão* (Lc 11,4; 15,1-32; 13,1ss.; 18,13), porque Deus perdoa todo pecado, exceto a *blasfêmia* contra o *Espírito Santo*, isto é, a atitude de resistência ao perdão de Deus, a única atitude que impede a pessoa de recebê-lo. Por amor ao pecador, Jesus acolhe-o (Mt 11,19; Lc 15,1ss.; 19,7) e se entrega à morte expiatória (Mt 26,28; Lc 24,47). Quem recebe esse perdão deve também saber perdoar os pecados dos outros (Mt 18,15.21; Lc 17,3ss.).

R. Donin, *o. c.*; Y. Newman, *o. c.*; C. Vidal Manzanares, *El primer Evangelio*...; Idem, *El judeo-cristianismo*...

Pecador

Ver *Pecado*.

Pedra

Jesus é a pedra rejeitada, pedra de tropeço, é a pedra angular sobre a qual se sustenta o edifício de Deus (Mt 21,42). As passagens evangélicas que se referem a Jesus como pedra rejeitada ou de tropeço (Mt 21,42-44; Mc 12,10; Lc 20,17-18) têm origem veterotestamentária (Sl 118,22) e podem mesmo referir-se ao próprio YHVH (Is 8,14). Essa identificação das passagens como referências messiânicas aparece também no judaísmo. Assim, o Targum Jonatan usa "pedra" como título messiânico e o mesmo podemos constatar no Midraxe sobre Nm 13,14, no qual o *messias* é denominado também *Filho do homem* (Dn 7,14). Neste último caso, a "pedra" é, mais concretamente, a que destruiu os reinos *gentios* (Dn 2,35). Embora nessas passagens não apareça a idéia de rejeição ao messias pelo povo de Israel, ela aparece no Talmude (Sanh 38a). Nessa referência, o messias, filho de *Davi*, é descrito como aquele que — conforme Is 8,14 — será pedra de tropeço e rocha de escândalo para as duas casas de Israel. Também a identificação da "pedra de tropeço" com a "pedra de ângulo" conta com paralelos no judaísmo. Temos exemplo no Testamento de Salomão 22,7-23,4, no qual a pedra do Sl 118,22 já é "cabeça de ângulo"; o mesmo se pode dizer das referências no Manual de Disciplina 8,4 e em Yoma 54a. Em harmonia com essa visão, Jesus é a pedra de ângulo (Mt 21,42) e pedra de *escândalo, que despedaçará os incrédulos (Lc 20,18).

Pedro

Tradução grega da palavra aramaica Kepha (rocha). Discípulo de Jesus também chamado Simão ou Simeão (At 15,14; 2Pd 1,1). Filho de João (Jo 1,42) ou Jonas (Mt 16,17), com seu irmão *André, dedicava-se à pesca na *Galiléia (Mt 4,18). Natural de *Betsaida (Jo 1,44), residia com sua família em *Cafarnaum (Mc 1,29ss.; Mt 8,14; Lc 4,38). Esteve ligado a *João Batista (Jo 1,35-42) antes de seguir Jesus. Fez parte do grupo dos *Doze e, mais especificamente, dos três *discípulos mais próximos de Jesus (Mt 17,1; Mc 5,37; 9,2; Lc 8,51 etc.). Convencido da messianidade de Jesus (foi essa a confissão que levou Jesus a falar de sua Igreja edificada sobre a fé em sua pessoa como *messias e *Filho de Deus), Pedro resistiu, no entanto, à visão do messias sofredor que Jesus tinha (Mt 16,18ss.) e chegou mesmo a negar seu Mestre no momento de sua prisão (Mt 26,69ss. e par.). A princípio, Pedro não acreditou no anúncio da *ressurreição de Jesus (Lc 24,11), mas ver o túmulo vazio (Lc 24,12; Jo 20,1-10) e a aparição de Jesus no domingo da ressurreição (Lc 24,34; 1Cor 15,5), assim como aparições de que outros discípulos falavam mudaram radicalmente sua vida. Apenas algumas semanas depois da morte de Jesus, Pedro convertera-se em uma pessoa disposta a confrontar-se com as autoridades judias que, durante a época de *Herodes Agripa, estiveram a ponto de executá-lo (At 12). Embora a comunidade judeu-cristã de Jerusalém fosse dirigida por todos os *apóstolos em seus primeiros tempos, não há dúvida de que Pedro atuava como porta-voz da mesma (At 2-4). Juntamente com João, foi ele quem legitimou a evangelização fora da Judéia (Samaria, At 8; o litoral, At 9,32ss.) e deu o primeiro passo para a evangelização dos não-judeus (At 10-11). Parece ter sido bom seu relacionamento com Paulo (Gl 1-2), exceto um incidente em Antioquia em que Pedro agiu contra as suas convicções para não causar escândalo aos judeus. Durante os anos 40 e 50, a Igreja de Jerusalém esteve sob a direção de *Tiago* e não de Pedro (At 12,17; 15,13; 21,18; Gl 2,9.12), mas este estava presente no Concílio de Jerusalém, no qual apoiou as idéias de Paulo. Temos muito poucos dados sobre esse período final de sua vida: quase um quarto de século. Com segurança, desenvolveu um ministério missionário (1Cor 9,5), durante o qual, possivelmente, trabalhou em Corinto (1Cor 1,12) para, logo mais, concluí-lo com o martírio (Jo 21,19). Considera-se a possibilidade de ter visitado Roma, embora não seja provável que fosse ele o fundador da comunidade dessa cidade. Mais plausível é a tradição que considera sua execução durante a perseguição empreendida por Nero. Das obras que se lhe atribuem, é sua — sem dúvida — a primeira epístola que leva seu nome. Tem-se questionado a autenticidade da segunda, mas o certo é que

Ravena. Mosaico de Santo Apolinário Novo (séc. VI): Pedro e André seguem Jesus

o livro do Novo Testamento com o qual tem maiores coincidências é exatamente a primeira carta de Pedro. As lógicas diferenças entre ambas as obras não devem ser levadas a extremo, pois dependem não tanto da diversidade de autores como de gênero literário: a primeira é uma epístola e a segunda, uma forma de testamento. Tampouco pode ser descartada a possibilidade de a segunda ser de Pedro, mas ter recebido sua forma final da escrita de um copista. Quanto aos Atos de Pedro, o Apocalipse de Pedro e o Evangelho de Pedro não são, realmente, de sua autoria. Tem-se ressaltado a possibilidade de o evangelho de *Marcos apresentar, substancialmente, o conteúdo da pregação de Pedro, já que João Marcos aparece como seu intérprete em algumas fontes.

C. P. Thiede, *o. c.*; W. H. Griffith Thomas, *El apóstol*...; F. F. Bruce, *Acts*...; Idem, *New Testament*...; C. Vidal Manzanares, *El judeo-cristianismo*...; O. Cullmann, *Peter*, Londres 1966; R. F. Brown e outros, *Pedro*...; R. Aguirre (ed.), *Pedro en la Iglesia primitiva*, Estella 1991.

Peito

Essa parte do corpo humano estava relacionada com alguns aspectos mais íntimos da pessoa. Bater no peito era sinal de *arrependimento (Lc 18,13; 23,48) ou de lamentação (Mt 11,17; 24,30; Lc 8,52; 23,27). Reclinar-se sobre o peito de um amigo denotava grande afeto e confiança (Jo 13,25; 21,20).

Peixe

Alimento não poucas vezes considerado humilde (Mt 7,10; 14,17-19; 15,34-36; 17,27; Lc 5,6-9; 24,42; Jo 21,6.8.11). Às vezes era consumido seco (Jo 6,9-11; 21,9-13). Jesus utiliza-o como símbolo dos homens recolhidos para o *juízo de Deus (Mt 13,47-50).

Penitência

Ver *Conversão.

Pentecostes

No judaísmo, essa festa é denominada *shavuot* (semanas) e é a segunda das três *festas* de peregrinação. Era celebrada anualmente no dia 6 de Sivã em Israel e entre 6 e 7 de Sivã, na diáspora. Seu nome hebraico vem do mandato bíblico de contar sete semanas a partir da segunda noite da *Páscoa* até o dia seguinte do dia do descanso (Lv 23,15-16.21); daí provém também seu nome não-judeu de Pentecostes (quinquagésimo dia em grego). No judaísmo, a festa comemorava tanto as primícias apresentadas no *Templo* (Nm 28,26; Êx 23,16; 34,22; Lv 23,17), como a entrega da *Torá* no Sinai.

J. Barylko, *Celebraciones...*; F. F. Bruce, *Acts...*; C. Vidal Manzanares, *El judeo-cristianismo...*; C. Shepherd, *Jewish...*

Perdão

Jesus apresentou-se investido da autoridade divina de perdoar os pecadores (Mt 9,1-8; Lc 7,36-50). De fato, sua morte na *cruz* não é senão um sacrifício expiatório — como o *Servo* de YHVH — que inaugura a *Nova Aliança* (Mt 26,28; Mc 10,45; Lc 22,20). O anúncio do perdão que Deus oferece ao ser humano em Jesus é parte essencial da mensagem do *Evangelho* (Lc 24,47; Jo 20,23).

Na gratidão pelo perdão recebido — e com o desejo de assemelhar-se ao *Pai* — o *discípulo* deve perdoar os *pecados* cometidos contra ele (Mt 5,23ss; 5,43-48; 6,12-15; 18,21-35).

Peréia

A região territorial a leste do Jordão. Estendia-se desde Maqueronte, ao sul, até Pela, ao norte. De 4 a 39, foi governada por *Herodes Antipas*; *João Batista* batizou nessa área (Jo 1,28; 10,40) e Jesus atravessou-a em várias ocasiões (Mc 10,1). O evangelho de *Lucas* dedica boa parte de seu conteúdo ao ministério de Jesus nessa região.

Perfume

Ver *Aloé, *Aroma, *Incenso, *Mirra, *Nardo.

Pérola

Jóia de alto preço. Jesus refere-se a ela como símbolo de imenso valor da descoberta do *Reino de Deus (Mt 7,6; 13,45ss.).

Perseguição

Essa circunstância está ligada, infalivelmente, à condição de *profeta (Mt 5,12) e de *discípulo (Mc 10,30). Parte da aversão que o *mundo tem por Jesus (Jo 15,18-20). Longe de sentir ódio, o discípulo perseguido deve *orar por seus perseguidores (Mt 5,44), sabendo também que existe uma bênção para essa situação (Mt 5,10) e que conta com a ajuda de Deus para enfrentar toda e qualquer perseguição (Mt 10,19ss.; Lc 21,12-15).

Pés

1. Lançar-se aos pés: reconhecer a superioridade da outra pessoa, adorá-la (Mt 18,29; 28,9). 2. Descalçar: ato de servidão reservado aos escravos (Mc 1,7). 3. Sentar-se aos pés: ser discípulo de alguém (Lc 8,35). 4. Depositar aos pés: confiar algo a alguém (Mt 15,30). 5. Sacudir o pó dos pés: expressar ruptura ou mesmo o juízo que recaíra sobre a outra pessoa (Mt 10,14). 6. Lavar os pés: sinal de humildade e serviço que Jesus realizou com seus discípulos durante a Última Ceia, e espera-se que estes o repitam entre si (Jo 13,1-17).

Pesca

Na época de Jesus, como hoje em dia, o mar da Galiléia era local de numerosas atividades pesqueiras. Praticava-se a pesca com lanterna (Lc 5,5;

Jo 21,3), com uma ou várias embarcações (Mc 4,36; Lc 5,11), com anzol (Mt 17,27), com rede (Mt 4,18) e com rede de arrastão (Mt 13,47ss.). A sua exploração ficava a cargo de proprietários das embarcações os quais, algumas vezes, contavam também com assalariados (Mc 1,20; Lc 5,7).

Jesus empregou o simbolismo da pesca para referir-se à missão recomendada a seus *discípulos* (Mt 4,19; Lc 5,10). Não é fácil averiguar o significado da expressão, mas talvez a chave se encontre em Mt 13,47-50, em que Jesus nos fala da pesca com rede e que simboliza a separação da humanidade para a *salvação* ou condenação. Nesse sentido, a pregação do evangelho realizada pelos discípulos serviria — em virtude da resposta dada a ela — para separar as pessoas em categorias de perdição ou de salvação (comp. Jo 20,22-23).

Pesos

No tempo de *Jesus*, eram utilizados os seguintes pesos: o *talento* (34,272 Kg), a *mina* (0,571 Kg), o *siclo* (11,424 g) e o meio siclo. Os evangelhos somente mencionam a *libra* romana (327,45 g) (Jo 12,3; 19,39).

Peste

A palavra tem o sentido de epidemia. Constitui um dos sinais precursores da destruição de *Jerusalém* (Lc 21,11).

Pilatos, Pôncio

Procurador romano da Judéia, de 26 a 36 d. C. As referências ao mesmo em Tácito, Fílon e Flávio Josefo são bastante negativas e se encaixam, histórica e moralmente, com as informações fornecidas pelos evangelhos (Mt 27; Mc 15; Lc 23; Jo 18), que mostram que Pilatos, apesar de convencido da inocência de Jesus, curvou-se a pressões externas e condenou-o à morte. Mt 27,19

*Inscrição romana de Cesaréia,
onde aparece o nome Pontius Pilatus*

faz uma referência à esposa de Pilatos, a qual intercedeu pela liberdade de Jesus. Uma lenda espalhada mais tarde converteu-a em discípula de Jesus, dando-lhe o nome de Procla ou Cláudia Prócula.

C. Vidal Manzanares, *El judeo-cristianismo*...; Idem, *El primer Evangelio*...; Schürer, *o. c.*; F. F. Bruce, *Israel*...

Pináculo

Possivelmente, o ponto mais elevado do *Templo*, identificado por alguns com o lugar mais alto na ala sudeste dos seus pórticos ou com a cornija superior de uma das grandes portas que davam para o vale do *Cedron*. Mt 4,5 e Lc 4,9 situam nesse local uma das tentações com que o *diabo* pretendeu seduzir Jesus.

Piscina

Depósitos de água geralmente escavados na rocha. Seu uso costumava ser público (Jo 5,2-7; 9,7).

Pobres

Embora de diferentes necessidades, era considerável o número de pobres na Palestina do tempo de Jesus. Em primeiro lugar os diaristas, que ganhavam cerca de um *denário* por dia (Mt 20,2.9; Tb 5,15), incluindo-se as refeições (B. M, 7,1). Em segundo lugar, estavam os que viviam do auxílio alheio e compreendiam: os *escribas (Eclo 38,24; 39,11; P. A. 4,5; 1,13; Yoma 35b bar; Mt 10,8-10; Mc 6,8; Lc 8,1-3; 9,3; 1Cor 9,14); os rabinos como Shamai (Shab 31a), Hilel (Yoma 35b bar), Yojanan ben Zakkay (Sanh 41a; Sifré Deut 34,7; Gen R 100,11 sobre 50,14), R. Eleazar ben Sadoc (Tos. Besa 3,8), Abbá Shaul ben Batnit (Tos. Besa 3,8; Besa 29a bar) e *Paulo* (At 18,3). É possível que essa precariedade econômica explique, pelo menos em parte, que houvesse *fariseus* que aceitavam subornos (*Guerra Jud.*, I, 29,2) e que os evangelhos às vezes os acusem de avareza (Lc 16,14) e ladroagem (Mc 12,40; Lc 20,47). Na base da pobreza, estavam os mendigos, que não eram poucos. Os doentes — como os enfermos de *lepra* — que mendigavam nas cidades ou nas suas imediações eram consideravelmente numerosos (Pes 85b; San 98a). Alguns *milagres* de Jesus aconteceram em lugares típicos de mendicância (Mt 21,14; Jo 9,1.8; 8,58-59; 5,2-3). Sem dúvida, muitas vezes tratava-se de espertalhões fingindo invalidez para obterem esmola (Pea 8,9; Ket 67b-68a) ou que viviam aproveitando-se das bodas e das circuncisões (Sem 12; Tos Meg 4,15). Jesus teve seguidores desta parte da população. Tendo-se em conta que o sacrifício de purificação de sua *mãe* era o dos pobres (Lc 2,24; Lv 12,8), sabe-se que Jesus procedia de uma família pobre, não tinha recursos (Mt 8,20; Lc 9,58), não levava dinheiro consigo (Mt 17,24-27; Mc 12,13-17; Mt 22,15-22; Lc 20,24) e vivia de ajuda (Lc 8,1-3). É importante observar que nem Jesus nem seus seguidores valorizaram a pobreza material, mas sim uma cosmovisão que indicava sua pertença à categoria escatológica dos "*anawin*", os pobres espirituais ou pobres humildes que esperavam a libertação proveniente de Deus e unicamente de Deus. Certamente Jesus e seus *discípulos* desfrutaram de um grande poder de atração sobre os indigentes; não bastava, porém, ser pobre para associar-se a eles e tampouco parece que essa indigência fosse uma recomendação especial. Integrar-se ao número dos seguidores de Jesus dependia da *conversão*, de uma decisão vital, seguida de uma mudança profunda de vida, não relacionada ao "status" social. O círculo dos mais próximos a Jesus possuía uma bolsa comum (Jo 13,29); disso não se deduz, porém, uma idéia de pobreza, pois esses fundos eram empregados não só para cobrir os gastos como também destinados a dar esmolas aos pobres. A "pobreza" preconizada por Jesus não se identificava, portanto, com a miséria e sim com uma simplicidade de vida e uma humildade de espírito que não questionava as posses de cada um, mas alimentava a solidariedade e a ajuda aos demais, colocando toda sua fé na intervenção de Deus. Os discípulos não eram pobres no sentido material, mas no de "humildade": tratava-se mais da pobreza espiritual do que da econômica e social. Essa idéia contava com profundas raízes na teologia judaica. Nesse sentido, encontramos referências em Is 61,1: os de coração abatido, que buscam a Deus (Sl 22,27; 69,33 etc.), cujo direito é violado (Am 2,7), mas a quem Deus escuta (Sl 10,17), ensina o caminho (Sl 25,9), salva (Sl 76,10) etc. Tudo isso faz que os "anawim" louvem a Deus (Sl 22,27), alegrem-se nele (Is 29,19; Sl 34,3; 69,33) e recebam seus dons (Sl 22,27; 37,11) etc. Os "anawim" não são, pois, os pobres simplesmente, mas os pobres de Deus (Sf 2,3ss.). (Ver nesse sentido: R. Martin-Achard, "Yahwé et les ânawim:" *ThZ 21,* 1965, pp. 349-357.) A Bíblia dos LXX assume tanto essa interpretação que *pobre* é traduzido não somente como "*ptojós*" e "*pénes*", mas também por "*tapeinós*" (humilde) e "*prays*" (manso) e seus derivados. Realmente, a palavra "*anaw*" no Antigo Testamento tem um significado ambivalente. Enquanto em alguns casos só se refere ao necessitado (Is 29,19; 61,1; Am 2,7 etc.), em outros equivale a "humilde" (Nm 12,3; Sl 25,9; 34,3; 37,11; 69,32 etc.). O mesmo pode dizer-se de "*ebion*" (Jr 20,13) e de "*dal*" (Sf 3,12), cujo significado pode ser tanto necessitado como humilde. Dentro desse quadro de referências, os "pobres-anawim" não são senão todos os que esperam a libertação de Deus porque sabem que não podem esperá-la de mais ninguém. A eles, especialmente, é anunciado o evangelho (Mt 11,5; Lc 4,18).

E. Jenni e C. Westermann, "[3]Aebyon" e "Dal" em *Diccionario Teológico manual del Antiguo Testamento*, Madri 1978, I, e Idem, "`Nh" em *Ibidem*, II; W. E. Vine, "Poor" em *Expository Dictionary of Old and New Testament Words*, Old Tappan 1981; C. Vidal Manzanares, "Pobres" em *Diccionario de las Tres Religiones*, Madri 1993; Idem, *El judeo-cristianismo*...; Idem, *El Primer Evangelio*...

Poder

Nos evangelhos, encontra-se a afirmativa de que este *mundo* é campo de batalha entre dois poderes, não humanos, mas espirituais: o de Deus e o de *Satanás* e seus *demônios*. Ante essa realidade espiritual, as demais análises são superficiais e fora de foco. Jesus manifesta o poder de Deus nos *milagres* (Mt 12,22-30; Lc 19,37). É um poder que reside nele e dele sai (Mc 5,30; Lc 4,14), que vence o *mal* (Mc 3,26ss.; Lc 10,19) e que ele confia a seus *discípulos* (Mc 16,17).

Quanto ao poder político, os evangelhos consideram-no controlado pelo diabo — que o ofereceu a Jesus (Lc 4,5-8) — e afirmam que esse poder é incompatível com a missão de Jesus. Este o repudiou (Jo 6,15) e claramente declarou que seu *Reino* não era deste mundo (Jo 18,36-37). Os discípulos não devem copiar os padrões de conduta habituais na atividade política e sim tomar como exemplo a conduta de Jesus como *Servo* de YHVH (Lc 22,24-30).

Pomba

Denominação que engloba diversas aves como a pomba-rola, a pomba-torcaz, o pombinho e a rolinha. Era a oferenda reservada aos pobres, especialmente nos ritos de purificação, o que explica sua venda no *Templo (Mt 21,12; Jo 2,14-16). Para Jesus, ela é a imagem da pureza e da simplicidade (Mt 10,16). Durante o *batismo de Jesus, o *Espírito Santo desceu sobre ele em forma de pomba (Mt 3,16; Mc 1,10; Lc 3,22; Jo 1,32). O símbolo da pomba não é muito claro nesse acontecimento. Tem-se demonstrado a possibilidade de referir-se ao amor de Deus (Ct 2,14; 5,2) ou à nova criação, que se inicia com o *messias (Gn 1,2; Os 7,11).

Pôncio Pilatos

Ver *Pilatos, Pôncio.

Porco

Embora considerado animal sagrado em certos ritos pagãos, a *Lei de Moisés considerava-o imundo. Na Palestina, sua criação limitava-se às áreas intensamente helenizadas como a *Decápole (Mt 8,30-32; Mc 5,11-16; Lc 8,32ss.). Na *parábola do filho pródigo, este se viu obrigado a cuidar dos porcos, sinal de toda a degradação a que chegara (Lc 15,15ss.).

Porta

Abertura que permite a entrada em um edifício. Em sentido simbólico, Jesus é a única porta que nos permite entrar na *vida eterna (Jo 10,7-9). Os seres humanos devem evitar as portas largas (Mt 7,13-14), que só conduzem à perdição.

Pórtico

Galeria ao ar livre, mas coberta por um telhado sustentado por uma colunata. Os evangelhos mencionam os cinco pórticos da *piscina de *Betesda (Jo 5,2) e o de Salomão (Jo 10,23), na fachada oriental do *Templo.

Possessão

Ver *Demônios*.

Possessões

Ver *Mamona, *Prata, *Pobres, *Ricos*.

Pousada

Ver *Hospedaria*.

Povo de Deus

Ver *Discípulos, *Igreja, *Israel*.

Praça pública

Também praça de mercado, um equivalente aos mercados abertos. Situada à entrada das vilas, constituía o centro da vida pública (Mc 6,56). Nela as pessoas se exibiam (Mt 23,7), contratavam empregados (Mt 20,3) e se divertiam (Mt 11,16).

Prata

Metal precioso que era utilizado para trabalhos de joalheria e fabricação de moedas como o *siclo* (Mt 26,15; 27,3-9; 28,12.15). *João Batista* condenou a sua cobiça, que podia corromper a administração. Jesus considerou-a um bem inseguro e perecível (Mt 10,9; Lc 9,3) e contou entre seus adversários aqueles que a amavam (Lc 16,14).

Predestinação

Os evangelhos afirmam que existe uma série de circunstâncias já determinadas — e por isso imutáveis — por Deus. Assim, o *Reino* de Deus tem lugares reservados para vários tipos de pessoas (Mt 20, 23; 25,34; Jo 14,2ss.). Também existe um tempo fixado por Deus para acontecimentos relacionados com a história da *salvação (Lc 2,1; 3,1ss.) e já está determinado que a salvação deve dar-se, necessariamente, em virtude da morte expiatória de Jesus na *cruz (Lc 24,26). Finalmente, está estabelecido que existirá uma salvação e um castigo eterno, pertencendo este último ao *diabo, a seus *demônios e aos condenados (Mt 25,41). Deve-se, contudo, ressaltar que a idéia de uma salvação ou condenação individual, em virtude de um decreto eterno de Deus, não está presente nos evangelhos. Pode-se voluntariamente resistir à chamada feita a todos, mas essa atitude causa danos aos que não crêem em Jesus. No último momento e livremente, cada ser humano decide seu destino eterno (Mc 6,3-9; 16,15-16; Jo 3,18-21).

Predições de Jesus

Os evangelhos contêm diversas predições de Jesus referentes à sua rejeição e morte, assim como à destruição de Jerusalém. Não poucas vezes, os dois tipos de predição têm sido considerados sem base histórica e rotulados como "vaticinia ex eventu". Quanto a essa teoria, afirma-se primeiramente que Jesus declarou implicitamente que ia morrer nas mãos de seus adversários, em relatos como o da parábola dos lavradores homicidas (Mc 12,1-12; Mt 21,33-46; Lc 20,9-19), metáforas como a do cálice, do batismo e da hora (Mc 10,38-39 e par.; 14,35.41 e par.) ou o sinal de Jonas (Mt 12,8-40; 16,1-2; Lc 11,29-32). No mesmo sentido, deve-se destacar a autoconsciência de Jesus como *Servo de YHVH, que o fez assumir sua morte em resgate por todos (Mc 10,45; Mt 26,26 e par. Comp. com Is 53,11-12) ou a clara referência ao seu sepultamento que em breve aconteceria (Mt 26,6-13 e par.). Longe de indicar um "vaticinium ex eventu", os anúncios de Jesus sobre paixão e morte harmonizam-se com outras referências não menos explícitas a respeito.

O mesmo se afirma em relação à destruição do Templo, assinalada em *Q, escrito antes de

70. Além disso, não se pode esquecer que o evangelho de *Marcos*, igualmente escrito antes de 70, também a menciona. Algo semelhante podemos dizer do evangelho de *Lucas*. Não se deve esquecer ainda que o anúncio de uma destruição do Templo aparece mencionado em relação a outros personagens e sempre antes que ela se desse. A posição — ainda mantida por alguns autores — de que os anúncios proféticos de Jesus constituem "vaticinium ex eventu" é, de fato, inadmissível à luz das fontes (Ver *Jesus*).

C. Vidal Manzanares, *El Primer Evangelio...*; Idem, *El judeo-cristianismo...*; H. F. Bayer, *Jesus' Predictions of Vindication and Resurrection*, Tubinga 1986; J. Jeremias, *Teología...*; S. H. T. Page, "The Authenticity of the Ransom Logion (Mark 10:45b)" em R. T. France e D. Wenham (eds.), *Gospel Perspectives 1*, Sheffield 1980; K. R. Snodgrass, *The Parable of the Wicked Tenants*, Tubinga 1983.

Preexistência do Filho

Ver *Deus, *Filho de Deus, *Hipóstase, *Jesus, *Logos, *Memrá, *Trindade*.

Prefeito

Ver *Procurador*.

Preocupação

Jesus censura a preocupação como origem da ansiedade humana e como conduta estéril, que desvia a atenção da pessoa daquilo que é realmente importante (Mt 10,19; Mc 13,11; Lc 12,11; 12,22-26). Deus provê seus *filhos* de tudo (Mt 6,25-32) e estes devem buscar, em primeiro lugar, o *Reino de Deus* e sua *justiça*, certos de que tudo o mais dele receberão (Mt 6,33-34).

Presépio

Lugar em que comiam os animais no estábulo e, por extensão, o próprio estábulo (Lc 2,7.12.16; 13,15).

Pretório

Nos evangelhos, residência do pretor, magistrado romano encarregado da administração da justiça e provido de forças militares (Mt 27,27; Mc 15,16; Jo 18,28.33; 19,9).

Probática

Uma das portas de *Jerusalém: a das *ovelhas. Próximo a ela (Jo 5,2) estava a *piscina de *Betesda, onde Jesus curou um paralítico.

Reconstrução fiel da Piscina Probática

Processo de Jesus

Ver *Jesus.

Procurador

Funcionário denominado prefeito até o ano 42. Residente em *Cesaréia, dependia diretamente do *césar e, na Judéia, do legado da Síria. O fato de se contar com os descendentes de *Herodes para desempenhar suas funções foi sementeira de conflitos, porque as diversas jurisdições estavam longe de ser delimitadas (Lc 23,6ss.). Um dos encargos do procurador era manter a ordem, como por exemplo, observava-se na subida a *Jerusalém durante a *Páscoa.

Profeta

No judaísmo, o profeta é o escolhido por Deus para proclamar sua palavra em forma de exortação e, outras vezes, como advertência de castigo. A mensagem profética não estava necessariamente ligada ao anúncio de acontecimentos futuros. Embora *Moisés fosse o maior de todos os profetas (Dt 34,10), o período principal da atividade profética estende-se de Samuel (séc. XI a.C.) até Malaquias (séc. V a.C.). As fontes destacam dois tipos de profetas. O primeiro (Samuel, Natã, Elias, Eliseu) não deixou obras escritas e, ocasionalmente, viveu em irmandades proféticas conhecidas como "filhos dos profetas". O segundo (Amós, Isaías, Jeremias etc.) deixou obras escritas. A atividade profética estendia-se também às mulheres, como foi o caso de Maria (Êx 15,20), Débora (Jz 4,4) e Hulda (2Rs 2,14) e a não-judeus, como Balão, Jó etc. Conforme os rabinos, a presença de Deus ou Shejináh abandonou Israel após a morte do último profeta (Yoma 9b), desaparecendo o dom de profecia depois da destruição do Templo (BB 12b). Nos evangelhos, Jesus é apresentado como o Profeta; não um profeta melhor, mas o Profeta escatológico anunciado por Moisés em Dt 18,15-16, que surgiria no final dos tempos e que não seria inferior a Moisés, porque significaria o cumprimento das profecias anteriores (Jo 6,14ss.; Mc 13,22 e par.; Mt 13,57 e par.; 21,11; 21,46 e par.; Lc 7,39; 13,33; Jo 4,44). A isso acrescentem-se os textos em que se emprega a expressão *Amém (mesmo não as limitando a um cariz profético). A expectativa desse "Profeta" devia ser comum na época de Jesus, como se deduz de Jo 1,21. Essa pessoa tem também um paralelo evidente na doutrina samaritana do *"taheb"* (o que regressa ou o restaurador), uma espécie de Moisés redivivo (Jo 4,19.25). Também nos deparamos com uma figura semelhante na teologia dos sectários de *Qumrán e no Testamento dos Doze patriarcas, embora já apresentando essenciais diferenças.

L. A. Schökel, *o. c.*; A. Heschel, *o. c.*; I. I. Mattuck, *El pensamiento de los profetas*, 1971; G. von Rad, *Teología*...; vol. II; J. D. G. Dunn, "Prophetic I-Sayings and the Jesus Tradition: The Importance of Testing Prophetic Utterances within Early Christianity" em *NTS*, 24, 1978, pp. 175-198;

D. Hill, *New Testament Prophecy*, Atlanta 1979; D. E. Aune, *Prophecy in Early Christianity*, Grand Rapids 1983; G. F. Hawthorne, *The Presence and the Power: The Significance of the Holy Spirit in the Life and Ministry of Jesus*, Dallas, 1991; C. Vidal Manzanares, *El judeo-cristianismo...*; Resenha Bíblica, n. 1, *Los profetas*, Estella 1994.

Prosélito

*Gentio convertido ao judaísmo. Em termos rabínicos, era um "nascido de novo" e estava obrigado a guardar toda a *Lei*. Jesus criticou asperamente o proselitismo fariseu (Mt 23,15), que levava a pessoa não tanto a uma *conversão* ao Deus de *Israel* mas às doutrinas dos fariseus e ao que elas tinham de censuráveis. Para Jesus, o *novo nascimento* não se limitava aos pagãos: era extensivo a toda a humanidade.

Prostitutas

Tanto *Q como os evangelhos reúnem informações referentes a Jesus ter compartilhado a mesa com *publicanos* e *pecadores* públicos (Mc 2,15-16; Lc 5,27-30; 7,34; 15,1-2; Mt 9,10-11; 11,19). Essa notícia, ligada à interpretação errônea de *Maria Madalena* ter sido uma prostituta, ao relato da pecadora que ungiu os pés de Jesus (Lc 7), ao episódio da samaritana (Jo 4) e ao da adúltera cujo apedrejamento impediu (Jo 8,1ss.), tem levado alguns autores a supor que, entre os seguidores de Jesus, havia numerosas prostitutas e que ele comia habitualmente com elas. Evidentemente, Jesus afirmou que os pecadores mais sórdidos — entre eles as prostitutas — tinham maior possibilidade de entrar no Reino (Mt 21,31) do que as pessoas dominadas por seu orgulho religioso; contudo, o fundamento da opinião anterior é praticamente inexistente a não ser que aceitemos — o que não é impossível, mas tampouco seguro — que os "pecadores" que comiam com Jesus fossem prostitutas. Ressalte-se também que a fornicação — incluída a prostituição — foi considerada por Jesus um *pecado* grave (Mc 7,21;

Mt 15,19), que necessitava de *arrependimento*. É possível, portanto, que algumas prostitutas chegaram a seguir Jesus — apesar de não contarmos com dados a respeito — mas nada indica que essa circunstância, por sua importância numérica, revista-se de especial transcendência, ainda que a possuísse em termos espirituais e sociais.

V. e B. Bullough, *Prostitution*, Nova York 1978; K. E. Corley, "Were the Women Around Jesus Really Prostitutes? Women in the Context of Greco-Roman Meals" em *SBL*, 1989, pp. 487-521.

Provar

Em sentido literal, provar o sabor dos alimentos (Mt 27,34; Jo 2,9), alimentar-se (Lc 14,24). Provar a morte significa morrer (Lc 9,27; Mc 9,1; Mt 16,28). Aquele que guarda a palavra de Jesus não provará a morte — condenação — eterna (Jo 8,52).

Próximo

No pensamento judeu, o próximo era o israelita não ligado por laços de parentesco (Lv 17,3; 19,11-13.16-18) e, como concessão, o estrangeiro residente no meio do povo de Israel (Lv 17,8-10.13; 19,34). A grande inovação de Jesus é que o próximo — a quem se deve amar — inclui também o inimigo (Mt 5,43-48). A pergunta essencial deixa de ser "Qual é o meu próximo?" para tornar-se "Acaso não sou eu o seu próximo?" (Lc 10,29-37).

Publicano

Cobrador de *impostos*. Totalmente impopular, estava entre os *pecadores* públicos e notórios (Mt 9,11; Mc 2,16; Lc 5,30), para o que contribuía sua falta de honestidade (Lc 3,12ss.) e sua forçosa ligação com Roma (Mt 18,17). Já que todas as pessoas necessitam de *conversão* (Lc 13,1ss.), Jesus estendeu também aos publicanos o chamado a que se convertam (Mt 5,46; 11,19; 21,31; Lc 7,29-34; 15,1ss.; 18,13ss.; 19,2-9). Um de seus *discípulos*, chamado Mateus, provinha dessa classe social. *Zaqueu* é outro exemplo de publicano convertido.

Pureza

Diferentemente do judaísmo da época, Jesus não deu importância à pureza ritual. Para ele, a verdadeira pureza não consiste na obediência a normas alimentares, mas na pureza do coração (Mt 7,1-23). Realmente, é Jesus que nos purifica e nos limpa (Jo 15,3; 13,10). Somente quem assim está limpo poderá, algum dia, ver a Deus (Mt 5,8).

"Q"

Nome que recebe um suposto documento utilizado por *Mateus* e *Lucas* para a redação de seus respectivos *evangelhos*. Essa obra, anterior ao ano 70 d.C., seria formada — fundamentalmente — por ditos de Jesus e algumas narrações de *milagres*. Existe um consenso generalizado sobre o material que originalmente compunha Q (a mencionada obra foi reconstruída e traduzida, pela primeira vez, para o castelhano, em 1992, por C. Vidal Manzanares), mesmo havendo discrepâncias menores sobre a pertença a ele de alguns versículos isolados. Em Q, Jesus é apresentado com títulos tipicamente judeus, como *Servo*, *Filho do homem*, *Sabedoria* (uma *hipóstase* de Deus), profetiza a futura destruição do *Templo de *Jerusalém e chama os homens à *salvação, obtida mediante a fé em Jesus. Para aqueles que assim se tornam *discípulos, inicia-se uma nova vida conduzida pelo *Espírito Santo, pela suprema confiança em Deus e pela prática de uma ética radical, na qual — por exemplo — a violência não tem lugar, nem mesmo em defesa própria. Quando Jesus regressar em sua *Parusia, estes serão recompensados, enquanto os que rejeitaram Jesus receberão um castigo eterno. Essa incisiva distinção torna o chamado de Jesus especialmente urgente e peremptório.

C. Vidal Manzanares, *El Primer Evangelio*: *El Documento Q*, Barcelona 1993 (com abundante bibliografia sobre o tema).

Quadrante

Moeda de bronze, cujo peso era cerca de 3,10 gramas, que equivalia a um quarto de *asse ou a dois *leptos (Mt 5,26; Mc 12,42).

Quirino

Públio Sulpício Quirino, governador da Síria desde 6 d.C. Cônsul a partir de 12 a.C., estava a cargo da política romana no Oriente Médio (Lc 2,2). Josefo e *Lucas colocam um censo sob suas ordens, datado pelo historiador por volta de 6-7 d.C. e que teria ocasionado a revolta de Judas Galileu (At 5,37). Para quem afirma ser este o recenseamento que coincidiu com o nascimento de Jesus (Lc 2,1-5), Lucas teria errado na data (E. Schürer). Outra possibilidade — considerada por muitos a mais plausível — é que nos encontramos diante de dois censos diferentes, realizados próximo ao nascimento de Jesus entre 6-7 a.C. (*Herodes ainda vivia), quando Quirino realizava missões relacionadas com a política romana no Oriente (W. Ramsay). Finalmente, deve-se salientar que, nos últimos anos, é progressivamente crescente o número de historiadores (P. Benoit, H. Guevara, E. M. Smallwood, G. Delling, J. Ernst etc.) que afirmam ter o censo sido realizado nos últimos anos do reinado de Herodes e que Josefo conscientemente colocou-lhe uma data posterior. Esse deslocamento cronológico é explicado por razões de disposição estrutural de sua obra. Sendo assim, o recenseamento seria um só e Lucas — diferentemente de Josefo — tê-lo-ia situado corretamente no tempo.

E. Schürer, *o. c.*; E. M. Smallwood, *The Jews under Roman Rule*, Leiden 1976; H. Guevara, *o. c.*; C. Vidal Manzanares, *El Primer Evangelio*...

Qumrán

Local na costa noroeste do Mar Morto, a uns 13 km ao sul de Jericó, onde se encontraram — nos finais da década de quarenta do presente século — diversos manuscritos pertencentes a dissidentes da seita dos *essênios. Essa dissensão foi liderada por um personagem de origem duvidosa a quem as fontes se referem como o Mestre de Justiça, e motivada por uma disputa com as autoridades do *Templo acontecida no séc. II a.C. A seita permaneceria no Qumrán durante mais de dois séculos, exceto por um lapso de cerca de trinta anos, quando o local esteve abandonado (de 31-37 a.C. a 4 a.C. aproximadamente). Essa comunidade estava organizada em torno de uma hierarquia composta por *sacerdotes, *levitas, anciãos e simples monges, e cujo governo efetivo era constituído por três sacerdotes e doze leigos. Existiam também os cargos de *mebaqqer* (inspetor) para controlar diversas áreas da comunidade e, superior aos distintos *mebaqquerim*, encontrava-se a figura do *paqid* (inspetor chefe). Os banhos rituais tinham uma enorme importância na disciplina do grupo, já que estavam ligados a idéias de pureza ritual. As sanções eram bastante severas, abrangendo desde a redução de alimentos até a expulsão (talvez mesmo a pena de morte). Não havia propriedade particular: os bens eram comunitários. Os essênios de Qumrán esperavam um final dos tempos em que os "Filhos da Luz" (os membros da seita) venceriam os

"Filhos das Trevas", instaurando-se logo depois um sacerdócio renovado. Acreditavam na imortalidade da *alma e na *ressurreição, na existência de *anjos e de *demônios, no *inferno, em uma confrontação escatológica final e na vinda do (ou dos) *messias.

Entre os documentos encontrados em Qumrán, um número bem elevado é de relativa importância seja por seu caráter fragmentário (o que até mesmo nos impede, às vezes, de examinar seu conteúdo e conseguir uma leitura coerente) seja porque se limitam a reproduzir livros da Bíblia suficientemente conhecidos. Assim, sua relevância fica então limitada aos estudiosos de disciplinas como a crítica textual ou a história da trans-

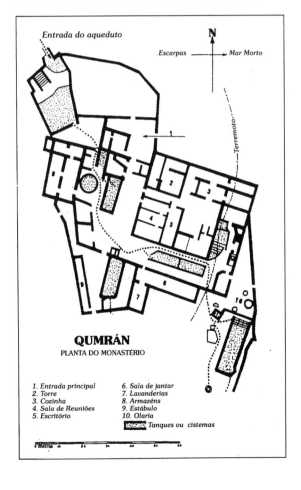

missão do texto bíblico. Entre esses documentos, destacam-se os seguintes:

A. Textos de funcionamento interno: 1. O Documento de Damasco (CD), (que estabelece claramente como data do nascimento da seita um ponto cronológico situado 390 anos depois da destruição do reino de Judá por Nabucodonosor (CD 1,6ss.) e, vinte anos depois, o aparecimento do Mestre de Justiça (CD 1,10ss.); 2. A Regra da Comunidade (1Q Serek = 1QS), também conhecida como Manual de Disciplina pelos autores ingleses e como Cânon da Seita pelos alemães; 3. A Regra da Congregação (1Q Serek^a = 1QSa); 4. Carta 4QMMT: apresenta as divergências de interpretação da Lei que levaram o grupo de Qumrán à ruptura com Jerusalém).

B. Obras poéticas e litúrgicas: 1. A Coleção de Bênçãos (1Q Serek b = 1QSb); 2. Os Hodayot (Hinos = 1QH); 3. Coleção de Orações Litúrgicas (1Q 34 e 34 bis); 4. Palavras dos Luzeiros (4Q Dibre ham-Me'orot); 5. Liturgia angélica ou Regra de Cantos para o holocausto do sábado (4 QSI).

C. Obras de interpretação bíblica como os Pesharim de Isaías (3Q 4, 4Qp Isa a ou 4Q 161; 4QpIsa b ou 4Q 162; 4Q Isa c ou 4Q 163; 4Q Isa d ou 4Q 164; 4Q Isa e ou 4Q 165), de Oséias (4QpHos = 4Q 166-67), Miquéias (1QpMic = 1Q 14), Naum (4QpNah = 4Q 169), Habacuc (1QpHab), e diversos Salmos como o 37, o 57 e o 68 (4QpPss a-b ou 4Q 171, 173); 2. Florilégio (4QFlor = 4Q 174); 3. Testimonia (4QTest = 4Q 175).

D. Obras relacionadas com supostas revelações: 1. Os Ditos de Moisés (1QDM = 1Q 22); 2. O Livro dos Mistérios (1Q 27); 3.

E. Obras de difícil classificação: 1. A mulher estúpida (4Q 184); 2. O Livro da guerra (1Q Miljamah = 1QM); 3. O Apócrifo do Gênesis (1QapGen); O Rolo do Templo (11 Qt = 11QTemple); 4. O Rolo de Cobre (3Q 15); 5. Os Horóscopos em hebraico (4Q Cryptic = 4Q 186). 6. Os Calendários (Mishmarot 4Q); 7. O livro dos Jubileus.

F. Literatura henóquica: 1. Livro astronômico ou Livro das Luminárias Celestiais (1 Hen 72-82); 2. Livro dos Vigilantes (1 Hen 1-36); 3. Livro dos Sonhos (1 Hen 83-90); 4. Epístola de Henoc (1 Hen 91-105); 5. Livro dos Gigantes.

G. Literatura apócrifa: 1. Jubileus (já mencionado anteriormente); 2. Testamentos; 3. Oração de Nabonido (4Q PrNab); 4. 4Q MesAram; 5. Quatro visões de Amram; 6. 11Q Melquisedec; 7. Salmos Apócrifos. A estes acrescentem-se outras obras de pequena extensão (apenas algumas linhas), mas que são de interesse como 4Q Sobre a Ressurreição (onde se atribui ao messias missões como a de libertar os prisioneiros, dar visão aos cegos, curar os feridos, ressuscitar os mortos e proclamar boas novas aos humildes. Comp. com Is 61,1ss. e Lc 4,16ss.), 4Q Filho de Deus (onde se denomina o messias como "filho de Deus" e "filho do Altíssimo" e se afirma — dele ou de YHVH? — que "ele é um Deus grande entre os deuses", 4Q Destruição dos Kittim (em cujo fragmento 5 aparece uma passagem que alguns autores vêem como uma referência ao messias que seria assassinado pelo Sumo Sacerdote judeu), 4Q 525 ou 4QBeat — pertencente a um gênero de bem-aventuranças que se observa já em alguns salmos do Antigo Testamento e que tem um de seus expoentes mais evidentes no início do *Sermão da Montanha*, pronunciado por Jesus (Mt 5,1ss.) — etc.

Em termos gerais, os Documentos do Mar Morto permitem confirmar a hipótese que afirmava que o judaísmo do Segundo Templo não era um todo monolítico; permitem estabelecer paralelos — apesar das profundas diferenças — com o cristianismo primitivo, mostrando que o mesmo era medularmente judeu e que não provinha de influências de religiões mistéricas ou influências helenizantes; permitem, finalmente, verificar a exatidão do texto do Antigo Testamento tal como já nos havia chegado. As escassas variantes descobertas a respeito não deixam de estar, às vezes, impregnadas de interesse, como a referência à *ressurreição do *Servo de YHVH (Is 53), que aparece no rolo de Isaías — e também na Bíblia dos LXX — mas omitida no texto massorético.

Quanto às pretendidas ligações entre *João Batista e Jesus, de um lado, e Qumrán, de outro, deve-se salientar que não se assentam em qualquer base sólida e que só podem ser atribuídas ao desconhecimento das fontes ou ao desejo de sensacionalismo.

J. A. Fitzmyer, *The Dead Sea Scrolls: Major Publications and Tools for Study*, Missoula 1977; G. Vermes, *The Dead Sea Scrolls*, Filadélfia 1981; P. R. Davies, *Qumrán*, Guildford 1982; M. Delcor e F. García Martínez, *Literatura esenia de Qumrán*, Madri 1982; P. R. Callaway, *The History of the Qumrán Community*, Sheffield 1988; C. Vidal Manzanares, *Los esenios...*; Idem, *Los documentos...*; Idem, *El Primer Evangelio...*; Idem, *El judeo-cristianismo...*; Idem, *Jesús y los documentos del Mar Muerto* (no prelo); J. Pouilly, *Qumrán*, Estella ²1993.

Rolo de Isaías encontrado em Qumrán

Rabi

Ver *Mestre*.

Raca

Palavra aramaica de etimologia duvidosa (vazio?), que transmite a idéia de imoral ou tolo. Jesus a considera um grave insulto cujo uso é indigno de seus *discípulos* (Mt 5,22).

Rebanho

Ver *Ovelhas*.

Reconciliação

Fazer as pazes com alguém. O conceito, que tem origem em idéias veterotestamentárias como a *expiação* na *festa* judaica de Yom Kippur, apresenta especial importância para o cristianismo. No ensinamento de Jesus, a reconciliação com o irmão antecede qualquer dever religioso (Mt 5,24). Também Deus nos reconcilia com ele através da morte de Cristo na *cruz* (Mc 10,45; Mt 26,26 etc.).

P. Bonnard, *o. c.*; J. Driver, *o.c.*; C. Vidal Manzanares, *Diccionario de las tres*...; Idem, *El judeo-cristianismo*...

Redenção

Nos evangelhos, Jesus aparece como cumprimento da redenção que *Israel* esperou durante séculos (Lc 1,68; 2,38). Jesus a consuma não como um político (Jo 6,15), mas como o *Servo* de YHVH (Is 53), isto é, dando sua vida para redenção ou resgate de todos (Mt 20,28; Mc 10,45; Lc 24,21-27). Essa redenção será definitivamente manifestada na *Parusia (Lc 21,28).

Reencarnação

Passagem da alma de um corpo a outro após a morte. Também são empregadas as palavras transmigração e metempsicose. A idéia era totalmente alheia ao *judaísmo da época de Jesus, que acreditava em um só destino eterno depois da *morte. Também o ensinamento de Jesus é incompatível com a crença na reencarnação (Ver *Alma, *Céu, *Inferno). Constitui um verdadeiro disparate exegético tentar, nesse sentido, interpretar a referência ao *novo nascimento contido em Jo 3,1ss.

Regra de Ouro

Assim se denomina o preceito de Jesus registrado em Mt 7,12.

Reino

O âmbito de soberania de Deus. No Antigo Testamento e na literatura intertestamentária, a idéia do Reino aparece relacionada à intervenção de Deus na história através de seu *messias. Essa mesma idéia permaneceu no *judaísmo posterior. A crença na vinda do Reino constitui uma das doutrinas básicas do ensinamento de Jesus, que — não poucas vezes — refere-se a esse Reino em suas *parábolas. O Reino já se manifestara com a vinda de Jesus e evidenciou-se em seus *milagres e expulsões de *demônios (Lc 11,20; 10,8-9). Não é deste *mundo (Jo 18,36) e, por isso, não segue seu procedimento. A ética do Reino apresentada, por exemplo, no *Sermão da Montanha (Mt 5-7) é totalmente diversa de qualquer norma humana e tem sido considerada, com justiça, inaplicável em uma sociedade civil. Se é possível viver, é graças ao amor de Deus e à sua vivência entre pessoas que compartilham essa mesma visão. O início do Reino é pequeno (Mt 13,31-33), contudo, apesar das dificuldades provocadas pelo *Diabo e seus sequazes (Mt 13,24-30.36-43), terá um final glorioso na *Parusia de Jesus, após um tempo de grande tribulação e da pregação desse mesmo Reino no mundo inteiro (Mt 24,14). Desaparecerá então o domínio do diabo sobre o mundo e acontecerá a *ressurreição, a recompensa dos que se salvaram e o castigo eterno dos condenados (Mt 13,1-23.24-43; Mt 25,41-46). É oportuno ressaltar que todos esses aspectos coincidem com idéias sustentadas pelo judaísmo do Segundo Templo. Desde então, toda a humanidade é convidada a entrar no Reino (Mt 13,44-46). O Reino não pode ser confundido com a *Igreja — como o demonstraram desenvolvimentos teológicos posteriores —, ainda que nesta se deva viver a vida do Reino.

G. E. Ladd, *El evangelio del reino*, Miami 1985; Idem, *Theology*...; Idem, *Crucial questions about the kingdom of God*, 1952; J. Grau, *Escatología*...; J. Bright, *The kingdom*...; C. H. Dodd, *Las parábolas del Reino*, Madri 1974; J. Jeremías, *Teología*..., vol. I; N. Perrin, *The Kingdom of God in the teaching of Jesus*, Londres 1963; C. Vidal Manzanares, *El Primer Evangelio*...; Idem, *El judeo-cristianismo*...; Colectivo, *Evangelio y Reino de Dios*, Estella 1995.

Resgate

Ver *Redenção.

Ressurreição

Crença que no futuro os seres humanos receberão uma nova vida física, com um novo corpo que se levantará dentre os mortos. O Antigo Testamento contém essa crença (Is 26,19; Ez 37,1-14; Dn 12,2-3), ligando-a também à idéia de um prêmio e um castigo, eternos e conscientes, para os salvos e os condenados. Durante o período do Segundo Templo, a doutrina foi-se delineando mais detalhadamente, constituindo um dos pontos controvertidos entre os *saduceus — que a

Reconstrução fidedigna do túmulo de Jesus

negavam — e o restante do judaísmo (*fariseus, *essênios, judeu-cristãos* etc.). Jesus reafirmou a crença na ressurreição (Mt 22,23-33 e par.), que significará para os seres humanos a condenação ou a bem-aventurança eternas (Jo 5,29) e na vida realizou alguns *milagres* relacionados com a ressurreição (Mc 5,21-24; 35-43 e par.; Lc 7,11-17; Jo 11,1-44), embora seja evidente que medeie enorme distância entre estas ressurreições — que não evitaram, mais tarde, a morte de seus beneficiários — e a que terá lugar na consumação dos séculos. Conforme os evangelhos, o próprio Jesus ressuscitou corporalmente: não apenas um espírito, mas com carne e osso (Lc 24,39) e em cujo corpo se podiam reconhecer os vestígios da *crucifixão* (Jo 20,24-29). O único caso em que não se reconheceu a ressurreição, o evangelista atribui-o ao espiritual cerrar de olhos de suas testemunhas (Lc 24,16.30-32). As aparições de Jesus ressuscitado — das quais 1Cor 15,1ss. oferece-nos um breve resumo — abrangeram centenas de pessoas, das quais, duas décadas mais tarde, muitas ainda estavam vivas, provocando não apenas a transformação de seus discípulos — aterrorizados ainda umas horas antes (Jo 20,19) — mas também a *conversão* de seus *irmãos* que não acreditavam nele (Jo 7,5; At 1,14) e de adversários resolutos como *Paulo*. Segundo os evangelhos, Jesus predisse sua ressurreição. Esse final, longe de constituir um "vaticinium ex eventu", ajusta-se com a descrição do *Servo* de YHVH — com o qual Jesus identificava-se — aquele que, depois de entregar sua vida como *expiação* pelo *pecado,* ressuscitaria (conforme o texto no rolo de Isaías de *Qumrán* ou na Bíblia dos LXX).

R. E. Brown, *The Virginal Conception and Bodily Resurrection of Jesus*, Nova York 1973; J. Grau, *Escatología...*; P. Lapide, *The Resurrection of Jesus: A Jewish Perspective*, Minneapolis 1983; C. Vidal Manzanares, *El judeo-cristianismo...*; Idem, *Diccionario de las tres...*; J. Wenham, *Easter Enigma*, Grand Rapids 1984; E. Charpentier, *Cristo ha resucitado*, Estella [9]1994; M. Gourgues, *El más allá en el Nuevo Testamento*, Estella [4]1993.

Revelação

Como ninguém jamais pôde conhecer a Deus, ele se revelou de maneira definitiva através do *Logos*, que é Deus (Jo 1,1), e se encarnou em Jesus (Jo 1,18). Ele é o único que conhece o *Pai* (Lc 10,21 ss.; Mt 11,25-27), revelando-o em sua vida e em seu ensinamento, muitas vezes por *parábolas* (Mt 13,35; Mc 4,11).

C. Vidal Manzanares, *El judeo-cristianismo...*; Idem, *El Primer Evangelio...*

Revolução

Ver *Zelotes*.

Ricos

O conjunto das classes altas era relativamente amplo na época de Jesus. Em primeiro lugar, encontrava-se a corte real — seguida de cortes menores —, vivendo tão suntuosamente que, em muitas ocasiões, não pôde ser mantida por causa da participação de muitos membros da dinastia de *Herodes*. Em seguida, a classe dos ricos, cujo ingresso estava relacionado com as possessões agrícolas. Os membros dessa classe rivalizavam-se tanto na escolha do cozinheiro (Lam. R. sobre 4,2) como na beleza e no número de suas esposas. Suas exigências de bens eram verdadeiramente escandalosas (Ket 66b) como os gastos luxuosos dão a conhecer (Yoma 39b; Yoma 25; Shab 6,5; Ket 66b; Lam. R. 1,51 sobre 1,16). A esse mesmo setor da população pertenciam os grandes negociantes, os grandes cobradores de impostos, os agiotas e a corrupta nobreza sacerdotal (Comp. com Mt 21,13).

O valor teológico que o judaísmo contemporâneo de Jesus tinha da riqueza era muito equilibrado — salvo exceções como a dos *essênios* e dos sectários de *Qumrán* — e emanava diretamente do pensamento que o Antigo Testamento apresentava a respeito. Neste, entre as promessas feitas por Deus ao povo de Israel, caso obedecesse a seus mandamentos, estava a abundância de bens materiais (Dt 8). Nele também são correntes as referências a personagens próximos de Deus (Abraão, Jacó, Jó etc.) que desfrutaram de uma considerável abundância material atribuída ao Senhor (1Cr 29,12). Paralelamente a esses aspectos, encontramos severas advertências sobre colocar o coração nas riquezas (Sl 49,6; 52,7; 62,10; Pr 11,28) e sobre a opressão cuja finalidade é obter riqueza (Jr 17,11 etc.). Considera-se, pois, desejável não ter riqueza nem pobreza para que nenhuma delas afaste o homem de Deus (Pr 30,8).

Foi restrito o impacto da pregação de Jesus entre os ricos. *Nicodemos* (Jo 7,50; 3,1) manteve certo vínculo com Jesus e levou para a sua sepultura cem *libras* romanas de *mirra* e *aloé* (Jo 19,39). Não sabemos, porém, que mantivesse depois relacionamento com os *discípulos*. José de *Arimatéia* foi qualificado de "*eysjemon*", um termo que os papiros usam para designar os fazendeiros ricos. Era-o, sem dúvida, já que possuía (Mt 27,57), ao norte de *Jerusalém*, um horto com um sepulcro familiar escavado na rocha (Jo 19,41; 20,15). Tampouco temos certeza de que este personagem continuou relacionado com os discípulos. *Zaqueu* foi um chefe de *publicanos* (Lc 19,2ss.) que, frente a Jesus, decidiu-se pela *conversão*; contudo, mais uma vez, carecemos de dados sobre posterior relacionamento dele com os discípulos. Quanto a *Maria*, a *mãe* de João *Marcos*, tinha uma casa em Jerusalém (At 12,12), o que não indica que fosse rica.

O ensinamento de Jesus acerca dos ricos não foi excessivamente radical nem caiu em um pauperismo que privilegiasse "per se" os *pobres de bens materiais. Jesus enfatizou que é impossível servir a Deus e às riquezas (Mt 6,24), que estas podem ser enganosas e sufocar a mensagem do *Reino (Mt 13,22ss.) e que é difícil entrar no Reino aqueles que as possuem (Lc 18,24 e par.). Mas também ressaltou que o *Reino estava aberto para eles (Lc 19,2) e manteve amizade com alguns deles, conforme já citamos. Em primeira e última instância, o importante é buscar primeiro o Reino de Deus e sua *justiça (Mt 6,25-34), na certeza de que tudo o mais virá por acréscimo. Assim, Jesus evitou tanto uma visão justificadora da riqueza quanto o pauperismo que — historicamente — tem caracterizado alguns movimentos cristãos.

R. Gnuse, *Comunidad y propiedad en la tradición bíblica*, Estella 1987; J. Driver, *o. c.*; M. Hengel, *Property and Riches in the Early Church*, Filadélfia 1976.

Riso

A manifestação do *Reino de Deus trará o riso aos *discípulos tristes e perseguidos (Lc 6,21) e privará dele aqueles que agora riem satisfeitos, ignorantes — ou pejorativamente — ante a urgência de se decidirem a favor de Jesus (Lc 6,25). Realmente, o riso burlesco e depreciativo é uma das características daqueles que recebem com incredulidade a mensagem do *Evangelho (Mt 9,24; 27,29-31.41; Mc 15,20.31; Lc 22,63; 23,11.35 ss.).

Roda de moinho

No tempo de Jesus, moía-se o trigo com duas rodas superpostas, das quais girava a de cima. Geralmente, tratava-se de um trabalho reservado às mulheres (Mt 24,41) e, em algumas ocasiões, realizado com a ajuda de *jumentos (Mt 18,6; Mc 9,42).

Rola

Ver *Pomba*.

Rolos do Mar Morto

Ver *Qumrán*.

Rufo

Filho de *Simão* de Cirene (Mc 15,21). É possível que se trate do mesmo a quem *Paulo* saudou em Rm 16,13. Sendo assim, ficaria confirmada a relação entre o evangelho de *Marcos* e a *Igreja* de Roma.

Sábado

Dia de descanso ordenado por Deus. Na opinião de alguns, constituiria o mandamento central e mais característico do *judaísmo*, atribuído unicamente a Deus e ao povo de Israel (Êx 31,16-17) e sem aplicação para os *gentios*, exceto os que sejam *prosélitos* ou que trabalhem para um judeu. Além do sábado — o sétimo dia — o judaísmo conhece diversos dias de festas aos quais também denomina sábados.

Jesus guardou os sábados (Mc 1,21; Lc 4,16), porém o relativizou. Assim, censurou com severidade a visão que *escribas* e *fariseus* tinham do sábado (Mt 12,12; Mc 3,2-5; Lc 13,10-16; 14,1-6; Jo 5,8ss.; 9,14) e, proclamando-se Senhor do sábado, atribuiu-lhe uma interpretação diferente e subordinada ao bem-estar humano (Mc 2,27ss.). Esse ponto de vista foi um dos motivos por que alguns desejaram a morte de Jesus (Jo 5,18).

S. Bachiocchi, *From Sabbath to Sunday*, Roma 1977; J. Barylko, *Celebraciones*...; J. Neusner, *Judaism*...; A. J. Heschel, *El Shabat y el hombre moderno*, Buenos Aires 1964; P. Sigal, *The Halakah of Jesus of Nazareth according to the Gospel of Matthew*, Lanham 1986; C. Vidal Manzanares, *El judeo-cristianismo*...; Idem, *Diccionario de las tres*...; Resenha Bíblica n. 4, *El año de gracia del Señor*, Estella 1994.

Sabedoria

*Hipóstase de Deus. Já em Pr 8,22ss. aparece esta personagem como filho amado de Deus, nascido antes de todas as criaturas e artífice da criação. Essa figura alcançará no judaísmo posterior uma considerável importância (Eclo 1,9ss.; 24,3ss.). O Livro da Sabedoria descreve-a como "sopro da força de Deus", "efusão pura do fulgor do Todo-Poderoso" e "imagem de sua bondade" (Sb 7,7-8,16), "companheira de sua vida" (a de Deus) (8,3), companheira de seu trono (9,4), enviada sob a figura do Espírito de Deus (9,10; 7,7) e protagonista ativa no curso da história de Israel (7,27). Em Filón, a Sabedoria é a "filha de Deus" (*Fuga* 50ss.; *Virt* 62) e "filha de Deus e mãe primogênita de tudo" (*Quaest. Gen* 4,97). Em alguns textos rabínicos, será identificada com a **Torá* preexistente, "filha de Deus", mediadora da criação e hipóstase. Em **Q* — e como aparece no evangelho de **Lucas* — Jesus se apresenta como essa Sabedoria. Isso explica, pelo menos em parte, por que se declarou como alguém maior do que Salomão (Mt 12,42).

C. Vidal Manzanares, *El Primer Evangelio*...; Idem, *El judeo-cristianismo*...; M. Gilbert e J. N. Aletti, *La sabiduría y Jesucristo*, Estella [5]1990; E. "Cahiers Evangile", *En las raíces de la sabiduría*, Estella [5]1990.

Sacerdócio

No judaísmo, membros da tribo de Levi, descendentes de Aarão e seus filhos, autorizados para a realização da liturgia do tabernáculo e do templo. São denominados *kohen* (singular) e *kohanim* (plural). A instituição do sacerdócio remonta à época de *Moisés (Êx 28,1ss.). Aarão foi o primeiro grande e Sumo Sacerdote (*kohen gadol*) (Lv 8,1ss.), que gozava de uma consideração quase real (Nm 35,28) e era o único que podia atravessar o véu (*parojet*) do Santo dos Santos do Templo, uma vez por ano, no dia de Yom Kippur (Lv 16,2ss.). Não tendo recebido terras por herança, os sacerdotes estavam também sujeitos a leis severas de pureza ritual (*tohorah*). Após o segundo *jurbán* ou destruição do Templo, alterou-se, evidentemente, a situação dos sacerdotes.

Jesus aceitou o sacerdócio judeu durante seu ministério, por exemplo quanto às normas relativas à *lepra (Mc 1,44). Ao falar do Templo como uma realidade passageira, implicitamente quis afirmar a brevidade de sua vida.

F. Murphy, *o. c.*; S. Sandmel, *Judaism*...; E. P. Sanders, *Judaism*...; C. Vidal Manzanares, *El judeo-cristianismo*...; Idem, *El primer Evangelio*...

Sacrifício

Oferta a Deus de animais e outros produtos. A *Lei de *Moisés incluía diversas espécies de sacrifício: *olah* (oferenda queimada), *minjah* (oferenda de alimento), *nesej* (libação), *shejar* (oferenda de bebida alcoólica), *jatat* (oferenda pelo pecado), *asham* (oferenda pela culpa), *nedavah* (oferenda voluntária), *neder* (oferenda de voto), *tenufah* (oferenda de castigo merecido), *terumah* (oferenda de óbolo) e *shelamin* (oferenda de paz). Durante o Segundo Templo, o sistema de sacrifícios cresceu de maneira muito sistematizada embora isso colaborasse para o surgimento da corrupção entre as classes sacerdotais, por motivos econômicos. Nessa época, foram aceitos sacrifícios oferecidos por *gentios e em honra de governantes pagãos, como os imperadores romanos. Com o segundo *jurbán*, ou destruição do *Templo, o sistema de sacrifícios deixou de existir, o que provocou um sério problema teológico, já que boa parte dos sacrifícios tinha como finalidade a *expiação dos pecados pela morte de um ser perfeito e inocente. Os rabinos decidiram considerar a *oração um substituto evidente dele, mesmo supondo que o sistema de sacrifícios retornaria no futuro, como conseqüência de uma intervenção divina.

Jesus não condenou diretamente o sistema sacrifical; contudo, sua crença na inauguração de uma *Nova Aliança, embasada em seu próprio sacrifício (Mt 26,26 e par.), e suas *predições sobre a destruição do *Templo (Mt 24; Mc 13 e Lc 21) indicam, implicitamente, que o sistema desapareceria num futuro próximo.

Y. Kaufmann, *o. c.*; G. Rendtorff, *Studien zur Geschichte des Opfersinn Alten Israel*, 1967; M. Hengel, *The Pre-Christian Paul*, Filadélfia 1991; C. Vidal Manzanares, *El judeo-cristianismo*...; Idem, *El Primer Evangelio*...

Saduceus

Seita judaica cujo nome, possivelmente, provém do Sumo Sacerdote Sadoc (2Sm 8,17). Em boa parte, pertenciam à aristocracia sacerdotal e se mostraram bem dispostos a colaborar com Roma, a fim de se manter a estabilidade política e social. Teologicamente, aceitavam só a *Torá escrita, rejeitando a lei oral; negavam a ressurreição — no que Jesus os enfrentou (Mt 22,23-33) — e a existência de *anjos e espíritos (At 23,8). Desempenharam um relevante papel na condenação à morte de Jesus (Mt 26,57-66; Mc 14,53-64; Lc 22,54.66-71; Jo 11,45ss.; 18,12-14.19-24). A destruição do *Templo, no ano 70, privou-os do fundamento de sua influência, desaparecendo antes do final do séc. I.

Schürer, *o. c.*; F. F. Bruce, *New Testament*...; C. Vidal Manzanares, *El judeo-cristianismo*...; Idem, *El Primer Evangelio*...; A. J. Saldarini, *o. c.*

Sal

Substância mineral que proporciona sabor aos alimentos (Mt 5,13) e ajuda a conservá-los. Jesus considera seus *discípulos* sal da terra. Não devem, pois, jamais perder o seu sabor, o que implicaria o final de sua missão de ser sal e luz para o *mundo* (Lc 14,34-35; Mt 5,13; Mc 9,50).

Salário

Jesus ensinou que o operário merece seu salário (Lc 10,7; Jo 4,36) e que deve ser o pagamento de um salário justo (Mt 20,2; Lc 3,14). Essa relação de justiça não é equiparável nem comparável à existente entre Deus e o homem. O que este recebe de Deus é sempre um presente (Mt 20,14ss.) e não a conseqüência do que o ser humano pode alcançar por suas obras ou por seus próprios meios. É nesse sentido que devem ser entendidas as referências a uma recompensa divina (Mt 5,12; 6,1; 10,4ss.).

Salim

Local próximo a Ainão onde *João Batista* batizou (Jo 3,23). É possível ser identificada com um conjunto de fontes situadas no vale do *Jordão*, a uns 12 km ao sul de Citópolis.

Salmos e Jesus

As referências — e auto-aplicação — dos salmos ao ministério e à pessoa de Jesus constituem, possivelmente, um dos campos mais fecundos para o investigador na hora de determinar a autoconsciência e a idéia que ele tinha de sua missão. Seu *batismo* (Mt 3,17) vem acompanhado de uma referência ao Sl 2,7, texto que já naquela época era interpretado como relacionado ao *messias* como *Filho de Deus*. As *tentações* debatem-se entre a certeza da missão de Jesus e a exegese deturpada que o *diabo* faz do Sl 91 (Mt 4,6).

Quanto ao seu ensinamento, salienta-se que Jesus identificou o uso de *parábolas* com o texto do Sl 78,2 (Mt 13,35) e que o próprio *Sermão da Montanha* (Mt 7,23. Comp. Lc 13,27) contém abundantes reminiscências dos salmos, como por exemplo: 6,9 (Mt 5,8); 24,4; 37,11 (Mt 5,5); 48,3 (Mt 5,35); 50,14 (Mt 5,33); 51,12 (Mt 5,8); 99,5 (Mt 5,35) etc.

Não é menos comum que a missão e a personalidade de Jesus sejam descritas por ele, recorrendo a citações dos salmos. Sua vitória — e a de seus *discípulos* — sobre os *demônios* relaciona-se com uma referência do Sl 91,13 (Lc 10,19); suas afirmações de ser o *Senhor* *preexistente* ao que conheceu *Davi* brotam da auto-aplicação do Sl 110,1 (Mt 22,44; 26,64; Mc 12,36; 14,62; 16,19; Lc 20,42-43; 22,69); sua consciência de ser a pedra angular — uma passagem de colorido messiânico na exegese da época — e quase que totalmente rejeitada por *Israel* parte do Sl 118,23-26 (Mt 21,9-15,42; 23,39; Mc 11,9-10; 12,10-11; Lc 13,35; 19,38; 20,17; Jo 12,13); as aclamações referentes à sua entrada messiânica em Jerusalém — e a resposta aos que o censuram — são legitimadas pelo Sl 8,3 (Mt 21,16) e mesmo a traição de Judas (Mc 14,8) recorda a citação do Sl 41,10.

A descrição da paixão de Jesus nos evangelhos tem notáveis paralelos com as do sofrimento imerecido do justo a que se refere o Sl 22 (comp. Sl 22,2 com Mc 15,34; 22,9 com Mt 27,43; 22,19 com Mt 27,35 e Jo 19,24). O próprio grito desesperador de Jesus na *cruz* ("Meu Deus, meu Deus, por que me abandonaste?") pode ser simplesmente o início da recitação deste mesmo salmo. Em menor escala, pelo menos indiretamente, deve-se pensar também nas descrições contidas nos Sl 69,1-4; 88,1ss.; 109,25 etc.

Os primeiros cristãos souberam ver nos detalhes da morte de Jesus o cumprimento das profecias. Fica evidente que não inventaram essas descrições quando lemos inteiramente o texto dos salmos. Assim, por exemplo, o Sl 22,16a faz uma referência a cães que rodeiam o justo; no entanto, não encontramos mencionado — e nada o impede na teoria — esse detalhe nas narrativas da crucifixão. Em vez de partir do salmo para relatar a crucifixão, os evangelistas descreveram o que historicamente acontecera e então estabeleceram paralelos com o conteúdo da Escritura. Em outros casos, a citação não é tão clara (o relato dos *magos em *Mateus está relacionado com o Sl 72,10.15.18?). Pergunta-se, portanto, se os evangelistas fizeram essa identificação ou se ela procede de nossa interpretação atual, não de todo fundamentada.

É indiscutível que as *Escrituras, que Jesus afirmou cumprir, em boa parte procediam dos salmos e marcaram incisiva e definitivamente sua autoconsciência quanto a conceitos como messias, Filho de Deus, Senhor, preexistência, rejeição por parte de Israel e morte, incluindo antes a traição de um de seus discípulos. O fato de essas considerações não procederem senão do próprio Jesus revela-se caminho bastante fecundo quando se pretende aprofundar em suas concepções.

M. Gourgues, *Los Salmos y Jesús. Jesús y los Salmos*, Estella [6]1993.

Salomão

Filho de *Davi e Betsabéia, rei de Israel durante o séc. X a.C. Mateus coloca-o entre os antepassados de Jesus (Mt 1,7-16). Jesus referiu-se a ele como exemplo de sabedoria (Mt 12,42; Lc 11,31) e opulência (Mt 6,29; Lc 12,27). Sem dúvida, Jesus era mais do que Salomão (Mt 12,42; Lc 11,31) e, por isso, o cuidado que devia esperar do *Pai era superior à magnificência do monarca israelita (Mt 6,28-34).

Salomé

1. Filha de *Herodíades e sobrinha de *Herodes Antipas que, extasiado com sua dança, entregou-lhe a cabeça de *João Batista (Mt 14,6-11). Casou-se com *Filipe ou Filipo, o tetrarca, e depois com Aristóbulo. 2. *Mulher pertencente ao grupo de *discípulos de Jesus, identificada algumas vezes com a esposa de *Zebedeu e *mãe dos *apóstolos *Tiago e *João. Se essa identificação

for correta, teria estado presente na *crucifixão* (Mt 27,56; Mc 15,40). Menos segura é a opinião de ser ela a irmã de *Maria*, a mãe de Jesus.

Salvação

Num primeiro sentido, ser salvo de um perigo, seja uma tempestade (Mt 8,25), uma enfermidade (Mt 9,21ss.), uma perseguição (Lc 1,71-74) etc. Por antonomásia, o termo refere-se à salvação eterna. Em ambos os casos, é obtida mediante a *fé*, sem a qual não há nem salvação da enfermidade (Mc 10,52; Lc 17,19; 18,42) nem tampouco *vida* eterna (Jo 3,16; 5,24; 20,31). Essa fé — unida à perseverança (Mt 10,22; 24,13; Mc 13,13) — vincula a pessoa com Jesus (nome que significa YHVH salva), que se entregou à morte pela humanidade (Mc 10,45). Ele é o Salvador (Mt 1,21; Lc 2,11). O anúncio dessa salvação constitui o núcleo essencial da pregação evangélica (Mc 16,16).

C. Vidal Manzanares, *El judeo-cristianismo*...; Idem, *El Primer Evangelio*...; Idem, *Diccionario de las tres*...; G. E. Ladd, *Theology*...; E. P. Sanders, *Paul and*...; E. "Cahiers Evangile", *Liberación humana y salvación en Jesucristo*, Estella [7]1991.

Salvador

Ver *Salvação*.

Samaria

Capital do Reino do Norte de Israel fundada pelo rei Amri em 880 a.C. Com o tempo, o nome estendeu-se à região dos arredores (Lc 17,11; Jo 4,4ss.).

Samaritanos

Descendentes dos antigos israelitas, possivelmente unidos a povos não-hebreus (2Rs 17,29), formando um grupo com características religiosas próprias. Negavam a legitimidade do *Templo de *Jerusalém e consideravam válido apenas o seu próprio templo, situado sobre o *monte *Garizim. Aceitavam unicamente a *Torá como escritura. Era notória sua inimizade com os judeus do período do Segundo Templo, a ponto de constituir grave insulto ser chamado de samaritano (Jo 8,48). Jesus chegou a pregar na Samaria (Jo 4) e curou — entre os dez leprosos — um samaritano (Lc 17,11). O protagonista de uma das mais conhecidas de suas parábolas pertencia também a esse grupo étnico (Lc 10,25-37).

C. Vidal Manzanares, *El judeo-cristianismo*...; Schürer, *o. c.*; E. P. Sanders, *Judaism*...; F. F. Bruce, *New Testament*...; A. Montgomery, *The Samaritans*, Filadélfia 1907; H. G. Kippenberg, *Garizim und Synagogue*, Berlim 1971; L. Poliakov, *Los samaritanos*, Madri 1992.

Sangue

Símbolo da vida. Os *sacrifícios do Antigo Testamento exigiam, na maior parte, o derramamento de sangue (Lv 17,10-14; Dt 12,15-16); também seu aproveitamento — incluindo animais não dessangrados — era proibido aos israelitas, mas não aos *gentios que viviam entre eles (Dt 12,16-24; 14,21). A expressão carne e sangue refere-se ao ser humano em sua condição terrena (Mt 16,17).

O sangue de Jesus — derramado pela humanidade (Mt 26,28; Mc 14,24; Lc 22,20) — é o fundamento sobre o qual se obtém o perdão dos *pecados.

L. Morris, *The Cross*...; C. Vidal Manzanares, *El judeo-cristianismo*...; Idem, *Diccionario de las tres*...

Santidade

Ver *Santo.

Santificar

Ver *Santo.

Santo

No Antigo Testamento, considerava-se santo todo aquele que era consagrado ao Senhor (a terra, o *sábado, os *sacrifícios etc.) e — muito especialmente — Deus é Santo exatamente para contrapor-se a tudo que é pecaminoso (Is 6). O povo de Israel tinha a especial obrigação de ser santo, isto é, consagrado a Deus (Dt 7,6; 14,2; 26,19 etc.). Nos evangelhos, recebem esse atributo os *anjos (Mc 8,38), os *profetas (Lc 1,70), o *Templo (Mt 24,15) e, por antonomásia, Jesus (Mc 1,24; Lc 1,35; Jo 6,69). A chamada para ser santo só pode ser ouvida a partir da perspectiva que Jesus oferece, pois é ele que santifica os homens (Jo 17,17-19).

C. Vidal Manzanares, *El judeo-cristianismo...*; Idem, *Diccionario de las tres...*

Santuário

O edifício do *Templo (*naos,* em grego) considerado lugar santo (Mt 23,16; 27,40).

Satanás

Ver *Diabo, *Demônios.

Século

Equivalente ao *olam* hebraico, no sentido de *mundo, seja o presente, seja o futuro (Mt 12,32; 28,20).

Seguimento

Ver *Discípulos.

Seguir

Ver *Discípulos.

Senhor

Termo para referir-se a YHVH que, vários séculos antes do nascimento de Jesus, havia substituído este nome. Sua forma aramaica *"mar"* já aparecia aplicada a Deus nas partes do Antigo Testamento redigidas nesta língua (Dn 2,47; 5,23). Em ambos os casos, a Septuaginta traduziu *"mar"* por *"kyrios"* (Senhor, em grego). Nos textos de Elefantina, *"mar"* volta a aparecer como título divino (pp. 30 e 37). A. Vincent ressaltou que este conteúdo conceitual já se verificava no séc. IX a.C. Em escritos mais tardios, *"mar"* continua sendo uma designação de Deus, como se vê em Rosh ha-shanah 4a; Ber 6a; Git 88a; Sanh 38a; Eruv 75a; Sab 22a; Ket 2a; Baba Bat 134a etc.

Em algumas ocasiões, Jesus foi chamado de "senhor", como simples fórmula de cortesia. Ao atribuir a si mesmo esse título, Jesus vai além (Mt 7,21-23; Jo 13,13) e nele insere referências à sua preexistência e divindade (Mt 22,43-45; Mc 12,35-37; Lc 20,41-44 com o Sl 110,1). Assim foi também no cristianismo posterior, em que o título *"Kyrios"* (Senhor) aplicado a Jesus é idêntico ao empregado para referir-se a Deus (At 2,39; 3,22; 4,26 etc.); vai além de um simples título honorífico (At 4,33; 8,16; 10,36; 11,16-17; Tg 1,1 etc.); supõe uma fórmula cúltica própria da divindade (At 7,59-60; Tg 2,1); assim Estêvão se dirige ao Senhor Jesus no momento de sua morte, o autor do Apocalipse dirige a ele suas súplicas e Tiago acrescenta-lhe o qualificativo "de glória" que, na verdade, era aplicado somente ao próprio YHVH (Is 42,8). Tudo isso permite ver como se atribuíam sistematicamente a Jesus citações veterotestamentárias que originalmente se referiam a YHVH (At 2,20ss. com Jl 3,1-5). Finalmente, a fórmula composta "Senhor dos Senhores" (tomada de Deuteronômio 10,17 e referente a YHVH) é aplicada a Jesus e implica uma clara identificação do mesmo com o Deus do Antigo Testamento (Ap 7,14; 19,16). Tanto as fontes judeu-cristãs (1Pd 1,25; 2Pd 1,1; 3,10; Hb 1,10 etc.) como as paulinas (Rm 5,1; 8,39; 14,4-8; 1Cor 4,5;

8,5-6; 1Ts 4-5; 2Ts 2,1ss. etc.) confirmam essas assertivas.

W. Bousset, *Kyrios Christos*, Nashville 1970; J. A. Fitzmyer, "New Testament Kyrios and Maranatha and Their Aramaic Background" em *To Advance the Gospel*, Nova York 1981, pp. 218-235; L. W. Hurtado, *One God, One Lord: Early Christian Devotion and Ancient Jewish Monotheism*, Filadélfia 1988; B. Witherington III, "Lord" em *DJG*, pp. 484-492; O. Cullmann, *o. c.*; C. Vidal Manzanares, "Nombres de Dios" en *Diccionario de las tres...*; Idem, El *judeo-cristianismo...*; Idem, *El Primer Evangelio...*

Sermão da Montanha

Conjunto de ensinamentos contidos em Mt 5-7.

Sermão da Planície

Conjunto de ensinamentos de Jesus contidos em Lc 6,20-49.

Serpente

Réptil, símbolo da maldade (Mt 7,10) e da hipocrisia (Mt 23,33). Jesus aconselha seus *discípulos a terem a sua astúcia (Mt 10,16). Outras vezes, simboliza os *demônios*, a quem os discípulos podem derrotar graças à autoridade que receberam de Jesus (Lc 10,19. Comp. Sl 91,13). Um dos versículos finais do evangelho de Marcos (16,18) possivelmente deve ser lido neste último sentido.

Serpente de bronze

Episódio narrado em Nm 21,8ss., que Jesus relaciona com sua morte na *cruz para *salvação da humanidade e com a exigência da *fé para alcançá-la (Jo 3,14-15).

Servir

Os *discípulos de Jesus podem servir somente a Deus, já que qualquer outro serviço faria com que deixassem o Senhor (Mt 6,24; Jo 15-20). Quanto a Jesus, sua situação, sem dúvida, não é a desumana do escravo, mas a do amigo (Jo 15,15) e do filho (Jo 8,33-36). Esse relacionamento especial com Deus deve conduzi-los a servir uns aos outros (Mt 20,27; 25,44; Jo 13,1-19), imitando Jesus, o *Servo* de YHVH (Mc 10,44-45).

Servo de YHVH

Os cânticos encontrados em Is 42,1-4; 49,1-7; 50,4-11 e 52,13-53,12 falam de um personagem, distinto de *Israel*, denominado "*Ebed YHVH*" (Servo de YHVH), cuja morte teria um significado sacrifical e expiatório e anunciaria a salvação não só de Israel, mas de toda a humanidade. O mesmo Servo já havia sido identificado com o *messias* antes do nascimento de Jesus e até se afirmara que sua morte seria em favor dos ímpios. São muitas as fontes que se podem aduzir a esse respeito. Somente a título de exemplo, mencionemos o Henoc etíope, em que o "Servo" aparece identificado com o *Filho do homem* (13,32-37; 14,9; 13,26 com Is 49,2), descrito em termos messiânicos tomados dos cânticos do Servo; o Targum de Isaías; o Midraxe de Lamentações, no qual Is 49,10 é citado em relação ao texto messiânico de Is 11,12; o Midraxe sobre Samuel, em que Is 53,5 se relaciona com os sofrimentos do messias; o Midraxe sobre Rute 2,14 ou a Pesiqta Rabbati 36 e até o Talmude (Sanh. 97b; 98b). A idéia da *ressurreição* do Servo de YHVH não parece tampouco ter surgido com o cristianismo. O texto hebraico de Is 53,8.10 afirma não apenas que o Servo "foi exterminado do país dos vivos", mas também que, após sua morte expiatória, "prolongará seus dias" e "verá a luz". A palavra "luz" encontra-se ausente do Texto Massorético; deve, porém, ter pertencido ao original, e boa prova disso é que aparece na Bíblia dos LXX e também é atestada nos manuscritos hebraicos pré-cristãos da Guita 1 de Qumrán (1QIsa e 1QIsb).

É absolutamente inquestionável que Jesus viu a si mesmo como o Servo de YHVH, o que oferece uma das chaves essenciais para compreender a ele e seu ensinamento. Mc 10,45 demonstra como também Jesus viu sua morte como Servo, com o título de Filho do homem (Comp. Lc 14,16-24; 22,27). Partindo dessa autoconsciência, é compreensível que recusasse ser um messias político (Lc 4,5-8; Jo 6,15), que esperara e anunciara sua morte (Mt 16,21ss.; Mc 14,8 e par.; Lc 20,13ss.); que considerara expiatória essa morte e com ela inaugurara a *Nova Aliança (Mt 26,26 e par.) e que até mesmo aludira à sua ressurreição e à entrada dos *gentios no *Reino, já que, de fato, os cânticos do Servo de Isaías expressam todas essas afirmações.

M. D. Hooker, *Jesus and the Servant*, Londres 1959; B. Gerhardsson, "Sacrificial Service and Atonement in the Gospel of Matthew" em R. Banks (ed.), *Reconciliation and Hope*, Grand Rapids 1974, pp. 25-35; O. Cullmann, *The Christology of the New Testament*, Londres 1975, pp. 51ss.; D. Juel, *Messianic Exegesis: Christological Interpretation of the Old Testament in Early Christianity*, Filadélfia 1988; F. F. Bruce, *New Testament Development of Old Testament Themes*, Grand Rapids 1989, pp. 83-99; J. B. Green, "The Death of Jesus, God's Servant" em D. D. Sylva (ed.), *Reimaging the Death of the Lukan Jesus*, Frankfurt del Meno, 1990, pp. 1-28 e 170-173; C. Vidal Manzanares, *El judeocristianismo...*; Idem, *El Primer Evangelio...*; J. Jeremias, *Teología...*; T. W. Manson, *The Servant-Messiah*, Cambridge 1953; L. Morris, *The Apostolic Preaching of the Cross*, Grand Rapids 1956, pp. 9-59; R. T. France, "The Servant of the Lord in the Teaching of Jesus" em *TynB*, 19, 1968, pp. 26-52; I. H. Marshall, "The Development of the Concept of Redemption in the New Testament" em R. Banks (ed.), *Reconciliation and Hope: New Testament Essays on Atonement and Eschatology presented to L. L. Morris*, Exeter 1974, pp. 153-169; R. Leivestad, *Jesus in His Own Perspective*, Minneapolis 1987, especialmente pp. 169ss.

Sete

1. Número que simboliza uma totalidade (Mt 18,21ss.; Mc 8,5.20). 2. O número de frases pronunciadas por Jesus na *cruz, as quais são convencionalmente conhecidas como "Sete Palavras" (Mt 27,46 e par.; Lc 23,34; 23,43; 23,46; Jo 19,26-27; 19,28; 19,30).

Setenta e dois

Grupo de *discípulos de Jesus não pertencentes aos *Doze (Lc 10,1ss.), mas aos quais se associou, desde o princípio, na missão de pregação do *Evangelho, de realização de *milagres e de enfrentamento aos *demônios. Essa última tarefa, contudo, não devia ser sua maior alegria, que reside na consciência de que seus nomes estavam escritos no *céu (Lc 10,19-20).

Sexo

Ver *Castidade, *Divórcio, *Família, *Matrimônio, *Mulher, *Prostituta.

Sião

Colina de *Jerusalém, ao sul do *Templo e ao norte de *Siloé. Às vezes, identifica-se com Jerusalém (Mt 21,5; Jo 12,15).

Sicar

Cidade da *Samaria, que foi identificada com Siquém, onde Jesus se encontrou com a samaritana (Jo 4,5).

Siclo

Medida de peso (14g) convertida em unidade monetária judaica de *prata. Equivalia ao *estatere ou tetradracma grega. Correspondia, aproximadamente, ao salário de quatro dias (quatro *denários) (Mt 26,15; 27,3-9; 28,12-15).

Sicômoro

Árvore cujos ramos inferiores encontram-se a pouca distância do solo, o que facilita subir nela (Lc 19,4).

Sidônia

Porto fenício no Mediterrâneo. A atual Saida no Líbano (Mt 11,21ss.). Jesus visitou essa região (Mc 7,31) onde realizou um de seus *milagres*, curando a filha de uma mulher *gentia* (Mt 15,21ss.). Esse caso não é uma exceção, já que os evangelhos citam que pessoas procedentes dessa região acorriam a Jesus (Mc 3,8; Lc 6,7).

Siloé

1. Torre que se levantava em um bairro situado em ambos os lados da torrente do *Cedron* e próximo à piscina do mesmo nome (Lc 13,4). 2. *Piscina* mencionada em Jo 9,7, como o lugar onde Jesus realizou o *milagre* de dar visão a um *cego*.

Simão

1. O *apóstolo* *Pedro* (Mt 16,17; Jo 1,42; 21,15). 2. O zeloso. Um dos *discípulos* de Jesus. Não se deve equivocar e identificá-lo, como já se fez, com um *zelote* (Mt 10,4; Mc 3,18; Lc 6,15). 3. Um dos *irmãos* de Jesus (Mt 13,55; Mc 6,3). 4. Um *fariseu* (Lc 7,40.43); 5. Um personagem de *Betânia*, afligido pela *lepra* (Mt 26,6; Mc 14,3). Às vezes, é identificado com o 4. 6. O Cireneu. Personagem — possivelmente *gentio* — que foi obrigado a ajudar Jesus a levar a *cruz* (Mt 27,32; Mc 15,21; Lc 23,26); 7. Simão Iscariotes, pai de *Judas* Iscariotes (Jo 6,71; 13,2.26).

Simeão

1. Antepassado de Jesus (Lc 3,30); 2. Judeu que reconheceu em Jesus o *messias* (Lc 2,25ss.). Simeão está relacionado com o cântico denominado "*Nunc dimittis*".

Sinagoga

Lugar do culto judaico. A palavra é de origem grega e designa um local de reunião. O termo hebraico para essa palavra é *bet ha-kneset* (casa de reunião). Aparece já no exílio babilônico após a primeira destruição do *Templo, embora alguns estudiosos considerem que Jeremias 39,8 poderia ser uma referência antecipada a essa palavra. Nesses locais de reunião, os judeus liam e estudavam a Bíblia, oravam e encontravam consolo em seu exílio. Antes do ano 70, já existiam umas 400 sinagogas somente em Jerusalém e umas 1.000 na diáspora. Depois dessa época, a sinagoga substituiu o Templo e se transformou no centro da vida judaica. Com o passar do tempo, a sinagoga modificou-se arquitetonicamente, mas conservou, sem dúvida, uma estrutura básica que consistia em uma arca sagrada (*arón hakodesh*), em um muro oriental ou de frente a ele (*mizraj*), em direção a Jerusalém em frente da entrada (Ber. 30a, Tosef. a Meg. 4.22); em uma *bimah* no centro ou voltado para trás; e em um *ner tamid* ou lâmpada perene pendurada diante da arca para simbolizar a *menorah* — ou candelabro de sete braços — do Templo. Também o setor de *mulheres (*ezrat nashim*) encontrava-se separado dos homens por uma divisão, ou era construído em forma de galeria. A arca continha rolos sagrados (*Sefer Torah*) e diversos objetos religiosos. Junto a ela, ficavam os assentos de honra para os rabinos e fiéis ilustres.

Jesus freqüentou as sinagogas e utilizou-as como lugar de pregação (Mc 1,39; Lc 4,44). Na de *Nazaré, iniciou seu ministério público (Lc 4,16-22). As sinagogas foram também cenário de seus confrontos com *demônios (Lc 4,31ss.) e de seus *milagres (Mc 3,1ss).

J. Peláez del Rosal, *La sinagoga*, Córdoba 1988; C. Vidal Manzanares, *El Primer Evangelio*...; E. Schürer, *o. c.*; F. Murphy, *o. c.*; S. Sandmel, *Judaism*...; E. P. Sanders, *Judaism*...

Sinal

Ver *Milagre*.

Sinal de Jonas

Ver *Jonas*.

Sinédrio

O conselho aristocrático de Jerusalém. Sua designação provinha da palavra grega "*synedrion*", que podemos traduzir por "concílio" ou "conselho". A primeira indicação que temos dessa instituição — ou de outra bastante similar — encontra-se em uma carta de Antíoco III (223-187 a.C.) que a denomina "*guerusía*" (senado ou conselho de anciãos). Se existiu durante o reinado de *Herodes*, o Grande, foi sob um férreo controle do monarca. No séc. I d.C., os romanos valeram-se dele para controlar a vida dos judeus. Não é fácil saber, com exatidão, como funcionava. *Josefo* emprega o termo "*synedrion*" para referir-se a diversas instituições tanto judaicas como romanas. Nos evangelhos (Mc 14,53-55; Jo 11,45-53), aparece formado por uma maioria de *sacerdotes* — seguramente ligados aos *saduceus* — e, na prática, controlados por figuras como *Caifás*. Jo 11,45-53 destaca também a presença de fariseus em seu meio (comp. com At 4,5-6.23). Suas funções parecem ter sido civis e religiosas. Na literatura rabínica, faz-se referência a um grande Sinédrio com setenta e um membros e a um pequeno Sinédrio de vinte e três (M. Sanh 1,6). Conforme A. Büchler e S. B. Hoenig, houve três Sinédrios antes de 70 d.C.; M. Wolff pensa ter havido dois. A questão está longe de estar definitivamente assentada.

Os evangelhos demonstram que Jesus foi julgado e condenado pelo Sinédrio; contudo, não é fácil determinar exatamente ao qual se refere, também porque o procedimento foi bastante irregular (pela noite, com interrogatório direto do acusado para conseguir sua própria incriminação etc.) Quanto a essa circunstância, ou Jesus não sofreu um processo regular diante do Grande Sinédrio, mas uma vista preliminar ou instrução ante o menor (ou um dos sinédrios menores) de vinte e três membros, ou o procedimento se ajustava ao funcionamento do Sinédrio da época, embora fosse diferente do que conhecemos através da literatura rabínica posterior (Sanders).

S. B. Hoenig, *The Great Sanhedrin*, Filadélfia 1953; H. Mantel, *Studies in the History of the Sanhedrin*, Cambridge 1961; *ERE* XI; Schürer, *o. c.*; C. Vidal Manzanares, *El judeocristianismo*...; Idem, *El Primer*...; Idem, *Diccionario de las tres*...; S. Sandmel, *Judaism*...; E. P. Sanders, *Judaism*...; Catchpole, *o. c.*; J. Blinzler, *o. c.*; C. Saulnier e B. Rolland, *Palestina en tiempos de Jesús*, Estella [10]1994.

Sinóticos

Designação que se dá aos evangelhos de *Mateus, *Marcos e *Lucas, ao estabelecerem uma trama comum que pode ser abrangida com uma só visão de conjunto (sinopse).

Sol

Uma das demonstrações da bondade de Deus que atinge as pessoas, seja qual for seu caráter (Mt 5,45). Quando Jesus morreu na *cruz, o sol escureceu (Lc 23,45). Simbolicamente significa o resplendor dos justos e de Jesus (Mt 13,43; 17,2) ou, em um contexto apocalíptico, a mudança de condições (Mt 24,29; Lc 21,25).

Sombra

Símbolo de 1. *morte (Mt 4,16; Lc 1,79); 2. refúgio (Mc 4,32); 3. apoio e proteção divina (Mt 17,5; Lc 1,35; 9,34).

Sono

1. Ação de dormir, tranqüila nos justos (Mc 4,38), mas que pode ser alterada pelas preocupa-

ções e pela ansiedade (Mt 27,19). 2. Em determinadas ocasiões, Deus se serve do sono para anunciar suas mensagens (Mt 1,24; 2,13ss. 19-23). 3. Símbolo da *morte, que pode ser vencida pelo poder de Jesus (Mc 5,39; 13,36; Jo 11,13). Essa palavra não pode ser interpretada no sentido de inconsciência do *espírito. (Ver *Céu, *Hades, *Inferno).

Soteriologia

Ver *Salvação.

Sudário

Lenço que se utilizava para limpar o suor (At 19,12). Nos evangelhos, servia para guardar o *dinheiro (Lc 19,20) e envolver a cabeça dos cadáveres, possivelmente com a intenção de evitar que as mandíbulas se soltassem (Jo 11,44; 20,7).

Sumo sacerdote

Ver *Anás, *Caifás, *Sacerdotes, *Sinédrio.

Suor de sangue

Antes de sua prisão no *Getsêmani (Lc 22,44), Jesus suou gotas de sangue. O fenômeno tem sido explicado como um caso de hematidrose, suor de cor avermelhada causada pela passagem da hemoglobina para a secreção das glândulas sudoríparas. No final do séc. III, essa passagem não era mencionada em muitos manuscritos, talvez omitida porque apresentava uma imagem supostamente muito humana de Jesus. Tem-se ressaltado também a possibilidade de o texto ser uma adição posterior.

Surdez

Nos evangelhos, a palavra grega *kofos* pode referir-se tanto à surdez como à surdo-mudez

(Mc 7,37). Em alguns casos, sua causa era atribuída à ação de *demônios (Mc 9,25). Em sua qualidade de *messias, Jesus realizou vários *milagres curando surdos (Mt 11,5).

Susana

Literalmente, lírio. Uma das *mulheres que acompanhava Jesus (Lc 8,1-3).

Tabernáculos

Ver *Festas.

Tadeu

Ver *Lebeu.

Talento

A moeda grega de maior valor. Equivalia a uma quantidade de *prata entre 26 e 34 kg (ocasionalmente até 41) e a uns 6.000 *denários. Dez mil talentos (Mt 18,24; 25,15-28) era o salário de 16.000 homens durante dez anos.

Talião

A *Lei de *Moisés considerava a aplicação da lei de talião (Êx 21,24; Lv 24,20; Dt 19,21) o que, em seu contexto histórico, implicava um progresso porque limitava as possibilidades de vingança. Durante o período do Segundo *Templo, os *fariseus já advogavam a substituição da pena corporal por uma indenização em dinheiro, limitando também, consideravelmente, as causas para a aplicação da pena de morte.

O ensinamento de Jesus é terminantemente oposto à lei de talião (Mt 5,38-48), defendendo a substituição da vingança — até mesmo a judicial — pelo amor e pelo perdão.

<small>Y. Kaufmann, *o. c.*; J. Jeremias, *Jerusalén*...; J. Driver, *o. c.*; P. Bonnard, *o. c.*; C. Vidal Manzanares, *El Primer Evangelio*...; Idem, *Diccionario de las tres*...</small>

Talmude

Literalmente, estudo. Conjunto oficial de tradição e interpretação judaicas. É formado pela *Mishna* (lei oral codificada em torno de 200 d.C.) e pela *Guemara* (comentário da *Mishna*, recompilado entre os séc. III e VI d.C.). Na linguagem popular, o Talmude também é conhecido como Guemara e como *Shash*, acróstico de *shishá sidrei Mishna* (seis ordens da *Mishna*). Existem duas versões do Talmude denominadas *Talmude Eretz Israel* ou *Yerushalmi* (Talmude Palestinense ou de Jerusalém) e *Talmude Bavli* (Talmude da Babilônia). A primeira versão, concluída no séc. V d.C., abrange 39 dos 63 tratados da *Mishna*. Em sua maior parte, ocupa-se do *halachá* e denota certa pressa, talvez como conseqüência do cenário político em que se deu sua redação. É considerável, nessa versão, a influência helenística. A segunda, finalizada aproximadamente no séc. VI d.C. é, no mínimo, o triplo de extensão da primeira, apesar de abranger somente 37 tratados da *Mishna*. Cerca de dois terços de seu conteúdo é *hagadá*. O Talmude da Babilônia é muito mais importante do que o Palestinense e, de fato, as alusões ao Talmude são feitas, precisamente, a esta versão. Esta obra contém discussões eruditas sobre todas as áreas da vida e possui seus próprios métodos de raciocínio e argumentação. Assim, podem ser dadas como válidas opiniões totalmente opostas ou que possam ajustar-se sobre a base de que "ambas são palavras do Deus vivo" (TJ

Ber. 1.7). Muitos judeus ortodoxos consideram-no divinamente inspirado. As edições impressas do *Talmude bavli* acompanham a encadernação e a disposição típica da primeira edição completa, devida a Daniel Bomberg, um impressor cristão e hebraísta, a qual apareceu em Veneza (1520-1523).

A. Cohen, *o. c.*; J. Neusner, *The Talmud*...; Strack, *o. c.*; G. Alon, *o. c.*; F. Manns, *Pour lire*...; C. Vidal Manzanares, *El judeo-cristianismo*...

Tarde

Começo da noite ou fim da primeira *vigília (Mt 28,1; Mc 11,19; 13,35).

Targum

Literalmente, tradução. Interpretação parafraseada, em aramaico, do Antigo Testamento. Sua origem retrocede ao regresso do exílio babilônico (Ne 8,8). O fato de algumas de suas interpretações apoiarem as interpretações bíblicas dos judeu-cristãos — por exemplo, a interpretação de Is 53 como passagem referente ao *messias — fez com que essas obras fossem abandonadas pelo judaísmo. O targum mais conhecido é o Targum Onkelos do Pentateuco (séc. II d.C.). De data mais antiga é o de Jônatas para os Profetas e Crônicas. Recebe o nome de Targum Yerushalmi uma tradução (séc. VII-VIII) dos cinco livros de Moisés.

P. Grelot, *Los targumes*, Estella 1987; A. Díez Macho, *El Targum*, Barcelona 1972; M. Pérez Fernández, *Tradiciones mesiánicas en el Targum palestinense*, Valência 1981; C. Vidal Manzanares, *El judeo-cristianismo*...

Templo

*Santuário destinado ao culto divino. No judaísmo, estava situado em Jerusalém. O primeiro foi construído por Salomão, em torno de 950 d.C., e substituiu o tabernáculo portátil e os santuários locais. Levantado sobre o monte do templo, iden-

Templo / 323

tificado como o monte Moriá, tinha uma superfície de 30x10x15m aproximadamente. Entrava-se por um pórtico ladeado por dois pilares de bronze denominados Jaquin e Booz e, em seu interior, havia um vestíbulo (*ulam*), uma sala principal (*hekal*) e o Santíssimo (*Debir*), ao qual só o Sumo Sacerdote tinha acesso uma vez por ano, no dia de Yom Kippur. Dentro do Templo, destinado às tarefas do culto, estavam o altar para os sacrifícios, a arca e os querubins, a *menorah* de ouro e a mesa para a exposição do pão.

Os **sacerdotes* ou *kohanim* realizavam o culto diário no Hekal, existindo no pátio do Templo exterior uma seção reservada para eles (*ezrat cohanim*). Nos outros dois pátios havia lugar para os homens (*ezrat Israel*) e para as mulheres de

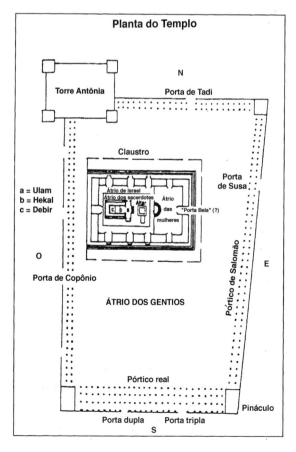

Israel (*ezrat nashim*). Esse Templo foi destruído no primeiro *jurbán*. Reconstruído depois do regresso do exílio babilônico (c. 538-515 a.C.), passou por uma ambiciosa remodelação feita por *Herodes (20 a.C.), que incluía uma estrutura duplicada da parte externa. Durante esse período, o Sumo Sacerdote desfrutou de considerável poder religioso, qual uma teocracia, circunstância desastrosa para Israel à medida que a classe sacerdotal superior envolvia-se com a corrupção, o roubo e a violência, conforme registram as próprias fontes talmúdicas. Destruído no ano 70 pelos romanos, dele apenas restou o muro conhecido por Muro das Lamentações. A *sinagoga viria a suprir, em parte, o Templo como centro da vida espiritual.

Jesus participou das cerimônias do Templo, mas condenou sua corrupção (Mt 5,23ss.; 12,2-7; 23,16-22; Lc 2,22-50). Anunciou sua destruição (Mt 23,38ss.; 24,2; 26,60ss.; 27,39ss.), o que não pode ser considerado "vaticinium ex eventu" já que, entre outras razões, está registrado em *Q, que é anterior a 70 d.C. Essa destruição, prefigurada pela purificação do Templo (Mt 21,12ss. e par.), aconteceria por juízo divino. O episódio recolhido em Mt 27,51 e par. — que, curiosamente, conta com paralelos em alguma fonte judaica — indica que a existência do Templo aproximava-se do seu fim.

J. Jeremias, *Jerusalén*...; A. Edersheim, *El Templo*...; C. Vidal Manzanares, *El judeo-cristianismo*...; Idem, *El Primer Evangelio*...; Idem, *Diccionario de las tres*...

Tentação

Jesus — que considerou ser grave pecado tentar a Deus (Mt 4,7; Lc 4,12) — foi tentado continuamente pelo *diabo (Mt 4,1ss.; Lc 4,1ss.), pelas multidões que quiseram fazê-lo rei (Jo 6,15), por Pedro que desejou que Jesus abandonasse sua missão messiânica do *Servo de YHVH (Mt 16,23) e até mesmo por seus algozes (Mt 27,42). Apesar de tudo, venceu tentação após tentação e levou até o fim sua missão de morrer por toda a humanidade (Mt 26,26ss.).

Como Jesus, seus *discípulos* são tentados e podem sucumbir (Lc 8,13; 22,31ss.). Por isso, os discípulos devem vigiar e orar (Mt 26,41 e par.), rogando a Deus que os livre da queda (Mt 6,13; Lc 11,4).

Teófilo

Personagem, provavelmente de origem *gentia*, a quem *Lucas* dirigiu seu evangelho (Lc 1,1ss.) e o Livro dos Atos (1,1ss.). O tratamento empregado na primeira obra faz pensar que pode tratar-se de um funcionário imperial. O fato desse tratamento não aparecer nos Atos tem sido interpretado, em algumas ocasiões, como sinal da *conversão* de Teófilo.

Tesouro

1. A sala onde ele era guardado e que era de acesso limitado (Mt 27,6). 2. O pórtico próximo a essa sala. 3. O cofre para as esmolas, que tinha a forma de trompete (Mc 12,41-43; Lc 21,1).

Testamento, Novo

Ver *Nova Aliança*.

Testemunho

Ver *Apóstolos, *Espírito Santo, *Evangelho, *Mártir.

Tetrarca

Aquele que governa quatro regiões. O título aplicava-se aos governadores dos reinos helenistas do Oriente. Roma aplicava esse título a governantes que não desfrutavam de linhagem e importância suficientes para ser denominados reis (Mt 14,1; Lc 3,1.19; 9,7).

Tiago

1. "O maior", filho de *Zebedeu e irmão do *apóstolo *João. Participou do grupo dos três *discípulos mais íntimos de Jesus (Mt 5,37; 26,37). Por volta de 44 d.C. foi executado por ordem de *Agripa I (At 12,2). 2. O filho de *Alfeu. Um dos *doze apóstolos (Mt 10; Mc 3; Lc 6; At 1). 3. O menor. Filho da outra *Maria (Mc 16,1; Mt 28,1) sobre a qual não possuímos outras informações. 4. O justo ou irmão do Senhor. Um dos *irmãos de Jesus (Mt 13,55; Mc 6,3), convertido em conseqüência de uma aparição de Jesus após sua *ressurreição (1Cor 15,7). Dirigia a *Igreja de *Jerusalém (At 15,1.20), onde morreu *mártir no ano 62 aproximadamente. Foi o autor da Carta de Tiago, uma das epístolas católicas ou universais, que figuram no Novo Testamento.

K. L. Carroll, "The place of James in the Early church" em *BJRL*, 44, 1961; C. Vidal Manzanares, *El judeo-cristianismo...*; Idem, *El Primer Evangelio...*; F. F. Bruce, *New Testament...*

Tiberíades

Cidade fundada entre 17-22 d.C. por *Herodes Antipas, encontrava-se à margem oeste do lago de *Genesaré. Os judeus consideravam-na abominável, pois estava edificada sobre túmulos. Parece que Jesus jamais a visitou, embora João a mencione em seu evangelho (6,1-23; 21,1).

E. Hoare, *o. c.*; F. Díez, *o. c.*

Tibério

Filho adotivo e sucessor de *Augusto (14-37 d.C.). Os ministérios de Jesus e *João Batista deram-se durante seu governo (Lc 3,1; 20,22; 23,2; Jo 19,12).

Tiro

Como *Sidônia, um antigo porto fenício no Mediterrâneo (Mt 11,21ss.; 15,21ss.; Mc 3,8; 7,24.31; Lc 6,17; 10,13ss.).

Toalha

Peça de tecido utilizada como toalha de mesa ou de banho (Jo 13,4ss.).

Tomé

Forma abreviada de um termo procedente do hebraico *tô'am* (gêmeo), equivalente ao grego Dídimo. Era o nome de um dos *Doze apóstolos (Mt 10,3; Mc 3,18; Lc 6,15; Jo 11,16; 14,5; 20,24-28; 21,2).

Torá

Literalmente, guia, instrução, ensinamento. É traduzido por "lei", embora essa palavra apenas se aproxime de toda a riqueza do vocábulo original. Em sentido restrito, é a denominação dos cinco livros de *Moisés ou Pentateuco; num sentido mais amplo, designa todo o Antigo Testamento e

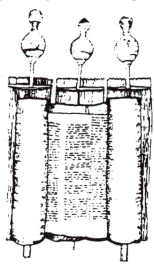

inclusive, para os *fariseus*, abrangia a *lei oral*. Essa lei é obrigatória apenas para os judeus, estando os *gentios* submetidos somente aos denominados sete mandamentos de *Noé*.

Y. Kaufmann, *o. c.*; J. Neusner, The *Talmud*...; A. Cohen, *o. c.*; E. P. Sanders, *Judaism*...; C. Vidal Manzanares, *El judeo-cristianismo*...

Traça

Pequeno inseto que corrói a roupa até desfazê-la e torná-la imprestável (Mt 6,19ss.; Lc 12,33).

Tradição

Os evangelhos evidenciam uma atitude de Jesus claramente contrária às tradições da *lei oral*, porque considerava que elas desvirtuavam o conteúdo das *Escrituras* (Mt 15,2-6; Mc 7,3ss.). Isso foi motivo de conflito com os *escribas* e *fariseus*.

C. Vidal Manzanares, *El Primer Evangelio*...; Idem, *Diccionario de las tres*...; Idem, *El judeo-cristianismo*...; P. Lenhardt e M. Collin, *La Torá oral de los fariseos*, Estella 1991.

Transfiguração

Episódio da vida de Jesus acontecido na sua última viagem a *Jerusalém* (Mt 17,1-9; Mc 9,2-10; Lc 9,28-36). Nos inícios deste século, R. Bultmann interpretou-o como uma antecipação da *ressurreição*. Essa interpretação carece de base, embora se tenha repetido mais tarde. Atualmente, tende-se a considerar o acontecimento como um fato histórico (D. Flusser, F. F. Bruce, C. Vidal Manzanares), durante o qual se fortaleceria a determinação de Jesus.

Transmigração das almas

Ver *Reencarnação*.

Trevas

1. A falta de luz própria da noite (Jo 6,17; 12,35; 20,1). 2. O que está oculto (Mt 10,27; Lc 12,3). 3. O mal (Mt 6,23; 27,45; Lc 22,53). 4. A situação de escravidão espiritual em que se encontra o ser humano perdido e da qual só poderá sair aderindo a Jesus pela *fé (Jo 1,5; 3,16-19; 8,12). 5. Um dos elementos que integram o castigo do *inferno (Mt 8,12; 22,13; 25,30).

Trindade

Ensinamento neotestamentário que consiste em afirmar a existência de Deus em três pessoas: *Pai, *Filho e *Espírito Santo. Nos evangelhos aparecem claras fórmulas trinitárias, como a do *batismo (Mt 28,19-20). Jesus assumiu títulos que pressupunham sua *preexistência e divindade como: *Sabedoria, *Senhor, *Filho de Deus e *Eu sou, fazendo-se igual a Deus (Jo 5,18). Os evangelhos narram também que, após a *ressurreição, os *discípulos de Jesus chamaram-no de Senhor e *Deus (Jo 20,28) e lhe renderam *adoração (Mt 28,17; Lc 24,52).

J. N. D. Kelly, *Early Christian Creeds*, Londres 1950; C. Vidal Manzanares, *Las sectas frente a la Biblia*, Madri 1991; Idem, *De Pentecostés...*; Idem, *El Primer Evangelio...*

Túmulo

Escavações, geralmente feitas na rocha, com a finalidade de servir de monumento comemorativo ou sepulcro (Mt 27,60). Costumava-se pintá-los com cal na primavera para que não fossem pisados, pois causavam impureza ritual para quem o fizesse (Mt 23,27; Lc 11,44). A entrada geralmente era fechada com uma grande pedra, às vezes, selada (Mt 23,29; 27,66; Mc 15,46; 16,3). No interior, podia haver nichos ou bancos de pedra para se colocarem os cadáveres (Jo 20,5-11). Normalmente, os *gentios eram sepultados em lugares separados dos judeus (Mt 27,7).

Túnica

Vestimenta de mangas curtas ou franzidas que se colocava sob o *manto (Mt 5,40). Costumava-se usá-la diretamente sobre o corpo. Geralmente de cor branca, podia ser enfeitada com franjas coloridas. Às vezes era uma só peça (Jo 19,23). Entre as pessoas abastadas, não era raro o uso de uma segunda túnica sem mangas (Mt 10,10; Mc 14,63; Lc 3,11).

Última Ceia

Ver *Ceia*.

Unção

Ação de derramar óleo sobre alguém. Na Bíblia, a ação relaciona-se com a consagração do rei (1Sm 10,1; 16,13), do Sumo Sacerdote (Êx 30,30-31; Lv 6,15) e de alguma pessoa a quem se confiava uma ação específica (Dt 20,2). Esta poderia ser até mesmo um *gentio* (Is 45,1). Por antonomásia, o ungido é o *messias*, pois, de fato, é esse o significado hebraico da palavra. Seu equivalente grego é *Khristós*, de onde procede o português Cristo.

Y. Kaufmann, *o. c.*; C. Vidal Manzanares, *El judeo-cristianismo*...; Idem, *El Primer Evangelio*...

Verão

Estação seca que vai da metade de abril até meados de outubro (Mt 24,32 e par.).

Verbo

Ver *Hipóstase, *Logos, *Memrá.

Verdade

O que está em conformidade com a realidade (Mt 14,33; 22,16; 26,73; 27,54; Mc 5,33; 12,32; Lc 16,11). Nesse sentido, logicamente, existe a Verdade absoluta e única que se identifica com Jesus (Jo 14,6). Suas ações e ensinamentos são expressão do próprio Deus (Jo 5,19ss.; 36ss.; 8,19-28; 12,50). Mais tarde, é o *Espírito de verdade que dará testemunho de Jesus (Jo 4,23ss.; 14,17; 15,26; 16,13).

Verme

Um dos elementos relacionados com o castigo consciente e eterno do *inferno (Mc 9,47-48). Também se refere ao mesmo como fator de ruína das posses materiais (Mt 6,19ss.), o que deveria levar o ser humano a considerar quão perecíveis elas são e buscar os tesouros celestiais.

Via Dolorosa

Segundo a tradição, é o caminho percorrido por Jesus desde o tribunal de *Pilatos até o Gólgota.

E. Hoare, *o. c.*; F. Díez, *o. c.*

Vida eterna

O conceito judeu de *olam habáh* seria melhor traduzido por vida futura ou mundo por vir. Este é um conceito fundamental no pensamento bíblico e judaico igual ao da imortalidade da *alma — que não deve ser entendido em um sentido semelhante ao helênico — após o fim da vida terrena. Essa crença na continuidade de uma vida depois da morte manifesta-se na segunda bênção da *amidah*, nas orações de lembrança dos defuntos (*hazcarat neshamot*) e no *kadish* recitado pelas pessoas em um enterro. Entre os *gentios, os misericordiosos também teriam parte no mundo que há de vir (Tosef. Sanh. 13,2). A idéia da *ressurreição dos mortos é de grande importância quanto à crença em uma vida futura.

Jesus designa como vida eterna a união com Deus no mundo que virá depois do juízo final (Mt 25,46), com um significado equivalente ao termo *salvação. Pode-se alcançar a salvação já (e, realmente, convidam-se as pessoas para ela) pela *fé em Jesus (Jo 3,16; 3,36; 5,24; 6,40; 10,28 etc.) e graças à entrega à morte que ele fez por todos (Mc 10,44ss.; Mt 26,26ss.).

Videira

1. Arbusto que produz uvas (Mt 7,16; Lc 6,44). 2. Jesus é a videira verdadeira, a quem os fiéis devem estar unidos para não perecerem (Jo 15,1-5).

Vigília

A princípio, palavra para designar as vigílias militares durante a *noite, que eram três para os judeus e quatro para os romanos. No tempo de Jesus, os judeus adotaram o sistema romano: a primeira vigília de 18 a 21h; a segunda de 21 a 24h; a terceira de 24 a 3h e a quarta de 3 a 6h.

Vinagre

Denominado mistura pelos romanos, consistia, na realidade, em uma mistura de vinho acre e água. Comumente usado pelos romanos (Mt 27,48; Mc 15,36), era pouco apreciado por ser uma bebida forte (Lc 23,36).

Vinha

Símbolo do povo de Deus. Mal cuidada por seus pastores espirituais — que nem sequer reconheceram Jesus como *Filho de Deus* e o mataram —, Deus a entregará, finalmente, a outros vinhateiros (Mt 20,1-8; 21,28-41; Mc 12,1-9; Lc 13,6).

Vinho

Ver *Álcool.

Violência

Ver *Guerra.

Virgem

Ver *Maria.

Virgindade

Ver *Castidade, *Matrimônio, *Sexo.

Viúvas

No judaísmo da época de Jesus, o auxílio às viúvas era considerado demonstração obrigatória de misericórdia, pois a situação delas costumava ser de extrema necessidade (Mc 12,41ss.). Isso explica a severa condenação de Jesus àqueles que se aproveitavam de desculpas religiosas para espoliá-las (Mc 12,40; Lc 20,47). Jesus realizou o *milagre da *ressurreição do filho da viúva de Naim (Lc 7,11-17).

Vocação

Ver *Apóstolos, *Discípulos, *Fé, *Salvação.

Vontade de Deus

Jesus considerou como finalidade de sua vida — seu alimento — realizar a vontade de seu *Pai (Jo 4,34; 5,30; 6,38-40). Essa aceitação chegou ao extremo em sua entrega à morte (Mc 14,36; Lc 22,42) por toda a humanidade (Mt 26,26ss.; Mc 10,44-45). Semelhante a Jesus, os discípulos devem pedir a Deus que se faça sua vontade também na terra (Mt 6,10).

Voto

Compromisso assumido com Deus em virtude do qual, como demonstração de gratidão ou solicitação de favores ao Senhor, realizava-se um ato religioso não-obrigatório. Exemplo característico de voto era o de *nazireu. Jesus opôs-se à prática de determinados votos transformarem-se em escusas para o descumprimento dos preceitos da *Lei de Deus (Mt 15,5ss.; Mc 7,11-13).

Zacarias

1. Profeta assassinado no *Templo (Mt 23,35; Lc 11,51); 2. Sacerdote da classe de Abias, esposo de *Isabel, pai de *João Batista (Lc 1,5-67).

Zaqueu

Chefe dos cobradores de impostos de *Jericó (Lc 19,1-9) que, após conhecer Jesus, vivenciou uma *conversão.

Zebedeu

Pescador do mar da *Galiléia, casado com *Salomé e pai dos apóstolos *Tiago e *João (Mt 4,21).

Zelotes

Grupo político judeu cujos antecedentes se relacionavam com a rebelião de Judas, o galileu (6 a.C.). Em sentido restrito, os zelotes surgiram em 66 d.C., por ocasião da rebelião contra Roma. Após a queda de *Jerusalém no ano 70, alguns continuaram a resistência em Massada até 73 (antes de se renderem ao invasor, suicidaram-se coletivamente) enquanto outros fugiram para o *Egito, a fim de estenderem o movimento. Nesse país foram derrotados, capturados e torturados até a morte. Tem-se pretendido ligar movimento zelote a Jesus (Brandon) ou, ao menos, a alguns de seus seguidores como *Simão ou *Judas Iscariotes (Cullmann). É inaceitável essa possibilidade não só porque carece de base, conforme a informação que as diferentes fontes — até as hostis do *Talmude — apresentam-nos acerca de Jesus, seu ensinamento sobre a *violência e sobre seus *discípulos, mas também porque o movimento zelote não existia durante a vida de Jesus.

M. Hengel, *The Zealots*...; Y. Yadin, *Masada*, Barcelona 1969; S. G. F. Brandon, *Jesus and the Zealots*, Manchester 1967; H. Guevara, *o. c.*; C. Vidal Manzanares, *De Pentecostés*...; Idem, *El Primer Evangelio*...; J. Comby e J. P. Lémonon, *Roma frente a Jerusalén*, Estella 1983.

Índice de abreviaturas

AB	- Anchor Bible
ABQ	- American Baptist Quartely
AGJU	- Arbeiten zur Geschichte des antiken Judentums und des Urchristentums
AGSU	- Arbeiten zur Geschichte des Spätjudentums und Urchristentums
AJBI	- Annual of Japanese Biblical Institute
AJSL	- American Journal of Semitic Languages and Literatures
AJT	- American Journal of Theology
ALBO	- Analecta lovaniensia biblica et orientalia
ALGHJ	- Arbeiten zur Literatur und Geschichte des hellenistischen Judentums
ALUOS	- Annual of Leeds University Oriental Society
An Bib	- Analecta Biblica
An Greg	- Analecta Gregoriana
AnOr	- Analecta Orientalia
ANRW	- Aufstieg und Niedergang der römischen Welt, W. Haase e H. Temporini (eds.), Berlim 1979-1984
ASNU	- Acta seminarii neotestamentici upsaliensis
ASTI	- Annual of the Swedish Theological Institute
AT	- Antigo Testamento
ATANT	- Abhandlugen zur Theologie des Alten und Neuen Testaments
ATR	- Anglican Theological Review
BA	- Biblical Archaeologist
BAC	- Biblioteca de Autores Cristãos
BAR	- Biblical Archaeologist Reader
BARev	- Biblical Archaeologist Review
BASOR	- Bulletin of the American Schools of Oriental Research
BeO	- Bíblia e Oriente
Bib	- Bíblica
BibO	- Biblica et Orientalia
BibRes	- Biblical Research

BIOSCS	- Bulletin of the International Organization for Septuagint and Cognate Studies
BIZ	- Biblische Zeitschrift
BJRL	- Bulletin of the John Rylands University Library of Manchester
BO	- Bibliotheca Orientalis
BRev	- Bible Review
BSac	- Bibliotheca Sacra
BTB	- Biblical Theology Bulletin
BZ	- Biblische Zeitschirft
BZNW	- Beihefte zur Zeitschrift für die Neutestamentliche Wissenschaft
CBQ	- Catholic Biblical Quarterly
CCWJCW	- Cambridge Commentaries on Writings of the Jewish and Christian World 200 B.C. to A.D. 200
CGTC	- Cambridge Greek Testament Commentary
CII	- Corpus inscriptionum iudaicarum (1936-1952)
CQR	- Church Quarterly Review
CRINT	- Compendia rerum iudaicarum ad novum testamentum
CSCO	- Corpus scriptorum christianorum orientalium
DAL	- Dictionnaire d'Archéologie Chrétienne et de Liturgie, E. Cabrol e H. Leclercq (eds.), Paris 1907-1953
DJG	- Dictionary of Jesus and the Gospels, J. B. Green, S. McKnigth e I. H. Marshall (eds.), Downers Grove e Leicester 1992
DRev	- Downside Review
DSP	- Dictionnaire de la Spiritualité, M. Viller (ed.), Paris 1932ss
DTR	- Diccionario de las tres religiones, César Vidal Manzanares, Madri 1993
EB	- Études Bibliques
EBT	- Encyclopedia of Biblical Theology
EDNT	- Exegetical Dictionary of the New Testament
EGT	- Expositor's Greek Testament
EHPR	- Études d'Histoire et de Philosophie Religieuse

Índice de abreviaturas / 339

EKK	- Evangelisch-katolischer Kommentar zum Neuen Testament
EncB	- Encyclopedia Biblica
EncJud	- Encyclopedia Judaica
EvQ	- Evangelical Quarterly
ENTT	- E. Käsemann, Essays on New Testament Themes, Londres 1964
Eph Ma	- Ephemerides Mariologicae
Ephem Théolo	- Ephemerides Theologicae
ExpT	- Expository Times
Greg	- Gregorianum
GTJ	- Grace Theological Journal
Herm	- Hermeneia
HeyJ	- Heythrop Journal
HNT	- Handbuch zum Neuen Testament
HSS	- Harvard Semitic Studies
HUCA	- Hebrew Union College Annual
HZ	- Historische Zeitschrift
IBC	- Interpretation Bible Commentary
IBS	- Irish Biblical Studies
IEJ	- Israel Exploration Journal
Int	- Interpretation
IRT	- Issues in Religion and Theology
JAOS	- Journal of the American Oriental Society
JBL	- Journal of Biblical Literature
JBR	- Journal of Bible and Religion
JCSR	- Journal of Comparative Sociology and Religion
JETS	- Journal of the Evangelical Theological Society
JJS	- Journal of Jewish Studies
JNES	- Journal of Near Eastern Studies
JPOS	- Journal of the Palestine Oriental Society
JQR	- Jewish Quarterly Review
JR	- Jounal of Religion
JRE	- Journal of Religious Ethics
JRS	- Journal of Roman Studies
JSJ	- Journal for the Study of Judaism in the Persian, Hellenistic and Roman Period

JSNT	- Journal for the Study of the New Testament
JSP	- Journal for the Study of the Pseudepigrapha and Related Literature
JSS	- Journal of Semitic Studies
JTS	- Journal of Theological Studies
LB	- Liber Annuus
LTS	- La Terra Santa
MGWJ	- Monatschrift für Geschichte und Wissenschaft des Judentums
MBTh	- Münsterische Beiträge zur Theologie
NCB	- New Clarendon Bible
NJCB	- New Jerome Biblical Commentary, Englewood Cliffs 1992
NovT	- Novum Testamentum
NRT	- Nouvelle Révue Théologique
NT	- Nuevo Testamento
NTOA	- Novum Testamentum et Orbis Antiquus
NTS	- New Testament Studies
PBSR	- Papers of the British School at Rome
PCB	- Peake's Commentary on the Bible, Londres 1962
PEQ	- Palestine Exploration Quarterly
PTR	- Princeton Theological Review
RACh	- Reallexikon für Antike und Christentum
RB	- Revue Biblique
RE	- Real Encyklopädie del Klassischen Altertumswissenschaft
RevQ	- Revue de Qumran
Rev. Sc. Ph. Th.	- Revue des Sciences Philosophiques et Théologiques
RGG	- Religion in Geschichte und Gegenwart
RHPR	- Revue d'histoire et de philosophie religieuse
RHR	- Revue d'Histoire des Religions
RSR	- Recherches de Science Religieuse
RST	- Regensburger Studien zur Theologie
SAJ	- Studies in Ancient Judaism
SANT	- Studiem zum Alten und Neuen Testament

Índice de abreviaturas / 341

SBEC	- Studies in the Bible and Early Christianity
SBLASP	- Society of Biblical Literature Abstracts and Seminar Papers
SBT	- Studies in Biblical Theology
ScrHier	- Scripta hierosylimitana
SCJ	- Studies in Christianity and Judaism
SE	- Studia Evangelica
SJ	- Studia Judaica
SJLA	- Studies in Judaism in Late Antiquity
SNTSMS	- Society for New Testament Studies Monograph Series
SJT	- Scottish Journal of Theology
StudLit	- Studia Liturgica
Th St Kr	- Theologische Studien und Kritiken
THR	- Theologische Rundschau
TI	- Theological Inquiries
TJ	- Trinity Journal
TLZ	- Theologische Literaturzeitung
TR	- Theologische Rundschau
TS	- Theological Studies
TSFBul	- Theological Students Fellowship Bulletin
TU	- Texte und Untersuchungen
TynB	- Tyndale Bulletin
TZ	- Theologische Zeitschrift
ZNW	- Zeitschrift für die neutestamentliche Wissenschaft
ZRG	- Zeitschrift für Religions und Geistesgeschichte
ZTK	- Zeitschrift für Theologie und Kirche
ZWT	- Zeitschrift für wissenschaftliche Theologie

Bibliografia

I. Fontes:

A. Bíblicas:

a) AT: *Bíblia Hebraica Stuttgartensia,* Stuttgart 1984.

b) Septuaginta: A. Rahlfs, Septuaginta (grego), Stuttgart 1979.

c) NT: E. Nestle-K. Aland, *Novum Testamentum Graece* (grego), Stuttgart 1988.

B. Clássicas:

a) Suetonio: J. C. Rolfe, Suetonius, 2 vols. (latim com tradução inglesa), Cambridge e Londres 1989.

b) Tácito: C. H. Moore e J. Jackson, *Tacitus: Histories and Annals*, 4 vols. (latim com tradução inglesa), Cambridge e Londres 1989.

C. Talmúdicas:

R. T. Herford, *Christianity in Talmud and Midrash*, (hebreu e aramaico), Londres 1905.

D. Flávio Josefo:

H. St. J. Thackeray, R. Marcus, Allen Wikgren e L. H. Feldman, *Josephus*, 10 vols. (grego com tradução inglesa), Cambridge e Londres 1989.

E. Patrísticas:

J. P. Migne, *Patrologia Graeca*, 162 vols., Paris 1857-1886.

J. P. Migne, *Patrologia Latina*, Paris 1844-1864.

II. Obras Gerais:

F. H. Agnew, "On the Origin of the term Apostolos" em *CBQ*, 38, 1976, pp. 49-53.

"The origin of the NT Apostle-Concept" em *JBL*, 105, 1986, pp. 75-96.

A. del Agua, *El método midrásico y la exégesis del Nuevo Testamento*, València 1985.

R. Aguirre (dir.), *Pedro en la Iglesia primitiva*, Estella 1991.

R. von der Alm, *Die Urteile heidnischer und jüdischer Schrifsteller der vier ersten christlichen Jahrhunderte über Jesus und die ersten Christen*, Leipzig 1865.

G. Alon, *The Jews in their Land in the Talmudic Age*, Cambridge e Londres 1989.

D. E. Aune, *Prophecy in Early Christianity*, Grand Rapids 1983.

M. Avi-Yonah, *Geschichte der Juden im Zeitalter des Talmud*, Berlim 1962.

F. Badia, *The Qumran Baptism and John the Baptist's Baptism*, Lanham 1980.

L. Baeck, "The Faith of St. Paul" em *Judaism and Christianity*, Filadélfia 1960, pp. 139-168.

B. Bagatti, "Resti cristiani in Palestina anteriori a Costantino?" em *Rivista di Archeologia cristiana*, XX-VI, 1950, pp. 117-131.

—, "Scoperta di un cimitero giudeo-cristiano al "Dominus Flevit" em *LA*, III, 1953, pp. 149-184.

B. Bagatti e J. T. Milik, *Gli Scavi del "Dominus Flevit" I. La necropoli del periodo romano*, Jerusalém 1958.

—, *The Church from the Circumcision*, Jerusalém 1984.

—, "Nuove Scorpete alla Tomba della Vergine a Getsemani" em *LA*, XXII, 1972, pp. 236-290.

—, "L'apertura della Tomba della Vergine a Getsemani" em *LA*, XXIII, 1973, pp. 318-321.

B. Bagatti, M. Piccirillo e A. Prodomo, *New Discoveries at the Tomb of Virgin Mary in Gethsemane*, Jerusalém 1975.

B. Bagatti e E. Testa, *Il Golgota e la Croce*, Jerusalém 1984.

D. Baron, *The Servant of Jehovah*, Londres 1922.

J. Barr, "Which language did Jesus speak?" em *BJRL*, 53, 1970-1971, pp. 9ss.

C. K. Barrett, *Luke the Historian in Recent Study*, Filadélfia 1970.

—, *The Gospel according to St. John*, Filadélfia 1978.

—, *Freedom and Obligation*, Londres, 1985. *The New Testament Background*, Nova York 1989.

G. Barth, *El bautismo en el tiempo del cristianismo primitivo*, Salamanca 1986.

M. Barth, *Rediscovering the Lord's Supper*, Atlanta 1988.

J. Barylko, *Usos y costumbres del pueblo judio*, Buenos Aires 1991

—, *Celebraciones judaícas*, Buenos Aires 1990.

—, P. Beauchamp e D. Vasse, *La violencia en la Biblia*, Estella 1992.

G. R. Beasley-Murray, *Jesus and the Kingdom of God*, Grand Rapids 1986.

H. H. Ben-Sasson, *History of the Jewish People* (ed.), Cambridge Mass 1976.

C. Bernabé, *Las tradiciones de María Magdalena en el cristianismo primitivo*, Estella 1994.

E. Bikerman, "Sur la version vieux-russe de Flavius Josèphe" em *Melanges Franz Cumont*, Bruxelas 1936, pp. 53-84.

M. Black, *An Aramaic Approach to the Gospels and Acts*, Oxford 1946.

C. Blomberg, "Healing" em *DJG*, pp. 299-307.

M. E. Boismard, *L'Évangile de Jean*, Paris 1977.

W. Bousset, *Kyrios Christos*, Nashville 1970.

S. G. F. Brandon, *The Fall of Jerusalem and the Christian Church*, Londres 1951.

—, Jesus and the Zealots, Manchester, 1967.

—, *The Trial of Jesus*, Londres 1968.

J. Briand, *L'Eglise judéo-chrétienne de Nazareth*, Jerusalém 1981.

R. E. Brown, *The Community of the Beloved Disciple*, Nova York 1979.

—, *The Epistles of John*, Nova York 1982.

—, *The Birth of the Messiah*, Nova York 1979. (Existe uma edição em espanhol: *El nacimiento del Mesías*, Madri 1982).

—, *Evangelio según san Juan*, Madri 1975.

R. E. Brown e outros, *Pedro en el Nuevo Testamento*, Santander 1976.

—, María en el Nuevo Testamento, Salamanca 1986.

F. F. Bruce, *¿Son fidedignos los documentos del Nuevo Testamento?*, Miami 1972.

—, *New Testament History*, Nova York 1980.

—, *Paul and Jesus*, Grand Rapids 1982.

—, *The Gospel of John*, Grand Rapids 1983.

—, *The Acts of the Apostles*, Leicester 1988

—, "Eschatology in Acts" em W. H. Gloer (ed.), *Escatology and the* New *Testament*, Peabody 1988.

—, *New Testament Development of Old Testament Themes*, Grand Rapids 1989.

—, *Paul: Apostle of the Heart Set Free*, Grand Rapids 1990.

B. Brüne, "Zeugnis des Josephus über Christus" em *Th St Kr*, 92, 1919, pp. 139-147.

P. A. Brunt, "Procuratorial Jurisdiction" em *Latomus*, 25, 1966, pp. 461-489.

M. I. Bubeck, *The Adversary*, Chicago 1975.

A. Büchler, *Studies in Jewish History*, Londres 1956.

R. Bultmann, *Kerygma and Myth*, Londres 1953.

—, "Jesus and Paul" em *Existence and Faith*, Londres 1964, pp. 217-239.

—, *The Gospel of John*, Filadélfia 1971.

—, *Teología del Nuevo Testamento*, Salamanca 1981.

C. C. Caragounis, *The Son of Man*, Tubinga 1986.

M. Casey, *Son of Man*, Londres 1979.

F. B. Clogg, *An Introduction to the New Testament*, Londres 1940.

J. Comby e J. P. Lémonon, *Roma frente a Jerusalén*, Estella 1983.

Y. Congar, *El Espíritu Santo*, Barcelona 1983.

H. Conzelmann, "Jesus Christus" em *RGG*, III, 1959, cols. 619-653.

—, *Die Apostelgeschichte*, Tubinga 1963.

H. Cousin, *Los textos evangélicos de la Pasión*, Estella 1990.

J. M. Creed, "The Slavonic Version of Josephus History of the Jewish War" em *The Harvard Theological Review,* XXV, 1932, pp. 318-319.

O. Cullmann, *Baptism in the New Testament*, Londres 1950.

—, *El Estado en el Nuevo Testamento*, Madri 1966.

—, *El Nuevo Testamento*, Madri 1971.

—, *Jesús y los revolucionarios de su tiempo*, Madri 1971.

—, *Del Evangelio a la formación de la teología cristiana*, Salamanca 1972.

—, *Christology of the New Testament*, Londres 1975.

F. Cumont, "Un rescrit impérial sur la violation de sépulture" em *Revue Historique*, 163, 1930, pp. 241ss.

J. H. Charlesworth, (ed.) *John and the Dead Sea Scrolls*, Nova York 1990.

E. Charpentier, *Cristo ha resucitado*, Estella 1994.

D. Chwolsohn, *Das Letzte Passamahl Christi und der Tag seines Todes*, Leipzig 1908.

J. W. Dale, *Baptizo: an Inquiry into the Meaning of the Word as Determined by the Usage of Jewish and Patristic Writers*, Filadélfia 1991.

G. Dalman, *Die Thalmudischen Texte (über Jesu)*, Leipzig 1900.

—, *The Words of Jesus*, Edimburgo 1902.

—, *Die Worte Jesu*, Leipzig, 1898 e 1930.

J. Delorme, *El Evangelio según san Marcos*, Estella ^{12}1995.

L. Deiss, *La Cena del Señor*, Bilbao 1989.

M. Dibelius, *A Fresh Approach to the New Testament and Early Christian Literature*, Londres 1936.

F. Díez, *Guía de Tierra Santa*, Estella 1993.

A. Díez Macho, *La lengua hablada por Jesucristo*, Madri 1976.

—, *Jesucristo "único"*, Madri 1976.

D. S. Dockery, "Baptism" em *DJG*.

C. H. Dodd, "The Fall of Jerusalem and the Abomination of Desolation" em *JRS*, 37, 1947, pp. 47-54.

—, *Tradición histórica en el cuarto Evangelio*, Madri 1977.

—, *Las parábolas del Reino*, Madri 1974.

R. H. Donin, *Rezar como judío*, Jerusalém 1986.

R. Y. J. Donin, *El ser judío*, Jerusalém 1983.

J. Driver, *Militantes para un mundo nuevo*, Barcelona 1977.

J. Dupont, *El mensaje de las Bienaventuranzas*, Estella 1993.

A. Edersheim, *Prophecy and History according to the Messiah*, Grand Rapids 1980.

—, *La vida y los tiempos de Jesús el Mesías*, Tarrassa 1988.

R. Eisler, *Iesous Basileus ou basileusas*, 2 vols., Heidelberg 1929-1930.

—, *The Messiah Jesus and John the Baptist*, Londres 1931.

Equipe "Cahiers Evangile", *Liberación humana y salvación en Jesucristo*, Estella 1991.

—, *Los Milagros del Evangelio*, Estella [9]1995.

—, *Jesús*, Estella [4]1993.

Equipo "F. Teológica Toulouse", *La Eucaristía en la Biblia*, Estella [6]1994.

L. H. Feldman, *Josephus*, IX, Cambridge e Londres 1965.

—, *Studies in Judaica: Scholarship on Philo and Josephus* (1937-1962), Nova York 1963.

—, *Josephus and Modern Scholarship*, Berlim-Nova York 1984.

P. Fernández Uriel, "El incendio de Roma del año 64: Una nueva revisión crítica" em *Espacio, Tiempo y Forma*, II, Historia Antigua, t. 3, Madri 1990, pp. 61-84.

P. Fernández Uriel-C. Vidal Manzanares, "Anavim, apocalípticos y helenistas: Una introducción a la composición social de las comunidades judeo-cristianas de los años 30 a 70 del s. I. d.C." em *Homenaje a J. M. Blázquez*, Madri; v. IV, no prelo.

L. Finkelstein, *The Pharisees*, Filadélfia 1946.

J. A. Fitzmyer, "The Languages of Palestine in the First Century AD" em *CBQ*, 32, 1970, pp. 501-531.

D. Flusser, *Jesús en sus palabras y su tiempo*, Madri 1975.

—, "El Hijo del Hombre" em A. Toynbee (ed.), *El crisol del cristianismo*, Madri 1988.

A. Frova, "L'iscrizione di Ponzio Pilato a Cesarea" em *Rediconti dell'Istituto Lombardo*, 95, 1961, pp. 419-434.

R. H. Fuller, *Foundations of New Testament Christology*, Nova York 1965.

N. Geldenhuys, *The Gospel of Luke*, Londres 1977.

A. George, *El Evangelio según san Lucas*, Estella [13]1994.

B. Gerhardsson, *Memory and Manuscript: Oral Traditions and Written Transmission in the Rabbinic Judaism and Early Christianity*, Uppsala 1961.

M. Gilbert e J. N. Aletti, *La sabiduría y Jesucristo*, Estella 1990.

R. Gnuse, *Comunidad y propiedad en la tradición bíblica*, Estella 1987.

J. González-Faus, *Clamor del reino: estudio sobre los milagros de Jesús*, Salamanca 1982.

M. Gourgues, *Jesús ante su Pasión y su muerte*, Estella [5]1992.

—, *El más allá en el Nuevo Testamento*, Estella [4]1993.

—, *El Evangelio a los paganos*, Estella [2]1991.

J. Grau, *Escatología*, Barcelona 1977.

P. Grelot, *Los targumes*, Estella 1987.

—, *Los Evangelios*, Estella 1993.

R. A. Guelich, "Destruction of Jerusalem" em *DJG*.

H. Guevara, *Ambiente político del pueblo judío en tiempos de Jesús*, Madri 1985.

J. Guillet, *Jesucristo en el Evangelio de Juan*, Estella [5]1990.

D. Guthrie, *New Testament Introduction*, Londres 1965.

A. von Harnack, *Lukas der Arzt*, Leipzig 1906.

Bibliografia / 351

—, "Die Apostelgeschichte" em *Beiträge zur Einleitung in das Neue Testament*, III, Leipzig 1908.

—, *Date of Acts and the Synoptic Gospels*, Londres 1911.

A. E. Harvey, *Jesus and the Constraints of History,* Filadélfia 1982.

A. Hausrath, *Neutestamentliche Zeitgeschichte*, I-IV, Leipzig 1868-1873.

G. F. Hawthorne, e O. Betz (eds.), *Tradition and Interpretation in the New Testament*, Grand Rapids 1987.

H. Hegermann, *Jesaja 53 in Hexapla, Targum und Peschitta* Gütersloh 1954.

M. Hengel, *Property and Riches in the Early Church*, Filadélfia 1974.

—, *El Hijo de Dios*, Salamanca 1978.

—, *Acts and the History of Earliest Christianity*, Londres 1979.

—, *The Charismatic Leader and His Followers*, Edimburgo 1981.

—, *Between Jesus and Paul*, Londres 1983.

—, *The "Hellenization" of Judaea in the Frist Century after Christ*, Londres e Filadélfia 1989.

—, *The Zealots*, Edimburgo 1989.

—, *Judaism and Hellenism*, Minneapolis 1991.

R. T. Herford, *Christianity in Talmud and Midrash*, Londres 1905.

W. K. Hobart, *The Medical Language of Saint Luke*, Dublin 1882.

P. Humbert, "Le Messie dans le Targoum des prophètes" em *Revue de Théologie et Philosophie*, 43, 1911, pp. 5ss.

L. W. Hurtado, *One God, One Lord: Early Christian Devotion and Ancient Jewish Monotheism*, Filadélfia 1988.

J. W. Jack, *Historic Christ*, Londres 1933.

A. Jaubert, *El Evangelio según san Juan*, Estella ¹¹1994.

J. Jeremias, *The Servant of God*, Londres 1957.

—, *La Última Cena*, Madri 1980.

—, *Teología del Nuevo Testamento*, I, Salamanca 1980.

—, *Abba y el mensaje central del Nuevo Testamento*, Salamanca 1983.

—, *Jerusalén en tiempos de Jesús*, Madri 1985.

—, *Las parábolas de Jesús*, Estella ¹⁰1992.

—, *Interpretación de las parábolas*, Estella ⁵1994.

L. T. Johnson, *Sharing Possessions: mandate and symbol of faith*, Filadélfia 1981.

A. H. M. Jones, "Procurators and Prefects in the Early Principate" em *Studies in Roman Government and Law*, Oxford 1960.

D. Juel, *Messianic Exegesis: Christological Interpretation of the Old Testament in Early Christianity*, Filadélfia 1988.

E. Jüngel, *Paulus und Jesus*, Tubinga 1962.

J. Juster, *Les juifs dans l'Empire romain*, Paris 1914.

H. C. Kee, *Miracle in the Early Christian World*, New Haven 1983.

—, *Miracle and Magic in the New Testament Times*, Cambridge 1986.

S. Kim, *The Son of Man as the Son of God*, Grand Rapids 1983.

J. Klausner, *From Jesus to Paul*, Londres 1944.

—, *The Messianic Idea in Israel*, Londres 1956.

—, *Jesús de Nazaret*, Buenos Aires 1971.

H. Köster, *Introducción al Nuevo Testamento*, Salamanca 1988.

S. Krauss, *Das Leben Jesu nach jüdischen Quellen*, Berlim 1902.

M. Laconi, *San Lucas y su iglesia*, Estella 1987.

G. E. Ladd, *El Evangelio del Reino*, Miami 1974.

—, *Crucial Questions about the Kingdom*, Grand Rapids 1974.

—, *Presence of the Future*, Grand Rapids 1974.

—, *I believe in the Resurrection of Jesus*, Grand Rapids 1975.

P. Lapide, *The Resurrection of Jesus: A Jewish Perspective*, Minneapolis 1983.

—, "I Accept the Resurrection of Easter Sunday" em A. W. Kac (ed.), *The Messiahship of Jesus*, Grand Rapids 1986

R. Laqueur, *Der Jüdischer Historiker Flavius Josephus*, Giessen 1920.

P. Lenhardt e M. Collin, *La Torá oral de los fariseos*, Estella 1991.

R. Leivestad, *Jesus in his own perspective*, Minneapolis 1987.

J. P. Lémonon, *Pilate et le gouvernement de la Judée*, Paris 1981.

J. Le Moyne, *Les Sadducéens*, Paris 1972.

S. H. Levey, *The Messiah: An Aramaic Interpretation*, Nova York 1974.

L. van Liempt, "De testimonio flaviano" em *Mnemosyne*, 55, 1927, pp. 109-116.

B. Lindars, *Jesus Son of Man*, Grand Rapids 1983.

R. L. Lindsay, *A Hebrew Translation of the Gospel of Mark*, Jerusalém 1969.

—, *A New Approach to the Synoptic Gospels*, Jerusalém 1971.

R. N. Longenecker, *Paul, Apostle of Liberty*, Nova York 1964.

—, *The Christology of Early Jewish Christianity*, Grand Rapids 1970.

D. de la Maisonneuve, *Parábolas rabínicas*, Estella 1985.

J. Mac Donald, *The Theology of the Samaritans*, Londres 1964.

F. Manns, *Pour lire la Mishna*, Jerusalém 1984.

—, *La prière d'Israël à l'heure de Jésus*, Jerusalém 1986.

—, *John and Jamnia: how the Break occured between Jews and Christians c. 80-100 A.D.*, Jerusalém 1988.

T. W. Manson, *The Servant-Messiah. A Study of public ministry of Jesus*, Manchester 1953.

—, *Studies in the Gospel and Epistles*, Manchester 1962.

D. Marguerat, *Parábola,* Estella ²1994.

I. H. Marshall, *Luke: Historian and Theologian*, Exeter 1970.

—, *The Acts of the Apostles*, Leicester 1980.

—, *Last Supper and Lord's Supper*, Grand Rapids 1980.

—, "*Son of Man*" em DJG.

A. Merx, *Der Messias oder Ta'eb der Samaritaner*, Tubinga 1909.

W. Michaelis, *Einleitung in das Neue Testament*, Berna 1954.

J. P. Michaud, *María de los Evangelios*, Estella ² 1993

L. Morris, *The Apostolic Preaching of the Cross*, Grand Rapids 1956.

S. Mowinckel, *El que ha de venir: mesianismo y mesías*, Madri 1975.

D. Muñoz León, *Dios-Palabra: Memra en los Targumim del Pentateuco*, València 1974.

F. J. Murphy, *The Religious World of Jesus*, Nashville 1991.

J. Neusner, "Judaism in a time of Crisis: Four Responses to the Destruction of the Second Temple" em *Judaism*, 21, 1972, pp. 313-327.

—, *Invitation to the Talmud*, Filadélfia 1984.

—, *Judaism in the Beginning of Christianity*, Londres 1984.

—, *Judaism in the matrix of Christianity*, Filadélfia 1986.

W. S. Green e E. Frerichs, *Judaisms and Their Messiahs at the Turn of the Christian Era*, Cambridge 1987.

A. Paul, *La inspiración y el canon de las Escrituras*, Estella [4]1994.

J. Peláez del Real *Los milagros de Jesús en los Evangelios sinópticos*, Estella 1984.

A. Pelletier, "L'originalité du témoignage de Flavius Josèphe sur Jésus" em RSR, 52, 1964, pp. 177-203.

M. Pérez Fernández, *Tradiciones mesiánicas en el Targum palestinense*, València-Jerusalém 1981.

—, *La lengua de los sabios*, I, València 1992.

N. Perrin, *The New Testament*, Nova York 1974.

C. Perrot, *Los relatos de la infancia de Jesús*, Estella [7]1995.

H. G. Pflaum. *Les carrières procuratoriennes équestres sous le Haut-Empire romain*, 4 vol, Paris 1960-1961.

L. Poittevin e E. Charpentier, *El Evangelio según san Mateo*, Estella [12]1993.

J. Pouilli, *Qumrán*, Estella 1989.

B. Reicke, *The New Testament Era*, Filadélfia 1968.

—, "Synoptic Prophecies on the Destruction of Jerusalem" em D. W. Aune (ed.), *Studies in the New Testament and Early Christian Literature: Essays in Honor of Allen P. Wikgren*, Leiden 1972.

R. H. Rengstorf, *Complete Concordance to Flavius Josephus*, Leiden 1973.

Reseña Bíblica, Estella 1994.

J. Reumann, *The Supper of the Lord*, Filadélfia 1985.

D. M. Rhoads, *Israel in Revolution: 6-74 C. E.*, Filadélfia 1976.

J. Ribera Florit, *El Targum de Isaías*, València 1988.

G. C. Richards, "The Composition of Josephus Antiquites" em *CBQ*, 33, 1939, pp. 36-40.

A. Richardson, *Las narraciones evangélicas sobre los milagros*, Madri 1974.

H. Riesenfeld, *The Gospel Traditions and Its Beginnings*, Londres 1957.

J. A. T. Robinson, *Redating the New Testament*, Filadélfia 1976.

—, *The Priority of John*, Londres 1985.

C. Rowland, *The Open Heaven*, Londres 1985.

J. B. Russel, *Satan: The Early Christian Tradition*, Ithaca 1981.

L. Sabourin, *The Divine Miracles Discussed and Defended*, Roma 1977.

S. Saller e E. Testa, *The Archaeological Setting of the Shrine of Bethfage*, Jerusalém 1961.

E. P. Sanders, *Paul and Palestinian Judaism*, Mineapolis 1977.

C. Saulnier e B. Rolland, *Palestina en tiempos de Jesús*, Estella[10] 1994.

A. Schalit, *Zur Josephus-Forschung*, Darmstadt 1973.

H. Schrekenberg, *Bibliographie zu Flavius Josephus, Arbeiten zur Literatur und Geschichte des hellenistischen Judentums*, Leiden 1968.

—, *Die Flavius Josephus Tradition in antike und Mittelalter*, Leiden, 1972.

E. Schürer, *The History of the Jewish people in the Age of Jesus Christ*, Edimburgo 1987.

—, "Josephus" em *Realenzyclopädie für die protestantische Theologie und Kirche*, IX, 1901, pp. 386.

A. N. Sherwin-White, *Roman Society and Roman Law in the New Testament*, Oxford 1963.

R. H. J. Shutt, *Studies in Josephus*, Londres 1961.

E. M. Smallwood, *The Jews under Roman Rule*, Leiden 1976.

M. Smith, *Jesús el mago*, Barcelona 1988.

G. Stemberger e H. L. Strack, *Introducción a la literatura talmúdica y midrásica*, València 1988.

D. H. Stern, *Messianic Jewish Manifesto*, Jerusalém 1991.

M. Stern, "The Period of the Second Temple" em H. H. Ben-Sasson (ed.), *History of the Jewish People*, Cambridge Mass 1976.

H. L. Strack, *Jesus, die Häretiker und die Christen,* Leipzig 1910.

H. L. Strack — P. Billerbeck, *Kommentar zum Neuen Testament aus Talmud und Midrasch*, 5 vols., Munique 1922-1956.

—, H. L. Strack - G. Stemberger, *Introducción a la literatura talmúdica y midrásica*, València 1988.

H. St. J. Thackeray, *Josephus the Man and the Historian*, Nova York 1967.

—, *Josephus,* III, Londres 1979.

G. Theissen, *The Miracle Stories of the Early Christian Tradition*, Filadélfia 1983.

C. P. Thiede, *Simon Peter*, Grand Rapids 1988.

A. Toynbee (ed.), *El crisol del cristianismo*, Madri 1988.

G. Vermes, *Jesús el judío*, Barcelona 1977.

C. Vidal Manzanares, "La figura de María en la literatura apócrifa judeo-cristiana de los dos primeros siglos" em *Ephemerides Mariologicae*, 41, 1991, pp. 191-205.

—, *Diccionario de Patrística*, Estella 1992.

—, *Diccionario de las tres religiones monoteístas: judaísmo, cristianismo e islam*, Madri 1993.

—, *El judeo-cristianismo palestino en el s. I: de Pentecostés a Jamnia*, Madri 1995.

—, *El Primer Evangelio: el Documento Q*, Barcelona 1993.

—, *El Talmud*, Madri 1995.

—, "La influencia del judeo-cristianismo en la liturgia mariana" em *Ibidem*, 42, 1992, pp. 115-126.

—, *Los Documentos del mar Muerto*, Madri 1993.

—, *Los esenios y los rollos del mar Muerto*, Barcelona 1993.

—, *Los Evangelios gnósticos*, Barcelona 1991.

—, María en la arqueología judeo-cristiana de los tres primeiros siglos" em *Ibidem*, 41, 1991, pp. 353-364.

—, *The Miyth of Mary*, China 1995.

C. Vidal Manzanares - P. Fernández Uriel, "Anavim, apocalípticos y helenistas: Una introducción a la composición social de las comunidades judeo-cristianas de los años 30 a 70 del s. I. d.C." em *Homenaje a J. M. Blázquez*, Madri; v. IV, no prelo.

D. Wenham, e C. Blomberg (eds.), *The Miracles of Jesus*, Sheffield 1986.

—, (ed.), *The Jesus Tradition Outside the Gospels*, Sheffield 1985.

W. Whiston, *Josephus*, Grand Rapids 1978.

W. Willis, (ed.), *The Kingdom of God in 20th Century Interpretation*, Peabody 1987.

P. Winter, *On the Trial of Jesus*, Berlim 1961.

J. H. Yoder, *The Politics of Jesus*, Grand Rapids 1979.

B. H. Young, *Jesus and His Jewish Parables*, Nova York 1989.

T. Zahn, *Introduction to the New Testament*, Edimburgo 1909.

F. de Zulueta, "Violation of Sepulture in Palestine at the Beginning of the Christian Era" em *JRS*, 22, 1932, pp. 184ss.

J. Zumstein, *Mateo, el teólogo*, Estella ³1993.

Índice Alfabético

Abba
Abel
Abiatar
Abismo
Ablução
Abominação da desolação
Abraão
Abutre
Acéldama
Adoração
Aduana
Adultério
Ágape
Ágrafa
Agripa
Água
Águia
Ais
Álcool
Alfeu
Aliança, Nova
Alimentos
Alma
Aloés
Alqueire
Altar
Am Ha-Arets
Amém
Amor
Ana
Anás
Anciãos
André
Anjo
Ano
Anti-semitismo
Antigo Testamento
Antipas
Anunciação
Apedrejamento

Apocalíptico
Apóstolos
Aramaico
Arimatéia
Aroma
Arquelau
Arqueologia
Arrependimento
Árvore
Ascensão
Assassinato
Asse
Atar e desatar
Augusto
Autoridade
Azeite
Ázimo

Banquete
Baraquias
Barjonas
Barrabás
Bartimeu
Bartolomeu
Bat
Batismo
Beijo
Belém
Belzebu
Bem-aventuranças
Bênção
Benedictus
Betânia
Betesda
Betfagé
Betsaida
Betzatá
Bíblia
Blasfêmia

360 / Índice Alfabético

Boanerges
Bodas
Bolsa
Bom Pastor
Bom Samaritano
Braço do Senhor
Branco

Cabrito
Cafarnaum
Caifás
Calçado
Calendário
Cálice
Calvário
Cambistas
Camelo
Caminho
Campo de sangue
Cana
Caná
Cananeu
Candelabro
Cânon
Canto do galo
Cão
Capernaum
Caridade
Carne
Carpinteiro
Castidade
Castigo
Cátedra de Moisés
Cedron
Cefas
Cegueira
Ceia, Última
Celibato
Cenáculo
Censo
Centurião
Cerviz
César
Cesaréia

Céu
Cinza
Circuncisão
Cireneu
Cizânia
Clâmide
Cléofas
Clopás
Cobiça
Cobrador de impostos
Cólera
Colheita
Comida
Cominho
Confessar
Confiança
Conhecer
Conselho de anciãos
Consolador
Conversão
Coorte
Coração
Corazin
Corban
Cordeiro de Deus
Coroa de espinhos
Corozain
Côvado
Coxo
Criação
Criança
Cristo
Cristologia
Crítica da Redação
Crítica das Fomas
Crítica das Tradições
Crítica literária
Crítica retórica
Crítica textual
Cronologia
Crucifixão
Cruz
Cumprir
Curas
Cusa

Índice Alfabético / 361

Dalmanuta
Dança
Daniel
Davi
Decálogo
Decápole
Demônios
Denário
Deserto
Desmitologização
Deus
Dez Mandamentos
Dia
Dia comemorativo
Dia do Senhor
Diabo
Dias sagrados
Diáspora
Didracma
Dilúvio
Dinheiro
Direita
Discernir
Discípulo Amado
Discípulos
Dívida
Divórcio
Dízimo
Domingo
Doze
Dracma

Ecce Homo
Effatá
Efraim
Egito
Elias
Emanuel
Emaús
Encarnação
Endemoninhado
Endurecimento de coração
Enfermidade
Enterro

Enterro de Jesus
Erva-doce
Escândalo
Escatologia
Escravo
Escribas
Escritura
Escutar
Esmola
Espírito
Espírito Santo
Espíritos
Esposo
Essênios
Estádio
Esterilidade
Eternidade
Etnarca
Eucaristia
Eunuco
"Eu sou"
Evangelhos
Evangelhos apócrifos
Evangelhos gnósticos
Excomunhão
Exorcismo
Expiação

Família
Fariseus
Fé
Febre
Festas
Fiel
Figueira
Filactério
Filho de Davi
Filho de Deus
Filho do homem
Filipe
Fim dos tempos
Flagelação
Flauta
Fogo

362 / Índice Alfabético

Fornalha
Fração do pão
Fruto

Gábata
Gabriel
Gadara
Galiléia
Garizim
Ge-Hinnon
Geena
Genealogia
Genesaré
Gentios
Gerasa
Gerizim
Getsemâni
Glória
Gnosticismo
Gólgota
Governador
Grande Mandamento
Grande (Missão)
Grande Sinédrio
Grego
Grilo
Guerra

Hacéldama
Hades
Hebraico
Herdeiro
Herodes
Herodíades
Herodianos
Hidropisia
Hipócritas
Hipóstase
Historicidade
Holocausto
Hora
Hosana

Hospedaria
Hospitalidade
Humildade

Igreja
Imperador
Impostos
Incenso
Incredulidade
Infância de Jesus
Inferno
Inimigo
Inspiração
Insulto
Intercessão
Irmãos de Jesus
Isabel
Israel
Ituréia

Jacó
Jacó, escada de
Jacó, poço de
Jairo
Jejum
Jericó
Jerusalém
Jesus
Jesus, nas fontes não-cristãs
João, Evangelho de
João, o Apóstolo
João, o Batista
João, o Evangelista
João, o Teólogo
Jonas
Jordão
José
José de Arimatéia
Josefo, Flávio
Judaísmo
Judas
Judéia
Judeus

Índice Alfabético / 363

Jugo
Juízo final
Jumento
Juramento
Justiça

"L"
Lábios
Ladrão
Lamentação
Lâmpada
Lavagem
Lázaro
Lebeu
Legião
Lei
Lei Oral
Lenço
Lepra
Lepto
Levedura
Levi
Levirato
Levitas
Liberdade
Libertação
Libra
Linho
Lírio
Liturgia
Livro da vida
Ló
Logos
Loucura
Lua
Lucas
Lucas, Evangelho de
Lúcifer
Lunático
Luz

"M"
Madalena
Mãe

Magadã
Mágdala
"Magnificat"
Magos
Mal
Malco
Maldição
Mamona/Mamón
Maná
Mandamentos
Manhã
Mansidão
Manto
Mão
Mar
Mar Morto, Manuscritos do
Marcos
Marcos, Evangelho de
Maria
Marta
Mártir
Mateus
Mateus, Evangelho de
Matrimônio
Mediação
Médico
Medida
Meia-noite
Meio-dia
Mel
Memória
Memrá
Mendigo
Mentira
Mês
Mesa
Messias
Mestre
Mestre de Justiça
Mestre da Lei
Metempsicose
Midraxe
Milagres
Milha
Mina
Mirra

364 / Índice Alfabético

Misericórdia
Mito
Moedas
Moisés
Montes
Mortalha
Morte
Morte de Jesus
Mostarda
Mudo
Mulher
Mundo

Naamã
Nações
Nag Hammadi
Naim
Não-violência
Nardo
Natal
Natanael
Nazaré
Nazaré, Decreto de
Nazareno
Nazireu
Nicodemos
Nisã
Noé
Noite
Nova Aliança
Novo mandamento
Novo nascimento
Novo Testamento
Novo vinho
"Nunc dimittis"

Obediência
Objeção de consciência
Óbolo
Obras
Odre
Oferenda
Olho
Oliveiras, Monte das

Oração
Oração sacerdotal de Jesus
Orgulho
Oriente
Ouro
Ouvido
Ovelhas

Paciência
Pacifismo
Pagãos
Pai
Paixão de Jesus
Palavra
Palestina
Palmeira
Pão
Parábola
Paráclito
Paraíso
Parto virginal
Parusia
Páscoa
Pastor
Paulo de Tarso
Paz
Pecado
Pecador
Pedra
Pedro
Peito
Peixe
Penitência
Pentecostes
Perdão
Peréia
Perfume
Pérola
Perseguição
Pés
Pesca
Pesos
Peste
Pilatos, Pôncio
Pináculo

Índice Alfabético / 365

Piscina
Pobres
Poder
Pomba
Pôncio Pilatos
Porco
Porta
Pórtico
Possessões
Pousada
Povo de Deus
Praça pública
Prata
Predestinação
Predições de Jesus
Preexistência de Filho
Prefeito
Preocupação
Presépio
Pretório
Probática
Processo de Jesus
Procurador
Profeta
Prosélito
Prostitutas
Provar
Próximo
Publicano
Pureza

"Q"
Quadrante
Quirino
Qumrán

Rabi
Raca
Rebanho
Reconciliação
Redenção
Reencarnação
Regra de ouro
Reino

Resgate
Ressurreição
Revelação
Revolução
Ricos
Riso
Roda de moinho
Rola
Rolos do Mar Morto
Rufo

Sábado
Sabedoria
Sacerdócio
Sacrifício
Saduceus
Sal
Salário
Salim
Salmos e Jesus
Salomão
Salomé
Salvação
Salvador
Samaria
Samaritanos
Sangue
Santidade
Santificar
Santo
Santuário
Satanás
Século
Seguimento
Seguir
Senhor
Sermão da Montanha
Sermão da Planície
Serpente
Serpente de bronze
Servir
Servo de YHVH
Sete
Setenta e dois
Sexo

Índice Alfabético

Sião
Sicar
Siclo
Sicômoro
Sidônia
Siloé
Simão
Simeão
Sinagoga
Sinal
Sinal de Jonas
Sinédrio
Sinóticos
Sol
Sombra
Sono
Soteriologia
Sudário
Sumo sacerdote
Suor de sangue
Surdez
Susana

Tabernáculos
Tadeu
Talento
Talião
Talmude
Tarde
Targum
Templo
Tentação
Teófilo
Tesouro
Testamento, Novo
Testemunho
Tetrarca
Tiago
Tiberíades
Tibério
Tiro

Toalha
Tomé
Torá
Traça
Tradição
Transfiguração
Transmigração das almas
Trevas
Trindade
Túmulo
Túnica

Última Ceia
Unção

Verão
Verbo
Verdade
Verme
Via Dolorosa
Vida eterna
Videira
Vigília
Vinagre
Vinha
Vinho
Violência
Virgem
Virgindade
Viúvas
Vocação
Vontade de Deus
Voto

Zacarias
Zaqueu
Zebedeu
Zelotes